社 会 科 学 研 究 方 法 系 列 丛 书

Internet Research Methods

Claire Hewson, Carl Vogel, Dianna Laurent

2nd Edition

如何进行网络调查

第二版

克莱尔·休森　卡尔·沃格尔　戴安娜·劳伦特 / 著　　董海军 / 译

中国人民大学出版社
·北京·

作者简介

克莱尔·休森（Claire Hewson）是英国开放大学的心理学讲师。她对利用网络进行研究，长期兴趣盎然。她使用包括调查、心理测量和实验在内的一系列网络调查研究方法收集数据来考察常识理解问题，特别专注于民间心理学（folk psychology）、教育语境中的在线评估方法以及网络调查研究方法的有效性或效度。她受委托领导一个工作组制定了英国心理学会（BPS）网络调查研究伦理准则（2013），就这一主题和相关主题进行了多次演讲和培训，并在网络调查研究领域发表了广泛的著述。

卡尔·沃格尔（Carl Vogel）是都柏林圣三一大学的研究人员，是计算语言学高级讲师，也是都柏林圣三一大学计算和语言研究中心主任。从认知科学的角度来看，他在计算语言学方面的研究，经常借鉴从互联网数据中提取的证据。他对研究的方法论问题进行过深入的探索。沃格尔还是非常成功的欧洲科学与技术合作行动 IS1004（European COST Action IS1004）——网络数据收集：方法论挑战、解决方案和实现（WebDataNet）——管理委员会的成员。

戴安娜·劳伦特（Dianna Laurent）在东南路易斯安那大学和圣约瑟夫神学院为英语系和语言交流系授课。她发表过涉及各种互联网相关主题的文章。劳伦特博士是技术写作教师协会（ATTW）年度书目的副主编，也是19世纪研究协会（NCSA）旗下《19世纪研究》（*19th Century Studies*）杂志的业务经理。

目　录

第1章

导论

1.1 如何进行网络调查：第二版

本书第一版已出版十余载。在第一版中，我们反思并探索了网络对支持促进社会行为研究所能起到的实际和可预期的作用空间。当时，早期的先行者不断开拓创新，设计并检验了被我们称为**网络调查研究**（IMR）的方法，也就是利用网络来收集基础研究数据的程序。我们将在线研究区分为**初级在线研究**和**次级在线研究**。前者是获取并分析数据，以此得出新的证据和研究成果[①]，后者则运用二手信息来源（如书籍、期刊文章）来

① 在当时，我们的定义焦点相当狭隘，专指那种初级研究，即直接从参与者那里收集数据进行研究。现今在线活动留下的大量痕迹能够为初级研究提供数据，方法的出现则能有效利用这些痕迹，这要求我们重新定义之前的焦点。这种非侵扰性的方法不直接招募参与者，而是收集网上的非反馈式（non-reactive）数据，构成当代网络调查研究的重要策略。

综述现有的一些研究发现或研究结论。我们列举了一些早期网络调查研究的范例，同时也从我们自己的研究中精选出案例，来阐明一些可以利用的技术、程序和机会。在此，根据我们自身的研究经验，我们针对可能出现的问题提前做出解释，提出并强调我们对于目前普遍存在的议题和争议的看法（如网络样本的偏向性）。

在最近的十余年里，网络调查研究方法得到极大发展，在跨学科边
2 界、方法论定位和研究领域的范围及体量两方面都取得了长足的进步。在关于网络调查研究方法的研究中，有丰富的证据材料来评估其影响、适用范围以及未来潜力，新的方法、数据源和策略应运而生。这一版最重要的修订就是考虑到这些能为第一版中许多议题和争议提供新证据的材料，对我们所讨论的方法论范围进行必要的扩展，以正确地反映现今网络调查研究的特点。因此，在第二版中我们增添了对网络调查研究中的非侵扰性方法的更广泛讨论，例如讨论如何利用那些因社交网站（SNSs）兴起而产生的极具潜能且丰富的数据源，我们也探讨了那些运用先进的“数据挖掘”技术的非侵扰性方法，这种方法获取并加工人们在线行为、互动结构及过程的海量信息（“大数据”）。

在第二版中，我们对网络调查研究中存在的伦理问题给予了更多的关注。最近十余年中，一系列的伦理问题引起了广泛讨论，因此我们用完整的一个章节来探讨这个主题。同时，技术的迅猛发展也证实了我们之前做过的一些预测。我们格外重视这些发展。其中，一个重要的发展是出现了致力于网络调查研究设计的软件工具。虽然我们仍介绍了一些目前主流的技术，以便实现更复杂的定制设计，但是正如我们在第一版中提到的那样，这些工具使得对精细复杂的程序设计技术的介绍不再必要。另一个重要的发展是进入和利用网络的模式转变，这使得网络调查研究中招募参与者的方式，以及筛选适合或有效的参与者的方式发生了变化。合理的参与者招募流程范围以及基于此的有效性研究，将在专门介绍网络调查研究抽样的章节中进行讨论。上述的发展，还包括 Web 2.0 的出现（见下文），这无疑对网络的性质及社会影响产生了质的改变，创造出了一个网络调查研究的“新时代”。本书正是对这个新时代中的网络调查研究方法技术进

行的适时回顾和评估。如前所述，可以将这本书看作一部手册，它概述和讨论了在网络调查研究中的关键理论问题、有争议的问题、方法论准则以及指引读者进行网络调查研究的具体操作程序。

跟第一版一样，我们广泛利用我们自己进行网络研究的经验。我们收集到大量原始数据来分析议题，议题涉及人类推理（如 Hewson & Vogel，1994）、基于生活经验的信念与认知（如 Hewson，1994）、社会符号的使用（诸如网上聊天的表情符号；如 Janssen & Vogel，2008；Vogel & Janssen，2009；Vogel & Mamani Sanchez，2012），以及在教育领域中的网上评估方法（如 Hewson，2012a；Hewson，Charlton，& Brosnan，2007）。同时我们还进行了一些研究来证实网络调查研究工具和程序的有效性（如 Hewson & Charlton，2005），并致力于网络调查研究系统的推 *3*
广、软件程序的开发（Buckley，2004；Buckley & Vogel，2003；Graham，2006）和研究伦理指南的制定（BPS，2013）。我们在这本书中，为读者提供了若干研究范例，其中包括我们自己的研究（替换了第一版中“案例研究”那一章）。

此书为谁而写？

对研究人员和学生来说，网络对初级研究以及次级研究都有很大帮助，因此我们把本书的受众定位为接触到本书并对这两种研究感兴趣的人。运用网络来查找定位次级资源具有很强的教学价值，并且我们认为还能够提高（但未必取代）传统上基于图书馆的资料查找方法。对于那些致力于研究和教学的人来说，丰富可用的在线信息——从期刊文献数据库到讲座笔记的影印件——是极宝贵的。这些资源能够帮助我们快捷低成本地查找定位信息，需牢记的重要事情是确定资料查找的质量和准确性，所以本书的第 2 章就提供了这方面的参考指南。运用网络的初级研究能够在最短的时间内、花费最小的代价获取大量数据资料，因此对那些正在做大学毕业设计或主持研究生项目的学生大有裨益。对于那些在更小的研究机构里的研究人员来说同样也益处多多，因为他们获得支撑研究的可用资源（时间和经费等）可能更加有限。然而，网络调查研究的价值并不仅限于这些方面。过去十年间我们已经看到网络调查研究方法的应用，无论在数量还是范围上都急剧增长，并仍延续这样的增长趋势。

然而我们自己的规范性要求不可避免地导致在某种程度上对心理学和认知科学的网络调查研究案例存在一些偏向，因此我们在第二版中囊括了更宽泛的案例范围，包括其他可以被归入一般意义上的社会和行为科学的学科和领域。[①] 我们所讨论的方法（包括调查和问卷、访谈和焦点小组、观察研究、文献分析和实验）被广泛地应用到各种学科之中。这些学科或者是这些学科的子领域，可能与特定的方法（如认知心理学大量地运用实验法）相关联，但是本书所呈现的内容涵盖了足够广泛的研究领域，以便不同学科背景的研究人员自由选择与他们的研究相关的方法。我们的目标是选择一些恰当的例证来展现网络调查研究方法的多样性和范围。前面的章节阐释网络调查研究带来的理论上、方法论上和伦理上的各种议题，
4 并且我们在后面的章节会更具体地讨论这些问题，概述出这些问题是如何与具体的程序和实操相互影响的。在早期就已经讨论过网络调查研究的范围，因此我们会考虑那些可以采用和已经采用的方法，审视它们目前所取得的成就，并考虑网络调查研究相对于传统方法而言的优缺点。因此那些可能需要网络调查研究方法支持研究的读者，可以在阅读更多关于具体实施办法和资料的后续章节之前，对网络调查研究有一个大致的印象和认识。我们会重点强调一些潜在的应该注意的问题，希望能够帮助读者避免这些问题。如果问题还是发生了（即使是在极其严谨的研究设计之中，不可预见的问题还是会发生），我们会给读者介绍一些补救的措施和技巧。

本书的一个重要特点就是预设读者事先没有计算机专业知识，至少掌握的技能不会超过诸如收发电子邮件、阅读和在讨论区中发表看法以及浏览互联网等一些基本操作。[②] 因此，本书旨在为菜鸟级计算机水平的职业

---

① 我们认为其中包括心理学、语言学、社会学、经济学、政治学、认知科学和人类学。

② 即便是对那些仍不太熟悉它们的使用者，这些程序也非常容易掌握。任何对网络的介绍性指导都应该提供说明（如 Buckley & Clark，2009；Kennedy，2001），另见 http://www.archives.gov/research/alic/reference/internet-users-guide.html（2015 年 4 月访问）。

研究人员或学生提供必要的信息、工具和洞察力来评估网络在多大程度上能够支持他们的研究需要并帮助他们实施基于网络的研究。

现在，我们简要介绍互联网的发展历史，随后将介绍每一个章节的内容。

1.2 网络发展的历史

互联网源于阿帕网（ARPANET），它在 1969 年被用于美国国防部计算机网络服务研究（更详细的互联网历史见 Zakon，2015）。1971 年，阿帕网已经有 15 个节点并连接着 23 台主机。1972 年，博尔特·贝拉尼克-纽曼公司（BBN）的雷·汤姆林森发明了电子邮件。直到 1973 年，当英格兰和挪威都增加了节点之后，第一次国际性联系才真正完成。1974 年，BBN 公司推出了第一版商业阿帕网。自那以后，大量网络系统如雨后春笋般涌现出来，包括 1979 年的新闻组（Usenet）和 1981 年的国际学术网（BITNET）。后者开始于纽约市立大学和耶鲁大学之间的基于电子邮件的合作性系统。1979 年，第一个多用户空间（MUD①）被埃塞克斯大学的理查德·巴特尔（Richard Bartle）和罗伯·特鲁布肖（Rob Trubshaw）制造出来。1982 年，传输控制协议（TCP）和互联网协议（IP）出台。 5
事实上，“互联网”正是在这种网络协议体系（TCP/IP）的标准规范基础上有效兴起的。

直到 1984 年，由网络相连接的主机电脑数量才超过 1 000 台，就在同一年，日本的多用户操作系统（Unix）网络作为联合学术网（JANET）在英国投入使用。1986 年，作为一种便利的连接方式，美国国家航空航天局和美国能源部在阿帕网安全机构之外建立了国家科学基金网（NSF-NET）。到 1987 年，互联网主机的数量就已经超过了 10 000 台，一种连

① 多用户空间（见面向对象的 MUD 或 MOO）。

接世界教育单位的 BITNET 节点也达到了1 000 个。仅仅一年后，互联网主机就有 60 000 台，在接下来的一年中，这个数字又增长到 100 000 台。在 1992 年之前，这个数字已经超过 100 万台，截至 1994 年 7 月，又增加到 320 万台，五年后，即 1999 年 7 月之前，连入互联网的主机则达到 562.18 万台。2014 年 7 月，互联网系统联盟（ISC）统计显示，用域名声明的 IP 地址有 10 多亿个，这可以被视为对互联网主机数量的合理估计（http://ftp.isc.org/www/survey/reports/current/ [2014 年 10 月访问]）。图 1-1 给出了网络域名使用数量（粗略等同于互联网主机数）的增长，数据为每年（2003 年除外）1 月和 7 月时测量所得。1 月和 7 月之间的增长似乎有所减缓。从 2003 年开始每两年出版一次的《牛津网络调查》报告（Dutton，Blank，& Groselj，2013）指出，英国 14 岁以上的人口中上网人群占 78%。考虑到个人主机能服务更多的个人用户，主机数量的增长令人难以置信。在写本书第一版的时候，我们就注意到"万维网"（WWW）和"互联网"这两个术语已经变成了日常用语，每天都有越来越多的人——从学者、平民、军人到政商利益者——主要通过网络计算机系统上网。现在，十年过去了，互联网科技及其使用模式又取得了一些重大发展。

从最基本的层面来说，网络用户数量（IUP）预计规模已经从 2003 年的几亿（Hewson，Yule，Laurent，& Vogel，2003）增加到了 2013 年的 20 多亿（参阅第 4 章可了解更多的细节和来源），极大地扩大了网络调查研究抽样的可能性。社交网络技术和服务（例如脸书[①]和推特[②]）的出现是值得我们特别注意的一个进展，另一个值得注意的进展则是移动技术（例如智能手机、平板电脑）以及可以下载在这些移动设备上的"apps"

① 脸书（Facebook，2011）报告称有超过 8 亿的活跃用户，其中 50% 的用户每天都会登录（http://www.facebook.com/press/info.php?statistic；2015 年 11 月访问）。最近的活跃用户人数估计接近 15 亿（详见第 4 章）。然而，这个数据只会是上限，因为不难找到自称拥有不止一个脸书账户并从多个 IP 地址访问该系统的人。

② 关于脸书和推特使用方法的（新闻业的）比较，详见 http://www.guardian.co.uk/media/2011/nov/07/twitter-facebook（2015 年 4 月访问）。

6

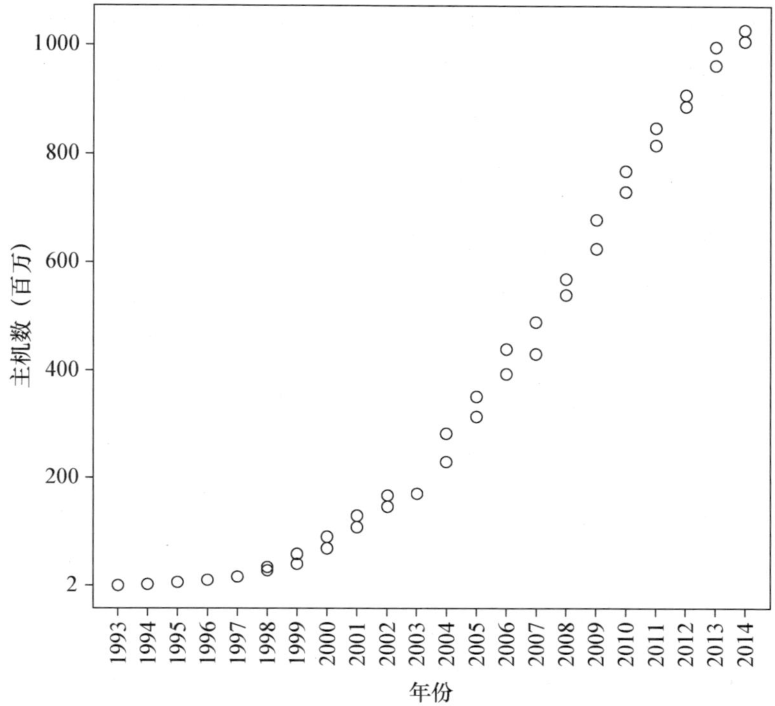

图 1-1　逐年增长的网络域名使用量

注：数据基于每年 1 月和 7 月调查得到。
资料来源：Internet Domain Survey of the Internet Systems Consortium.

(应用软件的简称）的出现和推广使用。后面的章节将进行详细的描述并探讨这些技术和服务，并关注它们和网络调查研究中的具体方法的相关性。在这些科技服务不断发展的同时，网络及其服务已经大规模地向人们的日常生活渗透，我们将在之后的章节（尤其是第 3 章和第 4 章）讨论这些科技服务的发展以及它们对网络调查研究方法的影响。术语 **Web 2.0** (O'Reilly，2005)① 的产生就是为了描述这些发展，尤其是互联网作为一个用于传播和发布最终文件而相对静态的空间，向一个大规模连接的、流

① 不过，这个词由达茜·迪努奇（Darcy DiNucci）于 1999 年 1 月首创（DiNucci，1999）。她这样描述这个概念："我们现在所知道的 Web 只是静态屏幕上的浏览器窗口，这只是即将到来的 Web 的一个胚胎。Web 2.0 的最初迹象开始显现，我们只是刚刚开始看到胚胎可能将如何发展。Web 将不被理解为文本和图形的屏幕，而是作为一种传输机制，通过交互活动发生的以太（ether)。"

7 动的、交互式的、参与式的、协作的空间的转变，其内容仍不断修订和变化。维基百科——其本身就是 Web 2.0 服务的范例[①]——在 2011 年 12 月提出了以下描述：

> Web 2.0 与网络应用紧密相连，它促进参与式信息共享、互通性、以用户为中心设计以及与万维网的合作。Web 2.0 站点允许用户在社交媒体对话中，作为虚拟社区中用户生成内容的创造者（生产消费者），进行互动与合作。与之相对的是，一些网站限制其用户（消费者），使之只能被动地浏览那些为他们创建的内容。Web 2.0 的例子包括社交网站、博客、维基、视频分享网站、托管服务、网络应用、混搭应用和大众协作分类。（http://en.wikipedia.org/wiki/Web_2.0 [2011 年 12 月访问]）

2015 年 3 月，维基百科的条目做了修改：

> Web 2.0 通过强调用户生成内容、可用性和互用性来定义万维网站点。尽管这个术语是由达茜·迪努奇于 1999 年首次提出的，但却是由蒂姆·奥莱利和戴尔·多尔蒂（Dale Dougherty）在 2004 年末的奥莱利媒体 Web 2.0 会议上推广普及的。尽管 Web 2.0 提出了一个新版万维网，但它并没有提到有关任何技术规范的更新，而只提到了有关网页制作和使用方式的累积变化。（http://en.wikipedia.org/wiki/Web_2.0 [2015 年 3 月访问]）

这两个描述就展示了维基百科条目随着各种用户的编辑、更新和添加（任何人都可以这样做：首先创建一个账户；然后点击“查看历史”标签，该选项卡提供了对条目所做编辑的详细记录，可以按年和月来搜索详细的编辑记录）而演化的方式。目前已经有了些争论，即 Web 2.0 的出现是意味着互联网的性质、形式和使用方式的**质**变，还是仅仅代表了规模和多样

---

① 作为与之相反的例子，“在线大英百科全书”是一个知识管理的 Web 1.0 模型（Wakeford & Cohen，2008）。

性的扩展。① 不管怎样，近几年里我们所看到的技术发展，如 Web 2.0 等概念的体现，毫无疑问是网络得以快速扩展使用的重大工具性因素；人们越来越广泛地使用互联网进行大量跨学科和多研究视角的初级研究。正如李、菲尔丁和布兰克（Lee，Fielding，& Blank，2008，p. 4）所指出的那样，目前使用网络调查研究方法的领域广博且快速变化，其对社会科学来说尤为重要。在我们撰写本书第一版后一些对新出现的途径和方法的报告 8
（特别是在非侵扰性观察研究方面）是第二版的重要补充。

上述的历史发展让我们对互联网产生了新的态度，其中包含关于隐私的矛盾态度（参见第 5 章的进一步描述）。詹森、波茨和延森（Jenson，Potts，& Jensen，2005）的报告指出，即使自述的隐私问题不断增加，用户也不会检查电子商务网站上发布的隐私和数据保护声明。另外，阿奎斯蒂和格罗斯（Acquisti & Gross，2006）的报告也显示，即使是那些在意隐私的个体，也会在社交网络平台上主动暴露关于自己和朋友的大量个人信息。各国政府已着手审查并很可能监管社交网站上的隐私条款（Cullen，2011），用以平抑不断增加的利用社交网络数据的犯罪（O'Floinn & Ormerod，2011）。1996 年，我们提到了网络使用的指数级增长，并且是持续增长（见图 1－1）。然而，最近的新闻报道指出，英国的脸书使用率的增长已经停止（Rushton，2012）。更有趣的是，我们注意到我们的同事和其他人对网络有各自不同的理解：网络不再是一种新奇的事物，而成为一种随时能被使用的工具。当网络作为一种新鲜事物，或者是作为可承担获取社区或商业服务的唯一模式时，人们对于网络的处理方式是不同的。正如后面的章节所讨论的那样，这种对网络的理解和接触方式的改变，会对将网络作为收集初级研究数据工具的研究产生影响。

“词云”图是一种以图形形式来表现核心议题和主题，用一大段文字 9

① 对 Web 2.0 与之前万维网的早期概念和结构有根本不同的观点的挑战，请参阅 developerWorks 在 2006 年 8 月 22 日对蒂姆·伯纳斯·李的采访。信息来源：http://www.ibm.com/developerworks/podcast/dwi/cm-int082206txt.html（2015 年 4 月访问）。（developerWorks 是一个免费的基于万维网的专业网络和技术资源中心，来自 IBM，面向软件开发人员、IT 专业人员和世界各地的学生。——译者注）

引出概念的有趣方式。词云现在已经变得十分受欢迎且随处可见。词云生成器可以免费使用（例如 www. wordle. net[①]），并可根据其出现的频率，通过使用算法公式，将出自一个特定文本的单词以不同的大小、位置和颜色展现出来。如图 1－2 所示，我们为本书第一版创建了全书终稿的词云图，同样，以相同的算法输入第二版全书终稿也可生成一个词云图，见图 1－3。这两个图形既有趣又漂亮，同时也表明了网络调查研究在过去的十余年里发生改变的情况，至少表明了在我们谈论这一领域时出现并再现的术语和概念是怎样变化的。事实上，这些词云十分相似，但仍有需注意的地方，例如，第一版中的“html”（超文本链接标示语言）一词为何显得更为突出，而第二版中“software”（软件）显得更为突出。

图 1－2　本书第一版全书词云图

① Wordle 目前只支持英文，暂还不支持中文。——译者注

我们还发现了从写作本书第一版以来的变化，这些变化可以在图 1-4 和图 1-5 中找到，这突出了第一版和第二版之间的差异。在图 1-4 中，单词越大表明它在第二版中的使用次数比第一版更多，例如，“google”（谷歌）（图中的中间偏右侧）在第二版中出现的次数就比第一版多了 57 次。在图 1-5 中，单词越大表明它在第一版中的使用次数比第一版更多，例如，“mail”（邮件）在第一版（比在第二版）中多出现了 115 次，而“Internet based”（基于网络的）在第一版中的使用次数比第二版多了 36 次。

图 1-3　本书第二版全书词云图

10

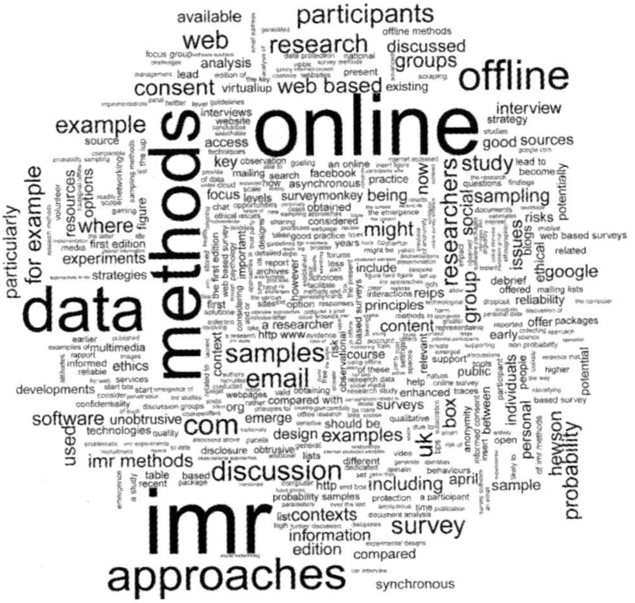

图 1-4　第二版比第一版出现频次更多的字词和短语的词云图

图 1-5　第一版比第二版出现频次更多的字词和短语的词云图

注：图 1-2、图 1-3、图 1-4 和图 1-5 是使用费洛斯（Fellows，2014）提供的 Wordcloud（2.5）词云软件包生成的。https://cran.r-project.org/web/packages/wordcloud/index.html.

1.3 章节概述

11

第 2 章　互联网[①]

本章的重点是次级研究，也就是收集那些已经被建构的信息并进行进一步的研究，当然，其中一些互联网资源也可能在初级研究中有用。本章概述了如何使用互联网进行次级研究。[②]我们对可用资源进行了最新描述，以便为研究目的对次级资源进行文献检索（例如讨论组、图书馆目录、报纸、期刊索引、艺术档案、政府官方数据库、电子文本、在线报纸、谷歌学术、社交媒体和网络站点），并说明了如何更好地查找和使用这些资源。需要强调的是，与传统（基于图书馆）的方法相比，这种方式可以节省时间，并能获取到额外的信息。然而，本章也强调了评估这些资源的相关性、质量以及可靠性的重要性。由于可获得的信息量是无限的，研究人员（和学生）应该特别注意确保资料来源的高质量性。因此，本章的重点是指导如何有效利用互联网，以及如何识别假冒或受限的网站。

已述的次级信息源提供了与人文科学中许多学科相关的大量信息。读者不必事先熟悉了解这些资源，本章会介绍如何使用这些资源。同时，本章也为已基本了解这些资源的用户提供有价值的信息和实践建议，以此提高用户收集资料的效率和质量。许多读者将熟悉使用搜索引擎来寻找具体的信息，也将意识到在大量无用信息中搜寻所需要的东西时会遭受挫败感。事实上，有大量可供选择的且非常有用的访问点能用来获取信息，但许多研究人员可能对这些不太了解。如所描述的一样，关键在于选择那些不太可能很快过时的网站。总之，第 2 章全面介绍了互联网上可获信息的

---

① Internet 一词，全书视具体情况译为互联网或网络。——译者注

② 读者也可参考欧·杜恰泰的著作（Ó Dochartaigh，2012），虽然它更多的是入门（适合本科生）水平，但对本书有补充作用。

范围和深度（侧重于与社会和行为研究有关内容），以及访问和检测这些信息质量的方法。

第 3 章　网络调查研究：技术发展状况

本章综述了网络调查研究方法的发展状况：从成功经过试验和检验的
12 方法到迄今为止还不太成功的应用和技术，从早期的开创性范例到最近出现的方法技术。本章还介绍并讨论了一些精选的例证，用以阐释网络调查方法的适用范围和扩展性，旨在描述网络调查研究技术发展水平的最新状态，强调已出现的各种方法和策略的关键问题、议题和理论基础。我们综合考虑了侵扰性和非侵扰性的两种方法，并提供了一个分类框架，即根据**侵扰性–非侵扰性**维度将不同的网络调查研究方法进行分类。由于一些支持技术和互联网结构的特殊性，网络调查研究的不同方法之间有时会存在模糊边界，我们将对此做出解释和说明。同时，我们还考虑到传统的线下研究方法在网络调查研究中的适用范围及其促进方法和技术创新的潜力。

第 3 章的一个重点是互联网方法论能够在多大程度上提供有效可靠的数据。我们分析了基于网络的调查方法所具有的优缺点，并与传统方法进行了比较。基于互联网的初级研究能在降低成本和缩短时间进度的情况下获得更大、更多样化的样本数据。此外，互联网允许完全匿名的交流，具有更高的互动性。可以说，网络调查研究为非侵扰性观察研究开辟了新的可能。除了讨论网络调查研究的特征外，我们还会讨论一些注意事项。本章主要关注的是网络调查研究程序需要研究人员降低（对参与者、材料和程序）的控制程度，还讨论了有关当前技术限度的问题，以及研究人员和参与者对专业技术知识的需求。所有这些问题都可能影响网络调查研究方法。后续章节会更详细地阐述解决方案（就现有的工具和程序而言）。总体而言，本章主要介绍以互联网为媒介的初级研究，概述了其使用的范围、可能性及主要议题。

第 4 章　网络调查研究中的抽样

在本章中，我们考虑了网络调查研究中抽样的可能范围。由于一些原因，与早期的网络调查研究相比，现在的抽样偏差并非那么令人关注。本章探讨了网络调查研究中可使用的抽样策略的类型，并强调了它们与可获得的样本类型之间的相互作用。我们对基于互联网获得的样本与传统样本的特征（例如更广泛的代表性）以及产出的数据质量的比较研究进行了综述，给出了优化数据质量的流程建议并提供了一些可以帮助研究人员获得互联网样本的工具资源。总的来说，本章讨论了从互联网样本中能获得高质量的数据，包括获得意料之外的更广泛的数据的可能性（比如大规模在 13
线概率面板［panels］的使用）。

第 5 章　网络调查研究中的伦理问题

本章考虑到将研究方法论置入网络调查研究情境中时出现的主要伦理问题及困境，其中涵盖了不同学科领域研究人员的伦理行为准则。我们引用了一系列的例子来强调和阐明与传统的数据收集方法相比，网络调查研究中伦理困境的本质。讨论的重要议题包括知情同意、退出和汇报，参与者的保密，数据匿名，数据安全，线上公共空间与私人空间的区分，等等。在遵循网络调查研究的重要伦理原则的基础上，我们概述了若干注意事项，并提出了解决方案。本章强调，随着新技术和研究成果的出现，网络调查研究的伦理准则需要更加灵活且更强的适应性。最后，研究人员将需要根据研究情境的具体情况进行决策和选择。

第 6 章　网络调查研究的工具和设计策略

本章概述了一些可用于支持网络调查研究的关键互联网技术和工具（其中部分已在第 2 章和第 3 章中提到），重新讨论了第 3 章中概述的关键方法论类别，以便更详细地考虑实施细节。我们还讨论了研究设计、方案选择及实践操作的原则，为具有中等计算机使用技能的研究人员提供有关资源和工具的知识，而无需详细的编程知识或专业知识，使网络调查研究的研究设计和实施成为可能，因此重点是回顾一些可用于协助此过程的软件工具。

基于万维网的方法[1]在网络调查研究方法中尤其重要，我们认为一些可用的软件包，可以帮助构建和传播基于万维网的实验和调查。本章最后一节将更多地考虑基于万维网的调查，主要是因为它被广泛使用、具有吸引力并且与许多研究领域和学科相关。这部分概述了基于万维网的调查中的软件工具和设计原则，并列举了实施案例，向读者展示了如何建立与运作基于万维网的调查。其他被考虑在内的工具和资源包括：电子邮件和邮件列表、讨论组、在线聊天、社交网站、多媒体共享站点和在线文件。尽管最近出现的大量现成的软件包支持基于万维网的调查（有些是为了支持实验），但是有时候需要更复杂的定制设置，因此在本章中，我们将重点介
14 绍一些当前可用于实现更复杂的定制设计的主要技术。这些技术可以创建非常灵活和强大的功能系统，而许多现有的软件解决方案可能并不支持这些功能（尽管更高级和开源的解决方案通常也允许定制编辑选项）。我们所讨论的各种议题对产生控制良好且稳健的设计是必不可少的，这些设计可以生成可靠且有效的数据（例如追踪参与者、保持与显示参数的一致性等）。

本章强调，一个方案要被广泛地理解和运用，则需要简单稳健的设计。通过遵循本章的指导原则，融入本书所强调的一些实践原则，读者应该（假设能获得必要的工具）能够制作一个可以放在网站上的、具有良好设计的调查。

第 7 章　什么地方可能出错？

本章重新回顾了前几章中强调的一些问题，特别是第 4 章的抽样问题、第 5 章的伦理问题以及第 6 章的设计和实施问题。本章研究了实施网络调查研究时可能出错的地方，包括与方法论、规则和故意破坏等有关的问题，以及硬件要求、软件工具和程序，主要核心问题之一就是选择与当前研究问题相适应的技术水准。为了在实际实施中能进行适当的控制（尤

[1] 即 web-based approaches。在全书中，为了将其中的 web-based 与书中另一个词 Internet-mediated（以网络为媒介）相区别，web-based 译为“基于万维网”。而 web 在单独使用时多数翻译为万维网，以区别于 Internet（互联网或网络）；在不需要对它们特意进行区分的情况下，有时也翻译为网络或网页。——译者注

其是对于更复杂的实验设计），研究涉及的技术越多，则对研究人员的技术专长水平的要求就越高。另外，随着技术需求的增加，有能力参与研究的潜在参与者人数可能受到限制。我们指出了一些常见陷阱，并提出了解决方案。我们考虑到黑客问题，无论是随机的黑客还是伪装成善意参与者进行活动的黑客。关于所讨论的数据保护的问题，我们提出了一些关于文件存放、密码保护和用户账户的建议，同时强调研究人员在最大程度上对材料和数据的控制。然而，我们并不建议研究人员成为熟练的程序员。我们推荐在第 6 章中讨论的替代策略，包括使用第三方软件和服务器，为非程序员在互联网上进行网络调查研究提供服务。当然，一些研究人员已经有足够的能力进行编程以开发自己的系统或将现有的开源系统为己所用，尽管如此，我们仍希望所建议的指导方针同样可以帮助他们规避风险。即使那些没有为自己的系统编程的人也会提出一些问题，比如如何使用第三方软件解决我们提出的问题。

后记

在此，我们总结了本书所提出的要点，总体评述了网络调查研究的现状，并展望了未来可能的发展趋势。

第2章

互联网

我们被淹没在信息流的重压之下，而知识也正夹杂在信息流中，正如数量与富足、财富与幸福常交叉在一起一样。我们就像是既有钱又有枪的猴子（monkeys with money and guns）。

——*汤姆·威兹*（Tom Waits，见 Maher，2011：444）

2.1 导论

网络调查研究的开始阶段就像其他研究方式一样，在确定最后的研究主题之前，需要先探索可能的研究领域，判断资料来源的可靠性，收集可靠的资料，列出工作的参考书目以及查阅各研究中心的数据库。使用传统的研究方法可能要在图书馆花费大量的时间，通过梳理图书馆的目录、期刊和索引来搜寻资料。但事实上，现在大多数学生的研究是从互联网上开始的，包括谷歌搜索和查阅大学图书馆网页，在某些情况下还可以选择查阅维基、博客或社交网络。利用互联网获取信息是一种最简单且更有效的方法。

各大高校的研究型图书馆中数以千计的图书馆目录都能很容易地在网上进行查阅。互联网中的在线数据库可检索数千种期刊和目录，在线目录允许按作者、标题、主题或关键词进行搜索，以便于汇总参考目录，而且甚至还提供可自动下载的引证参考资料，比传统方法所需的时间短得多。

在研究中，学会如何在不浪费时间的情况下找到信息是十分重要的。实现这一目标的最佳方法是学习如何使用互联网的搜索引擎工具，并学会从可靠性、质量和相关性三个方面来评价这些信息。

我们的目标是提供策略以便寻找那些在可靠性、质量和相关性等方面 16
较为突出的网站。本章介绍了互联网上可获取次级信息的各种来源，包括自本书第一版出版以来出现的新技术和新资源。重点是次级研究，即收集已经建立的信息，尽管上文提到的一些互联网资源在初级研究中也可能有用，这一点我们将在后面几章中看到。（本书的其余部分将侧重于初级研究，即收集可以用来构建信息的数据。）

互联网使得纵向研究更加实际可行，并且能够进行更加全面的搜索。但也有一个二重问题，即如何在现有的信息沼泽中找到合适的材料，以及如何进入那些不对普通访客开放的网站。在过去十年中，我们看到了更多的可用的原始资料。研究人员现在可以更直接地接触到来自不同地点、对同一主题感兴趣的人，共享持有的信息。

网络信息可靠吗？

没有判断网络信息可靠性的指南，就难以轻松地在互联网上工作。能够熟练地判断一个网站的可靠性是很重要的。由于网页经常变化、改造和重建，这种判断已然成为一个经常性的任务。

判断网站可靠性的第一步是在网站上搜索作者的姓名。如果有可用的传记链接，请点击它。作者的主页有时会包含有用的信息，比如教育经历、从属关系和工作主体内容。其目的是确定作者的资历，也就是去判断作者是否为该领域的权威。

判断可靠性的第二步是看该网站是否公平地代表了其他来源。检查资源时，看看是否有足够的信息，以及这些信息是否向我们提供了所有可能的资源，这些信息是否都契合这一主题。接下来，通过查看引用源的链接来检查特定来源的数据的准确性。利用数据库进行研究时，需要快速检查资源的日期；同样，也必须检查资源的有效性。材料上的日期是几号？材料的最近一次更新是什么时候？网页最新一次更新是什么时候？具备快速识别虚假或有限站点的能力能使研究人员高效利用时间。

始终记住：数据不等同于知识。在互联网上有取之不尽用之不竭的数据，其传播速度超乎想象，研究人员在决定网站的可用性时必须克服这些问题。

17 网上允许有不同的搜索目标，任何主题都可以研究。公司和商业信息已经将互联网淹没，公共领域和共享软件都可以从互联网上下载。可以使用个人通信录与他人联系，而特殊利益团体可通过讨论组进行联系。本章讨论有关社会科学①的不同资源搜索领域。

研究人员可获得的二手资料

- 专题讨论组
- 图书馆目录
- 报纸
- 期刊文献索引
- 艺术档案
- 政府官方数据库
- 包含文献的电子文本
- 社交媒体和网络站点

① 为了表述简洁，我们使用“社会科学”（social science）这个词，尽管正如导论中所解释的那样，本书中提出的问题与广义上被称为社会、行为和人文科学的许多学科都有关系。

2.2 专题讨论组

电子讨论组（以前被称为 LISTSERV；又称“列表”或“邮件列表”）是被广泛使用的有效平台，主要用于群体间的交互。讨论组为合作、信息共享和建立虚拟社区提供了机会。它们与列表所有者或版主合作，抑或直接由列表所有者或版主进行外部监督。雅虎维护着易于访问的“雅虎群组”，任何人都可以通过主题搜索到可用的群组。

讨论组诸如：技术支持论坛、利益集团、球迷俱乐部和专业网络。讨论组的成员围绕一个共同的主题或领域进行交流，并形成他们的电子邮件地址的分发列表。该组的成员可以发送消息给列表上的每个人，其管理功能，如订阅和取消订阅（即加入或离开）之类通常是自动化的。由于电子
邮件仍然是通用的网络访问途径，即使用户没有网络访问权限，该用户仍 18
然可以访问电子邮件。因此，以电子邮件为基础的电子讨论组是所有以学术为导向的互联网工具中最受欢迎且最成功的。成千上万个不同的电子邮件讨论组几乎涵盖了所有可以想象到的主题。消息通常是通知、问题、声明或对其他成员的答复。若需要接收讨论组的帖子，必须从电子邮件账户向该组发送订阅申请。

讨论组包括：开放列表，任何人都可以订阅和发布消息；主持列表，在将消息发送至该组之前，由版主对其进行审阅；封闭列表，必须获得许可才能加入。

友情提示

查阅一个邮件列表目录，如 http://www.h-net.org（2015 年 4 月访问），以获得可搜索的详细列表，并按主题描述不同的讨论组。

订阅之后，保存电子邮件确认信，因为它包含发送的消息、与列表

所有者的联系、一两天内尚未发送的信息以及取消订阅的信息。一些确认信还将提供诸如常见问题清单等信息。每个特定的群体所观察到的关于网络礼仪（在线小组的礼仪）的问题，通常可以在常见问题解答中找到答案。

在加入一个小组之后，最好关注小组内一周左右的消息，以获得对所在小组的参与感。被认为适合每个小组的主题将变得清晰，新来的人将在短时间内了解到小组的动态。在适当的时候可以请求私人回复，因为并非所有的消息都需要发送给所有的组内成员。不要让主题外的消息干扰到小组讨论，可以通过私人回复的方式来减少重复响应的数量。另一个重要建议是在回复之前的帖子时删除无关的文本。

网络礼仪

网络礼仪——或者说是互联网上的礼仪包含了一些简单的规则。由于书面上的语气和态度不容易辨认，作者向读者提供有关文章意图的线索十分重要。一些重要的适用标准，例如文本全部使用大写字母，意味
19 着作者在强调，但这是一个糟糕的形式，看起来像在大喊大叫；用你的姓名和电子邮件地址作为结尾，可以更方便他人回复邮件；除非出于管理的目的而向列表软件发送消息，否则始终要给你的文本拟一个标题；交叉张贴（cross-posting），即向多个列表发送消息（有时也用来表示向另一个组或多个组发送在一组上看到的消息），只有在每个组对该主题都感兴趣的时候，才可尝试这种做法。可接受的交叉信息的例子有：会议通知、实习或工作细节。通常情况下，在发布交叉信息内容之前最好先说一声抱歉。注意：关于病毒的警告通常是假的，不应该被交叉张贴。

在使用电子邮件向一个组发送邮件时，内容最好简明扼要。这并不意味着信息需要简短，但应该切中要点。人们用于处理大量电子邮件的时间很少，应避免使用难以理解的赘言。

需要适当容忍已发布的消息中的错误。绝对没有人希望被当众指出语法或拼写错误，除非出现的错误使信息难以理解，需要弄明白作者的意思

才能继续。如果一个帖子看起来难以理解，最好是私下询问作者，要求进一步说明或者等待发帖者重新提交文本。引用时应只引用前一篇文章中所必需的那部分内容，以便理解你所写的消息，过多的或不必要的引用只会浪费空间和时间。

由于互联网的主要目标是沟通交流，所以不要无意中冒犯该团体的其他成员，这一点是很重要的。另外，需要注意的是，如果一个看似伟大而聪明的反驳被发布给有数以千计的读者的群组，随后被编入索引，供数百万人在档案中阅读，那么可能会成为一个令人尴尬的错误。因此需要我们花点时间来思考读者将如何解读对某篇文章的回复。

最后，不要参与网络攻击或者谩骂性的口水战。攻击性电子邮件是对已发邮件的愤怒回复。如果你觉得有必要回应一个恶意邮件，那请选择私下回复，不要让它进入小组的讨论范围。

2.3 图书馆目录

过去的学术研究通常是从图书馆开始的，但现在已经没有必要再去那样的建筑物中获取信息了。利用通过**图书馆分类卡片**（图书馆分类卡片现在基本上被替换掉了，传统的图书馆分类卡片上印有图书馆中所有物品的记录）、参考书和纸质索引进行检索所需时间的一小部分，就可以完成对图书馆藏品的在线搜索。数字图书馆目录为特定机构所拥有的资料提供了一个索引。信息的搜索可以很容易地通过作者、标题、主题或关键词展开，这不仅可以找到材料所属的期刊摘要，还可以“找到”材料的全文，20
并且，公共领域的作品也十分丰富。值得注意的是，现在甚至可以在线看到大英博物馆的罗塞塔石碑和梵蒂冈博物馆的手工绘本（见 http://www.britishmuseum.org/explore/highlights/highlight_objects/aes/t/the_rosetta_stone.aspx 和 http://mv.vatican.va/3_EN/pages/MV_Visite.html [2014 年 10 月访问]）。

在查询一个网上图书馆的目录时会发现，尽管许多图书馆在其目录中增加了全文索引功能，但搜索到的结果通常是关于图书馆的现存资源的部分信息，而不是资源本身。图书馆目录通常提供期刊文章本身的索引，期刊的标题将在搜索中提供给读者查看。这些目录通常只提供给目录所在大学的学生、教师和工作人员，或者提供给诸如逻辑在线用户问询系统（LOUIS）等合伙网络的参与者使用（见 https://sites01.lsu.edu/wp/louis [2014 年 10 月访问]），而并不是每个互联网用户。因此，由于大多数的文章并不是在互联网上公开的，使用电子索引或纸质索引可以更容易找到具体的期刊文章，它们在大学的学术图书馆中是常见的。电子索引将在之后讨论。

查阅图书馆目录可能出于以下三个原因：查找图书、期刊或其他材料以便在图书馆外阅读；查找书目信息；查看了解某一特定主题，或查阅特定作者的作品。通过互联网检索图书馆目录，是当下查找图书馆藏品的一种很普遍的期刊文章检索方式，并且在大多数情况下以电子方式检索资料，是为了查找关于某一特定主题的资料来源。

幸运的是，图书馆的目录设计是为了使搜索变得更容易，使具有不同计算机专业水平的人都能够适应。在过去的十年里，通过计算机检索图书馆目录变得越来越简单。通常第一步是访问一所大学的主页，然后查找其图书馆目录的链接。每个图书馆的目录看起来会有点不同，可能具有独特的指令，但所有的运作都是为了帮助读者找到所需的资源。

大多数大学的图书馆有大量的二手资料。通常，电子数据库可以通过远程访问，也可以在图书馆内访问。在图书馆内，参考咨询馆员（reference librarians）是宝贵的且未充分利用的资源，他们能以专业的知识来回答你的问题。

图书馆主页是访问图书馆的门户。你还可以在 EBSCO、INFOTRAC、JSTOR、LexisNexis、PROQUEST 和 Wilson 等众多数据库中找到源代码。

如果你想了解媒体所报道的事件，以下是你可以通过互联网浏览到的网站：

时事新闻站点 21

businessweek. com（《商业周刊》）

cnn. com（CNN，美国有线电视新闻网）

pbs. org（PBS，美国公共电视网）

LeMonde. fr

BBC. org

NPR. org

Spiegel. de

Aljazeera. com

如果你想了解民意调查的结果，以下是你可以通过互联网浏览到的网站：

公众意见/调查站点

gallup. com（盖洛普咨询公司）

norc. uchicago. edu（美国国家舆论研究中心）

publicagenda. org

people-press. org（皮尤民众与媒介研究中心）

pollingreport. com

questia. com

ropercenter. uconn. edu（洛普民意测验）

https://yougov. co. uk/publicopinion/archive/ukdebate. co. uk

nationalarchives. gov. uk/webarchive

友情提示

公众无法获得盖洛普咨询公司完成的民意研究资料时，可以访问：brain. gallup. com。

22 2.1 报纸

律商联讯

律商联讯（lexisnexis.com）包含了来自澳大利亚、加拿大、法国、中国香港、南非、英国和美国的数千份报纸、报道和期刊的全文。通过图书馆网站，用户可以连接到 Nexis 数据库，而 Lexis 是一个法律信息数据库，主要用于律师事务所和法律系学生的研究。可从其主页查阅由律商联讯编制索引和提供的出版物的全面信息。律商联讯的工作方式是通过允许搜索信息，使用提供完整布尔搜索功能的搜索语言（布尔运算符是单词 AND、OR 和 NOT；当这些单词位于关键字之间时，它们会扩展或限制搜索的范围）来优化查询。该新闻库包含 50 亿个源信息文档，管理着超过 100TB 的数据存储。律商联讯聚焦于商业和财经新闻，出版物包括《纽约时报》《西部新闻晨报》《莫斯科时报》等。在律商联讯中，结果可以显示、保存或打印为全文，以便引用相关文章。这个数据库非常昂贵，但是大多数图书馆可以访问它。通过图书馆或大学进行检索都是一种不错的选择。由于律商联讯是当前新闻或商业信息的综合来源，所以它是一个宝贵的资源。

道琼斯新闻/法克提瓦

像律商联讯一样，道琼斯新闻/法克提瓦（dowjones.com/factiva）同样在互联网上提供商业信息服务；然而，它的费用同样不菲。

《美国城市商报》

《美国城市商报》（bizjournals.com）搜集了来自美国 35 个城市的专业商报的档案。这也是一个订阅服务。

越来越多的报纸把它们的文章放在收费墙后面。在线版《纽约时报》

允许访问者在他们订阅之前，先阅读 10 篇文章。因为越来越多的读者不再订阅纸质报纸，所以小的地区日报也可能会使用这种模式。由于暂停免费访问服务的趋势，特定的网址可能很快过期。

新闻聚合器对文章进行索引（通常有第一行），这样人们就可以了解标题。谷歌新闻聚合器（news. google. ** =com;ie;co. uk）和欧洲联合研究中心（emm. newsbrief. eu/overview. html）是一个很好的起点。

有些报纸的应用程序要么免费，要么只收取很少的费用。《卫报》对其 23
应用程序收费，而《今日美国》的应用程序则是免费的。其他英国和美国的报纸也有在线/移动访问。

在线报纸

BBC 新闻	bbc. co. uk/news/
《纽约时报》	nytimes. com/
《华盛顿邮报》	washingtonpost. com
《爱尔兰时报》	irishtimes. com
《底特律自由新闻报》	freep. com
《旧金山纪事报》	sfgate. com
《卫报》	guardian. co. uk

2.5 期刊文献索引

文献传输服务是指期刊论文的电子传输。文献传输不仅是为了方便用户，还因为图书馆无法订阅到学生、专家和工作人员可能需要的所有期刊。大多数图书馆订阅了许多核心期刊和商业文献传输服务，这些服务可以传输未订阅的期刊中的文章。大多数文件传输服务通过电脑以电子方式发送所要求的文件。图书馆有许多文件传输服务，其中两个流行的服务是 JSTOR 和 EBSCO，它们都以同样的基本方式运作。

EBSCO是一个传递文档的在线数据库。为了访问这个网站，研究人员通常会通过他们所在机构的在线图书馆网站进入。在通过教师或学生的识别号和密码登录之后，将出现一个搜索页面，可以根据主题、作者、标题或关键词进行搜索。搜索范围可以根据出版物类型、年份、是否经过同行评审和语言进行缩小。一旦确定了搜索条件，输入后就能得到反馈。在这一点上，你可以通过缩短日期范围或限制其他一些因素来进一步缩小你的搜索范围。你可以选择将下载的资源保存到一个文件夹中，导出给协作者，或者导出到你自己的电子邮件地址。对研究人员来说，引文服务是一个很便捷的工具，可以很方便地获取资料来源。EBSCO有一个便利的自动引用服务，你可以选择以下参考文献格式：Turabian、APA、MLA和芝加哥格式。

24 在英国，获取本地图书馆未持有或未订阅的项目的一种常见方式是通过支持文件传输的图书馆进行馆际互借服务。项目是由用户请求图书馆提供，并且通常以电子（或者硬盘拷贝）方式传送。大英图书馆满足了许多这样的需求。当地图书馆对交付的每项物品收取一定的费用，在某些情况下可能会转嫁给用户（例如，用完了每年定额津贴的注册学生）。大英图书馆还提供一种可供任何人使用的直接文件供应服务（http://www.bldss.bl.uk/BLDSS/），相较于通过当地大学图书馆获取资源，这显然是一种更昂贵的选择。①

2.6 艺术档案

旨在学习或娱乐的艺术系学生和休闲艺术爱好者，能利用互联网从本

① 目前大多数学术期刊论文是需要收取订阅费的，但不向作者收取出版费。然而，英国最近提议将这种模式改为付费出版的“黄金”开放获取模式。详见 www.research.infonet.org/wp-content/uploads/2012/06/Finch-Group-report-FINAL-VERSION.pdf（2015年4月访问）。显然，这将改变英国图书馆和学者（以及公众）获取期刊论文的方式。

地画廊的网站甚至国际博物馆的网站中获取丰富的在线资源。许多艺术博物馆提供了从特定艺术家的基本背景信息到全部藏品的虚拟技术参观等各种服务体验。有的网上艺术博物馆也只存在于网络上。世界各地的一些艺术博物馆对线上用户全天候开放。因为没有空间现场展示，许多艺术博物馆都将收藏品放在网上，谷歌也有一个新兴艺术家的在线画廊：https://www.google.com/opengallery/。与使用传统的艺术书籍和课堂方法相比，通过网络学习艺术，研究人员可以更容易地了解艺术家、兴趣领域、流派以及动向。

一些博物馆展示了出色的艺术品，而另一些博物馆则展示了鲜为人知的作品和历史信息。有关艺术家的信息可以在浏览器上进行关键字搜索并下载。

一些国家博物馆提供有关收藏品的多媒体参观体验。美国国家艺术馆网站（nga.gov）提供超过 10 万件艺术品的虚拟参观，包括中世纪至今的绘画、雕塑和平面艺术中的主要艺术品。收藏品可以通过特定的艺术家、名称、表现方式和流派搜索。虚拟参观也以多语言形式展现，包括法语、西班牙语、德语、意大利语和英语。

练一练 25

在美国国家艺术馆的网站（nga.gov）上了解梵高，请先点击"Virtual Exhibitions"（虚拟展览；http://www.nga.gov/exhibitions/webtours.htm），然后在 QuickTime 播放器和无插件式浏览的两种方式中选择一种。两种方式的技术要求已经进行了描述。插入式参观支持在展馆内进行视觉漫步，点击展画可获取放大的画面视图细节和更多信息。网站提供了关于使用键盘放大或缩小图片并且如何寻找重要角度的操作指南。可以通过点击 RealAudio 文件来收听关于作品细节和梵高生平资料的音频。QuickTime 播放器的浏览方式支持使用者选择和放大画作，同时也可以获得其他相关信息。

美国国家艺术馆网站首页还提供了收藏浏览、本周网站浏览、在线参观、画作、雕塑、纸艺、照片和装饰作品等几项服务。深入研究浏览页面包含艺术家、具体的艺术作品和艺术主题等内容。可供浏览的艺术家有诸如像亚历山大·考尔德、伦勃朗和马克·罗斯科一样的名人。具体的艺术作品则包括毕加索的《悲剧》和杰克逊·波洛克的《1950 年第 1 号（薰衣草之雾）》。主题包括美国印象主义和现实主义、静物画、图卢兹·罗特列克和蒙马特尔派等。建筑学浏览中包括西式建筑、东方建筑以及雕塑园。

盖蒂研究所（getty. edu/research）是研究艺术和建筑的一个重要且免费的资源。对艺术大师之作如何得到清理和修复感兴趣的研究人员应该登录盖蒂保护研究所的网站。牛津艺术在线（oxfordartonline. com）是高校图书馆获取艺术参考资源的重要渠道。

卢浮宫在线（louvre. fr）以拥有超过 6 000 件从 13 世纪晚期到 19 世纪中叶的欧洲历史画作为特色。有三种不同的虚拟浏览路线可供选择：埃及古物、卢浮宫护城河遗迹和阿波罗画廊（详见网址：http://www. louvre. fr/en/visites-en-ligne [2014 年 10 月访问]）。至少有 44 部在线视频可观看。目前，iPhone 和 iPad 有可用的两个应用程序。语音指导应用软件可通过购买使用。

26

访问这些线上的博物馆

泰特美术馆，伦敦	tate. org. uk
英国国家艺术馆，伦敦	nationalgallery. org. uk
美国国家艺术馆，华盛顿特区	nga. gov
大都会艺术博物馆，纽约	metmuseum. org
波士顿美术馆，波士顿	mfa. org
明尼阿波利斯艺术学院，明尼阿波利斯	artsmia. org
现代美术馆，圣迭戈	mcasd. org
卢浮宫，巴黎	louvre. fr/
史密森尼学会，华盛顿特区	si. edu
隐士之家，圣彼得堡	hermitagemuseum. org
乌菲齐美术馆，佛罗伦萨	uffizi. com

关于获取博物馆信息的一个绝佳网站是万维网虚拟博物馆，它由国际

博物馆委员会（icom. museum）支持运营。博物馆信息清单被分为以国家或地区为单位的若干子列表。子列表中的博物馆首先以国家或地区归属来分类，然后按博物馆名称的首字母顺序排列，直接链接到每个博物馆。博物馆信息清单中列出了从天文馆到虚拟库的所有博物馆类型。

2.7 政府官方数据库

托马斯数据库

托马斯数据库（thomas. loc. gov）是在美国立法方面最具价值的资源之一。除了立法，托马斯数据库还涵盖了国会记录和委员会信息。这个数据库提供关于美国国会活动的信息，包括国家所有法案和立法文献的全文。研究人员可以根据法案的数量或类型、法案文本中的关键词、部门、代表、参议员、委员会或程序来查找相关信息。一个叫作“每周前十”（Weekly Top Ten）的专题直接为用户提供那些被引用得最频繁的和专业法律人士通常需要的数据。

托马斯数据库包含了可追溯到 1989 年的条例草案摘要的数据。从 1973 年至今，公共法律的数据都是可用的。可以查阅 1989 年至今的国会记录和 1967 年至今的条约数据。托马斯数据库提供的数据如下：法案、决议、国会活动、国会议事录、国事日程安排、日历、委员会信息、总统提名、条约、政府资源和教师用托马斯数据。

托马斯数据库的一个便利的特点是它包含了 48 小时之内的新法案的 27
文本内容。

除此之外，托马斯数据库的首页还提供了立法程序、历史文件、1774—1873 年美国国会文件和辩论数据、参议院及众议院的议员目录、国会图书馆的网站链接。

美国国会图书馆在线目录

美国国会图书馆在线目录网站（loc. gov）大约有 1 200 万条数据，国会图书馆藏品包括代表图书、定期刊物、计算机文件、手稿、地图资料、音乐、影像资料的数据。它提供国会图书馆编目的书籍和非印刷资料、联邦立法文件、在国会图书馆注册的版权材料、盲文和音频材料、供研究人员做基础研究的参考文献和国外法律资料。国会图书馆还提供了很多项目的高像素扫描文件。

美国国家技术资讯服务局

美国国家技术资讯服务局网站（https://www.ntis.gov/）是一个隶属于美国政府的网站，它能提供来自所有美国政府机构报告的多种渠道的信息链接。美国国家技术资讯服务局是在政府资助的科研、技术、工程和商业相关的信息方面最大的资源中心。这个网站提供了一个旨在搜索、定位、整理以及获得政府和商业信息的综合性的中心入口。它包含了很多数据库的全文，包括：美国国家技术资讯服务局数据库（NTIS Database）、国家技术报告图书馆（National Technical Reports Library）、戴维斯-培根工资歧视数据库（Davis-Bacon Wage Discrimination Database）、服务合同工资确定数据库（Service Contract Wage Determination Database）、联邦研究进展数据库（Federal Research in Progress Database）和世界新闻连接（Word News Connection）。

英国政府网站

GOV. UK（gov. uk）是英国政府网站的首页。这个网页提供了英国部级部门、公共团体以及其他机构的信息链接。这些链接提供了就业、福利、
28 退休金、公民权等数据的通道，同时还有 24 个政府部门（包括教育部、卫生部、财政部）的即时信息。除此之外，还提供全球 227 个其他国家或地区政府有关的信息链接。关于商讨会、政策、宣传和统计数据方面的网页链接也同样可用；每个网页都可以通过关键词搜索，还能通过详细参数（例如话题、部门、出版物日期）来进行过滤搜索。例如，在 2013 年之后用“边界和移民”进行主题搜索，会查询不到相关结果。将主题换成“平等、权利和公民权”则可以得到几条结果，其中第一条结果是关于平等婚姻的协商

（https://www.gov.uk/government/uploads/system/uploads/attachment_data/file/133262/consultation-response_1_.pdf [2014 年 5 月访问]）。

英国国家档案馆

英国国家档案馆网站（nationalarchives.gov.uk）是英国政府的全国性档案馆网站，保存着超过 1 000 年的国家记录数据。网站提供数百万份的文件、卷宗和图像的公共入口，同时通过虚拟课堂提供可免费获取的在线教学资料（还有面对面研讨会和视频会议资料可供选择）。

友情提示

http://www.nationalarchives.gov.uk/education/great-fire.htm （2014 年 5 月访问）提供了一组关于伦敦大火的教学资料。用关键词搜索可以搜索到所有的记录，否则只有在线记录。

英国立法机构网站

legislation.gov.uk 是英国立法机构的官网主页。该网站由代表英国政府的英国国家档案馆运营管理。在这里，可以按类别浏览英国政府立法文件（例如《英国公共一般法案》[UK Public General Acts]），也可以使用关键词、标题、日期等高级搜索方式。“新法律”（New Legislation）链接提供所有已通过的法令的最新资料（按公布日期列出），旨在在线即时发布 24 小时及以内出版的纸质出版物。免费的订阅需求同样可以满足。所有现行法案都已在英国议会的网站列出（http://services.parliament.uk/bills/）。这个网站显示了每一份法案的进程和当前所处的议程阶段。

可访问的政府网站资源 *29*

英国政府	gov.uk
英国议会	parliament.uk
美国国会图书馆	loc.gov
美国教育部	ed.gov
白宫	whitehouse.gov

2.8 包含文献的电子文本

虽然每一位研究人员都因书籍的重量、纸张的触感和皮革装订的气味而赞赏旧版书，但是研究人员同样喜欢从纸质印刷到数字格式的转换，这种转变极大地加速了研究进程。没有什么能代替精装版书籍给人带来的满足感，但是现今社会也需要一个更便捷的方式来应对出版物数量的大量增长。

谷歌学术

谷歌学术（scholar. google. com）为搜索数字版本或实物版本的学术文章提供了一种简便的方式。谷歌学术涵盖了多个学科领域并包含期刊文章、学位论文和书籍。可以通过作者、标题或者日期来完成搜索，同时也提供邮件通知系统。电子邮件通知是通过追踪研究人员曾经的搜索或者当该研究人员的文章被引用时推送消息。同时，该网站还能进行限定日期的搜索和引文索引软件的下载。

古登堡计划

许多电子文本档案是由公共领域的作品组成，例如被古登堡计划（gutenberg. org）所保留的那些档案。古登堡计划始于 1971 年，当时迈克尔·哈特（Michael Hart）获得了计算机的使用权限，他准备利用免费的使用时间创建一个在线电子文本。该计划提供 42 000 本免费的电子书，可供下载或在线阅读。这个计划的设计者旨在以容易阅读、使用、引用和检索的方式向大众提供信息、书籍和其他材料。

古登堡计划分为三个部分：通俗文学、经典著作和参考文献。因为有简单易操作的电子文本模式，所以在这里很容易查找到从电影里听来的电影语录、音乐或者其他的书本。从主页上看，通过搜索标题和作者得到索
30 引或目录，或者使用搜索引擎查找并下载图书都是一件简单的事情。古登堡计划的整张书目单也如同纯文本文件或压缩包一样是可以使用的，并给

出了如何获取图书的操作指南。

在线书页

在线书页（digital. library. upenn. edu/books/）是另一个有帮助的网站。其首页提供一个超过 100 万本免费图书的搜索引擎。可以通过搜索作者或者标题来获取资源。搜索到的结果将是书籍文本的链接。

2.9 社交媒体和网络站点

关于个人媒体应用和网站的内容可以写一整本书，以供研究人员使用。这里我们仅列出了最广泛使用的社交媒体。人们使用社交媒体来分享不同见解、经验和观点。社交媒体有不同的形式，包括文本、图像、音频和视频。

大众社交媒体应用

- Wikipedia（参考资料网站）
- Facebook（社交网络）
- LinkedIn（业务网络）
- YouTube（视频共享网站）
- Second Life（虚拟现实网站）
- Tumblr 和 Instagram（图片共享软件）
- Twitter（状态发布软件）
- Reddit（新闻聚合网站）
- Academia. edu（学术网络）
- Pinterest（图片和视频共享网站）
- Vine（视频共享网站）
- Vimeo（视频共享网站）

31 社交媒体将原始内容和人们在阅读、传递信息、共享及重新创建内容的过程中的作用等同起来。

伴随着对特定站点的分析，人们对社交网络的研究与日俱增。这些分析将社交媒体和商业成果联系起来，以发现用户的影响力。例如，tweet. grader. com 提供了一份用户能力、访问范围和权限的账户摘要。根据关注者的数量、关注者的权力、补充材料、近期动态、跟随者/跟随者的比率和参与程度，向用户通报特定账户可能产生的影响。

总之，互联网上提供的各种二手资源是很容易掌握的。在此，我们只展示了一小部分但具有代表性的网站以供选择。对某一特定领域进行长期研究后，熟练地掌握其领域的门槛要求无疑是值得的。虽然任何研究都需要花费无数的时间，但通过微调调查的重点，提高在线计算机技能的效率，努力不要迷失在无数迷人而无用的信息链接中，便能够使研究更加准确、适当和有效。这与本章开始时所述的验证互联网资源可靠性的做法相类似，应谨慎运用，以避免出现“在互联网上不易找到的信息就不存在”的错觉。

第 3 章

网络调查研究：技术发展状况

3.1 导论

上一章的重点是介绍互联网如何作为社会和行为科学中的次级研究工具供人们使用，列出了一系列的资源并说明了如何使用它们。而本章关注的是互联网在支持**初级**社会和行为研究方面的作用。我们将回顾网络调查研究技术的发展状况，概述已经尝试和测试过的方法以及已经获得的结果。我们考虑了一些最新的技术发展，并对未来的发展进行了推测。随后的章节对这一宽泛的概述进行了深入的阐释，详述了如何实施具体的方法，包括如何查找和招募潜在的参与者，并概述了一些注意事项以及研究人员如何对此努力加以防范。第 5 章将详细讨论网络调查研究中的伦理问题。首先，我们简单介绍了网络调查研究的发展历史，然后提出了网络调查研究的分类图式，以帮助构建后续的讨论框架。我们将简要地介绍网络调查研究的主要优点和缺点。我们讨论的方法有：调查和问卷；访谈和焦点小组；观察研究；实验研究；文献分析。

3.2 网络调查研究简史

20世纪90年代早期到中期，社会学研究的先驱者就已经开始考虑并实施网络调查研究方法了（如 Bordia，1996；Dillman，1991；Hewson & Vogel，1994；Krantz，Ballard，& Sher，1997；Mehta & Sivadas，1995；
34 Szabo，Frenkl，& Caputo，1996）。二十多年以后，尽管这个领域还相对年轻，且还在不断发展，但已经设想并测试了一系列令人印象深刻的研究方法。调查和问卷仍然是早期（如 Buchanan & Smith，1999a；Joinson，1999；Mehta & Svidas，1995；Stones & Perry，1997），以及近期（如 Bigelsen & Schupak，2011；Gosling，Vazire，Srivastava，& John，2004；Hewson & Charlton，2005；Malhotra & Krosnick，2007；Temple & Brown，2011）最为广泛实施的网络调查研究方法。早期的研究人员也实施了网络实验（如 Hewson，1994；Krantz et al.，1997；McGraw，Tew，& Williams，2000）、访谈（如 Chen & Hinton，1999；Gaiser，1997；Murray & Sixsmith，1998）和观察研究（如 Bordia，1996；Herring，Johnson，& DiBenedetto，1998）。研究人员的出发点在于考虑现有的线下方法如何适应网络调查研究的环境，从而提供可比较、可靠且有效的数据。另外，早期的研究人员还考虑了互联网可能在哪些方面可以增强和扩展功能，而不仅是在可能的或可行的线下环境中（如 Bordia，1996；Givaty，van Vaan，Christou，& Bulthoff，1998；Hewson，Laurent，& Vogel，1996）。这两种在线网络调查研究方法都力求模仿并试图超越线下方法。从早期起，新的网络调查研究方法试图超越已有的线下研究，且有超越之势，而早期的技术发展在促进这两种类型方法的发展过程中发挥了重要作用。

关于这一发展的证据，请参考关于网络调查研究最近的一些文献（如 Batinic，Reips，& Bosnjak，2002；Fielding，Lee，& Blank，2008；

Gosling & Johnson，2010；Joinson，McKenna，Postmes，& Reips，2007；Salmons，2011）和在《行为和研究方法》（*Behavior Research Methods*）、《计算机在人类行为中的应用》（*Computers in Human Behavior*）、《社会科学计算机评论》（*Social Science Computer Review*）等期刊上发表的越来越多的网络调查研究报告。诸如一般在线研究（GoR）、ACM 网络科学会议（ACM Web Science Conference）和互联网研究（Internet Research）等专题会议的出现也证明了网络调查方法的普及。致力于讨论网络调查研究问题的组织相继出现，如互联网研究人员协会（AoIR）、WebSurveyMethodology（WebSM）和 WebDataNet。最后，以网络调查研究为主的网站（如万维网实验列表、万维网调查列表、在线社会心理学研究、网络在线心理学研究）和其他提供关于网络调查研究的专家信息、教学和相关建议的网页资源（如在线研究方法探索：ORM）的增多也同样证明了网络调查研究的发展。有关上述事件和资源的详细信息，请参阅框图 3-1。

框图 3-1　与网络调查研究相关的事件、组织和资源

事件

GOR：德国在线研究学会组织的年度会议；见 http://www.gor.de（2014 年 5 月访问）。

ACM 网络科学会议：2013 年会议网站见 http://www.websci13.org/（2014 年 5 月访问）。 35

互联网研究：互联网研究人员协会（AoIR）年度会议；见 aoir.org（2014 年 5 月访问）。

相关组织和信息网站

互联网研究人员协会（AoIR：aoir.org）。

WebSurveyMethodology（WebSM：http://www.websm.org）。

WebDataNet（http://www.cost.eu/domains_actions/isch/Actions/IS1004）。

ORM（http://www.restore.ac.uk/orm）。

在线研究信息交换平台

万维网实验列表（Web Experiment List；http：//www. wexlist. net），前身是由乌尔夫-迪特里希·勒普斯（Ulf-Dietrich Reips）于1995年在图宾根大学创建的“万维网实验心理学实验室”（Web Experiment Psychology Lab），现更名如此，隶属于苏黎世大学。

万维网调查列表（Web Survey List，可从上述万维网实验列表主页链接获得）。

在线社会心理学研究（Online Social Psychology Studies；http：//www. socialpsychology. org/expts. htm）。

网络心理学研究（Psychological Research on the Net；psych. hanover. edu/research/exponent. html）。

迄今为止，在关于网络调查研究的文献中，定量研究方法似乎占据主导地位（特别是前文中提到的在线调查），尽管定性研究方法（如访谈和民族志研究）也有大量的例子存在，并且现在已经变成一个多样化的、广泛的跨学科的方法。正如第1章所指出的，观察方法，尤其是那些不引人注目的“数据挖掘”技术方法，在本书第一版出版以后已经有了迅速的发展。互联网日益融入人们的日常生活，以及由此产生的人际网络内外行为活动等诸多方面的痕迹，这些都促进了这种发展。Web 2.0的出现（正如第1章所讨论的）在支持这些发展方面起了关键作用。

值得强调的一点是，网络调查研究方法范围的扩展及其支持的网络技术，导致不同方法之间出现了模糊界限（见本章后面提供的例子）。另一点是网络调查研究方法的广泛使用，跨越了学科、研究领域和方法论传统。对于任何一个研究人员来说，要跟上不断发展的技术几乎是不
36 可能的。因此，我们力求从迄今所采用的关键方法中，利用社会和行为科学中不同学科的定性与定量研究方法，提供一系列较好的案例。下一节将提出使用过的关键方法，并提供分类方案，来描绘网络调查研究的现状。

3.3 网络调查研究的分类框架

当下充足的网络调查研究案例使我们可以开始考虑去设计一种对已有方法的范围和性质进行分类的方案。图 3-1 提供了一种按照**侵扰-非侵扰**的维度对网络调查研究设计的关键类型进行分类的框架，这是因为**侵扰-非侵扰**维度与网络调查研究中的许多问题（例如，伦理、抽样等方面；详见下文及后续章节）有关。其他对于网络调查研究进行分类的方法，例如定量或定性方法，也是有用的，但**侵扰-非侵扰**维度更有助于为目前的讨论提供框架。如前所述，不同网络调查研究方法之间的界限模糊，特别是新技术和实践使得创新得以实现，但这些新方法可能无法与线下方法一一对应。例如，受到新的交互方式和在线发布出版的影响（例如，博客可以被视为交互式产生的，有多个作者的有机文件、定期更新的个人日记或两者之间的内容；详见下文的进一步讨论），观察法和文献分析之间的区别并不总是非常清楚。调查和访谈法之间的区别在于使用在线**虚拟面试官**时是否可能变得模糊不清（即使在面对面的情况下，这种区别也是模糊的，对调查和访谈的在线管理使调查和访谈具有更多的共同属性）。此外，许多方法可能**多**或**少**被视为是侵扰性或非侵扰性的，而不是属于明确界定的离散类别。

图 3-1 展示了我们在本章中按照**侵扰-非侵扰**维度进行讨论的关键的网络调查研究方法，这些方法在很大程度上是基于迄今普遍采用的方法。一般来说，调查、问卷、访谈和实验主要是侵扰性研究方法，其准则是在参与者知晓自己将参与到一个主动提供研究数据的过程之前，先要获得他们的有效同意。如前所述，不同的设计选择可能会影响特定研究的定位。例如，同步面试可能比非同步面试更具侵扰性，因为非同步面试的参与者可以在他们选择的时候做出回应。与万维网调查相比，电子邮件形式的调查可能会显得更为侵扰（或者说是“侵入性”），这是因

为这些调查被投送到被调查者的个人电子邮件中后，通常需要被调查者花费更多精力才能将其完成并寄回给调查者。尽管可以设想参与者在不知不觉中参与实验并做出贡献，但网络调查研究实验一般都是突然且直接的（虽然在第 5 章中提到了一些反例）。文献分析（document analysis）是一种非侵扰维度上的调查研究方法，无论公开与否，它几乎总是具有非侵扰的特性。网络调查研究中的观察方法，最大程度上
37 扩展了调查的维度范围，而关键的设计选择将决定某一特定研究的落脚点。例如，参与式方法通常比非参与式方法更具侵扰性。公开的观察通常比未公开的方法更具侵扰性。如图 3－1 所示，参与式观察（例如，沉浸式民族志研究）被认为是最具侵扰性的，而未公开、非参与式的研究方法（例如对存储的讨论档案的分析）则与其完全相反。其他组合则介于两者之间。

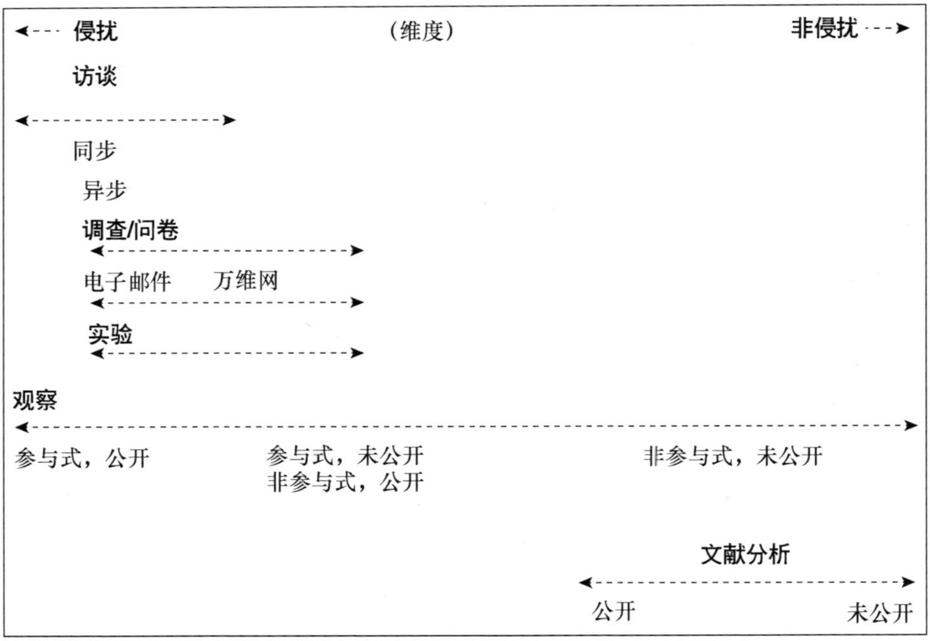

图 3－1　按照侵扰–非侵扰维度对网络调查研究方法的描述

图 3－1 提供了一个粗略的示意图，说明不同的网络调查研究方法是如何根据其是否具有侵扰性分类的，以及这种分类情况是怎样受到不同

的设计选择的影响的。其他因素在研究中的侵扰程度也是重要的（例如，是否使用多媒体技术，如在线访问中实际的和可察觉的匿名程度，等等），这些因素将在本章中进行讨论。在开始了解图中概述的每个关键方法之前，我们先简要总结网络调查研究方法相对于非在线方法而言的优点和缺点。

3.4 网络调查研究的优缺点

到目前为止，通过互联网进行研究的总体优缺点已经得到了很好的论证（相关综述可见 Birnbaum，2004；Hewson & Laurent，2008）。本书中
提供的例子说明了网络调查研究方法能带来的效益及其潜力，并强调了注 38
意事项。其优势包括：覆盖范围广，带来了大量且多样化的潜在样本（如 Birnbaum，2001；Musch & Reips，2000）；地理边界的限制瓦解（如促进跨文化研究；见 Pohl，Bender，& Lachmann，2002）；更方便地接触到专家（特定样本）和那些传统上难以接触到的人群（如 Bigelsen & Schupak，2011）；相对于许多传统的非在线方式更为省时省钱（如 Grandcolas，Rettie，& Marusenko，2003；Hessler，Downing，Beltz，Pelliccio，Powell，& Vale，2003）；自动化程序使可靠性得到了潜在的增强，这有助于减少人为错误所带来的问题（如 Hewson & Laurent，2008）；匿名水平的提高和匿名观念的增强将使参与者更加坦率且更愿意透露信息（Hessler et al.，2003；Hewson et al.，1996）；方便参与者能够远程参与，这将产生赋权并有可能获取更为丰富的数据（如 Madge & O'Connor，2002）。正如我们在第一版中所提到的，这些特性对于那些只拥有有限时间和资金来支持调查研究的小型机构可能会特别重要。网络调查研究的潜在缺点包括：获取概率样本的范围有限（第 4 章将进一步讨论）；降低了研究人员对程序方面和参与者特征的控制及掌握程度（如 Couper，2000；Hewson & Laurent，2008）；弱化了参与者的特色（如

BPS，2007)；产生了与技术相关的问题和制约因素，例如需要在计算技术方面的专门知识/培训，以及硬件系统和软件中潜在的不可靠性（如 Jowett，Peel，& Shaw，2011)。我们将在下文中强调并在第 6 章中进一步介绍这些优缺点对于书中所讨论的各种方法、技术和过程具有的重要意义。贯穿整本书的一个关键点是不同的方法、设计选择以及在线环境的特点可能会影响所获得的数据的有效性、质量和完整性，以及得出的结论。

3.5 调查与问卷

基于万维网的调查的迅速发展

近期在网络调查研究中，调查和问卷方法使用量的激增，得益于广泛存在的高性价比软件的支持（这些解决方案将在第 6 章进一步讨论)。这使得编制方案的实施指南不再那么必要（如由巴蒂尼克 [Batinic，1997]、伯恩鲍姆 [Birnbaum，2001]，以及戈瑞茨和伯恩鲍姆 [Goritz & Birnbaum，2005] 所提出的指南；本书第一版中所提供的调查方法)，并且增强了网络调查研究调查方法（特别是基于万维网的调查方法）的可获得性。现在有许多专门讨论这个方法的文本（如 Balch，2010；Couper，
39 2008；Sue & Ritter，2012)。在过去十年左右的时间里，“万维网调查从新颖的想法迅速演变为常规性的使用方法”(Dillman，2007，p. 447)，同行评审期刊上的研究报告（如 Bigelsen & Schupak，2011；Göritz & Schumacher，2000；Gosling et al.，2004；Hewson & Charlton，2005）和网络调查研究信息交换平台（见框图 3 - 1）上的可用实例越来越多即反映了这一点。后者中有许多涉及心理学方面的研究（如 www.onlinepsychologyresearch.co.uk 网站中可用的例子)。然而，网络调查研究中的调查和问卷方法已经远远超出了心理学的学科范畴，并且在市场调研、政治学、社会学、地理学、经济学以及医疗卫生护理研究中也积累了一些案例（如

Im & Chee，2004；Mehta & Sivadas，1995)。研究人员已经利用网络调查研究方法进行了大规模的调查（如 Reece，Rosenberger，Schick，Herbenick，Dodge，& Novak，2010)、心理测试（如 Anderson，Kaldo-Sandstrom，Strom，& Stromgren，2003；Hewson & Charlton，2005；另见 myPersonality 项目，具体信息可见于 myPersonality. org [2014 年 10 月访问])和市场调研（Pincott & Branthwaite，2000)，以及消费者态度调查（Grandcolas et al.，2003)。为提供基于万维网的调查方法论指导和咨询意见而设立的 WebSM 网站（见框图 3-1）等资源进一步反映了这种方法最新的研究关注点。以电子邮件为基础的调查不失为一种可选方式（例如，参见 Dommeyer & Moriarty，1999；Welker，2001)，但当下使用最为广泛的方法是**基于万维网的调查**。

随着网络调查研究方法的普及和发展，人们开始讨论“调查的民主化”（如 Couper，2000)。现在，以较低的成本设计和普及基于万维网的调查相对容易。一些作者也注意到，虽然通过这种方式，可能有助于只拥有较少的资源和预算的研究人员收集数据开展高质量的社会和行为研究项目（Carter-Pokras，McClellan，& Zambrana，2006)，但当下在万维网上创建并发布一个调查的低门槛，可能会带来构造糟糕且（或）具有侵扰性的案例（Lee et al.，2008)。正如电话销售可能对电话调查方法论产生负面影响一样（Couper，2000；Tourangeau，2004)，这可能会导致公众对以调查为基础的研究产生负面看法。任何经常使用互联网进行购物、办理银行业务、参与社交网络等活动的人，都会非常熟悉互联网的“弹出式调查”，许多公司希望通过这种廉价的方式快速地获得大量的客户反馈和满意度数据（在第 6 章中，我们概述了一些策略，以最大限度地帮助研究人员了解一项研究的可信度、价值和完整性)。

基于万维网的调查的优缺点

基于万维网的调查较传统的调查方式而言，有许多优胜之处（与不同的线下调查方式——邮寄调查、电话访问、面对面访问的比较见 Bowl- *40*
ing，2005)。一些早期的网络调查案例通过电子邮件来实现调查的目的

（如 Dillman，1991；Mehta & Sivadas，1995；Tse et al.，1995），在当时，这些调查相对于基于万维网的调查方法而言具有易实施的优点。与编写代码和设置服务器配置的方式来实现基于万维网的调查和收集数据相比，直接在电子邮件正文中发送调查问题在技术上更为简单易行。虽然电子邮件调查方法①继续被使用（如 Bigelsun & Schupak，2011），但随着可以负担得起的专用软件包的出现，基于万维网的调查方法的可用性不断增强，与电子邮件方式相比，它们更具灵活性和可靠性，并提供了更强大的功能。研究证明，利用基于万维网的调查方法从非常大的样本中生成可靠的、高质量的数据是可行的（如 Chang & Krosnick，2009；Gosling et al.，2004；Meyerson & Tryon，2003；Pettit，1999）。另一些研究人员成功地从规模较小的特定样本中获得了高质量的数据（如 Bigelsen & Schupak，2011；Coomber，1997a；Stones & Perry，1997）。也有一些研究人员报告称从特定群体中获取了非常大的样本量。例如，赫什菲尔德等人（Hirshfield et al.，2010）对 7 000 名男-男同性恋者进行了抽样调查。据报告，利用基于万维网的调查方法来招募大量或特定样本往往比线下调查方法更节省成本与时间（如 Meyerson & Tryon，2003；Pettit，1999）。框图 3－2 提供了一个基于万维网的调查的范例，该调查从一个非常大的样本中得出结论。框图 3－3 提供了一个基于电子邮件的调查实例，该调查是从一个特定样本中获取数据的。

框图 3－2　专题研究：Reece et al.，2010

方法

通过直接向一个帮助男性向其他男性寻求社交和性关系的热门网站的注册用户发送电子邮件来完成一项关于性行为的调查，共招募了 25 294 位男同性恋者和双性恋男子。该调查给每位参与者提供了一张 10 美元的商品代金券作为回报奖励。这封邮件中包含了有关该研究的

① 这种调查本身是通过电子邮件（包括附件）发送的，以便参与者完成并通过电子邮件进行回复，而非利用电子邮件通知潜在的参与者，要求他们点击链接完成一个基于万维网的调查。

介绍和网页调查的链接，完成这个调查大概需要 20 分钟，共计 127 489 人打开了这个电子邮件邀请函，其中 34%点击了这个调查网页的链接，而 60%点开该调查网页链接的人继续完成了这一调查研究。

结果

该调查收集到了相关人口统计学资料和关于性行为的数据。参与者在各个年龄组（18～23 岁至 60 岁以上）和受教育程度方面都具有较好的代表性。大多数（82%）参与者是白种人。

结论

这些数据富有见地揭示了男同性恋者和双性恋者对颤动按摩器（一种性工具）的使用情况，有助于进一步探讨人口统计学因素与行为和经验之间的关系。然而，尽管获得了大量来自美国的男性样本，但这是从 41
单一的交友网站中获取的偶然性的样本，因而限制了该调查结果在美国所有已确认的同性恋和双性恋人群中的普遍适用性。该研究在建立真正具有全国代表性的同性恋和双性恋男性样本方面仍然存在不足之处。

评论

这项研究很好地例证了如何使用互联网为大样本的收集提供可能；在线下收集大样本通常是很困难的（成本更高，耗时更长）。然而它也强调了对于互联网访问样本的代表性的关注，即使在这种情况下，使用线下方法也很难获得所感兴趣群体的代表性样本。至少从涉及年龄和教育水平的变量来看，这里收集到的样本的确支持了互联网样本的多样性的特点。值得注意的是，虽然网络调查研究方法在通常情况下比传统的线下方法具有更高的性价比，但这项研究在支付参与者费用方面的开销是很高的（支付了价值超过 250 000 美元的商品代金券）。

框图 3-3　专题研究：Bigelsen & Schupak，2011

方法

此项研究通过在一个健康网站上发帖招募了自我认定为“过度或

不良幻想者”的 75 名女性和 15 名男性志愿样本。对此项研究感兴趣的人被要求通过电子邮件地址进行联系，通过电子邮件完成并提交一份关于过度幻想的问卷。

42 **结果**

参与者们来自不同的国家（包括英国、美国、加拿大、印度、南非和其他国家）。他们的年龄从 18 岁到 63 岁不等，其中有 90% 的参与者处于 18 岁到 39 岁的年龄段。

结论

网络调查研究的设计使得访问那些非常特殊和原本因地理原因而无法接触的人成为可能。这项研究进一步深入探究了那些被定义为过度幻想者的人的认知和行为，并且这也是首次对大型的精神创伤样本进行研究。40 岁以下的参与者占比过高，可能是由于他们在招募网站上具有过高的代表性，也可能是因为他们具有更为强烈的披露信息的意愿。但是（这其中）女性参与者所占的较高比例仍然无法解释。从那些讨论幻想苦恼的网站上招募参与者，很可能已经催生了一个带有偏差的过度幻想者亚群体。

评论

这项研究展示了互联网是如何通过其虚拟社区和信息共享的潜力让少数（也可能是被污名化的）群体作为调查参与者而更有发言权、更易被认知和接触的。有趣的是，研究人员报告说，他们的一篇关于强迫性幻想的论文在网上发表后，一些人联系了他们，就自己的相关经历寻求建议和帮助，这促成了当前的研究。研究人员指出：“我们这项研究的样本代表了一个自我隐匿的群体，这一群体直到最近才通过互联网的匿名性自我呈现出来；因此他们之前并没有被调查也没有被精神健康团体所认知。”（p. 1635）这表明了互联网如何促进对特殊的、隐匿的人群进行研究。

基于万维网的调查方法也可能获得比线下方法（特别是邮寄调查）更好的数据质量，因为此方法可以执行有效性分析，例如回答完整性和格式提示。然而，这种调查方法也存在潜在的问题。有人对通过互联网获取的样本的代表性产生了质疑。虽然在过去的十余年间互联网用户已经显著扩大和多样化，但能够向全国（或类似的广阔地域）受众普遍推广的可靠抽样方法尚未完全建立（尽管已经取得了一些令人鼓舞的成果；见第 4 章）。43
万维网调查的另一个潜在问题是，相较于线下方法，其控制水平更低（尽管类似的问题在线下邮寄调查时也会出现）。虽然现在的技术发展和软件解决方案有助于处理这一问题，但技术（硬件和软件）问题引发的程序差异仍是控制减弱的一个潜在原因。另一个控制减弱的原因是，因缺乏近距离的身体接触，无法对调查对象的行为予以全面关注（他们喝醉了吗？他们是否身兼数职？他们如何介绍自己？等等）。在这一点上，有人指出，网络调查研究始终需要参与者有一定程度上的信任（Hewson，2003）。可用信息更加丰富的情况（例如使用 Skype 进行的结构性调查访谈）可能会略微减轻这种质疑。

网络调查研究的有效性（效度）探究

令人欣慰的是，尽管存在上述问题，目前仍有大量的研究表明，网络调查研究能够生成与线下调查方法产生的数据质量相当的数据。在调查和问卷中，一个常用方法就是比较线上与线下模式之间的等效实现。例如，有研究测试了网络心理量表的效度，将其心理测量属性和标准与相同尺度的线下量表进行比较，研究结果表明二者是等效的（如 Brock，Barry，Lawrence，Dey，& Rolffs，2012；Hewson & Charlton，2005；Kosinski et al.，2003；Riva，Teruzzi，& Anolli，2003；Weigold，Weigold，& Russell，2013）。在非心理测量的情境下，类似方法比较了反应模式、变量之间的关系、人口统计学因素（如性别）的影响等，也常发现二者是等效的（如 Best，Krueger，Hubbard，& Smith，2001；Birnbaum，1999；Epstein，Klinkenberg，Wiley，& McKinley，2001；Stephenson & Crete，2010）。但也有极少数报告表明，线上和线下管理之间存在着非等效性（如 Barbeite & Weiss，2004；Davis，1999；Fouladi，McCarthy，& Moller，2002）。然而，并不能直接得出线上数据质量较低的结论。进一步的研究将有助于澄清这些观察到的差异的性质。休森和查尔顿（Hewson & Charlton，2005）指出，缺乏等效性的研究倾向于使用多维度测量量表，而不是一维的心理测量量表，但他们自己在验证多维健康控制点量表（Wallston & Wallston，1981）时发现，线上和线下研究管理之间存在等效性。框图 3-4 介绍的案例取自我们自己的研究，可作为网络调查研究的有效性探究的一个例证。

44

框图 3-4 专题研究：Hewson & Charlton，2005

方法

本研究对多维健康控制点（Multidimensional Health Locus of Control，简称 MHLC）量表（Wallston & Wallston，1981）的线下（纸笔作答）和线上（万维网调查）两种实施方式进行了比较，以便评估多维健康控制点量表在线上发布时的稳定性。线下参与者由讲座开始时招募的 200 名本科生和普通参与者（方便样本）组成。线上样本（$n=167$）通过向选定的新闻群组发布邀请招募而来，请感兴趣的参与者访问一个网页链接来查看并完成问卷。

结果

调查发现，在性别和年龄方面，线上样本比线下样本更加平衡，并且在高收入、高教育程度、专业性和信息技术相关职业类别中的代表性更高。线上样本在国籍上更加多元化。在量表信度（克隆巴赫系数）和因子结构方面，线上和线下数据都是一样好的。虽然线上样本在“强影响力的他人”子量表中得分明显更低（表明人们更不倾向于将健康状况归因于“强影响力的他人”），但多维健康控制点量表在线下与线上管理方面的得分还是相当的。将这一结果与现有标准进行比较，最简明的解释是线上样本较高的社会经济地位造成了这一结果（在先前的研究中关于这一因素得到了类似的结论）。总的来说，多维健康控制点量表得分在本研究当中的观测值与之前制定的标准是相符的。

结论

结果表明，通过互联网来管理的多维健康控制点量表能够收集到与用纸笔问卷作答方式相当的数据。然而，如果超出了心理计量测算仪器和抽样程序的使用范围，这些结论的推广是无法保证的。判断网络调查研究是否能够在不同环境下产生与线下方式相当的结果，还需要进一步研究。

评论

本研究展示了线下和线上管理的心理量表的比较结果，有助于确定网络调查研究方法是否可以产生和线下方法所获得的相当的结果。测量属性和测量标准都可以用这种方法进行比较。这种有效性研究对于确定不同的网络调查研究方法和工具是否能产生有效的、可靠的、足以与线下方法相媲美的数据来说，是很重要的。

一些模式（线上或线下）效应不足的研究使用了等效样本，例如将 45
本科生随机分配到线上和线下管理模式当中（如 Epstein et al.，2001；Herrero & Meneses，2006），而非使用休森和查尔顿（Hewson & Charlton，2005）所采用的基于互联网的抽样方法（针对线上模式）。然而，我们会质疑这种设计在评估网络调查研究方法的效度时有多大用处。这种方法在参与者通过网络招募而来时似乎是最有效的。我们不能假定通过将相同样本随机分配给每种模式的等效性模式能够推广到更为普遍的网络调查研究情境中去，因为使用的模式和抽样方法各不相同。鉴于迄今为止的大多数积极成果，我们认为，在网络调查研究和传统调查方法的可比性方面最富有成效的有效性研究方向（以及最有效地利用研究资源）是在此类比较中使用访问互联网获得的样本。大多数的有效性研究已采用了这种方法。

提高基于万维网的调查的匿名性

互联网的一个显著特点就是它提供了具有高度匿名性的空间（例如，对于参与者和/或研究人员而言），同时还支持高度的互动性。现代万维网调查方法可以支持具有高度灵活性和功能性的研究（例如，根据先前的回答精简问题、检查答案格式、插入视频和音频等），并且能确保参与者完全匿名。而线下方法是无法做到这一点的，因为邮寄调查方法虽然保证了高度匿名性，但是缺乏同样的灵活性和功能性。而面对面（face-to-face，简称 FTF）调查方法虽然具有灵活性，但匿名性却不够。正如我们以前所推测的那样（如 Hewson et al.，1996），这可能会使得万维网调查方法在某些方面具有独特性，比如它们能够潜在地减少因为生物社会特征的认知或研究者的需求特性而产生的偏差，从而保持期望程度的交互性和灵活性。这将增加收集高可靠性数据的机会，并且或许会促使（参与者）披露敏感的个人信息。一些证据表明，以计算机为媒介的交流（computer-mediated communication，简称 CMC）环境比面对面的环境更能够引发高水平的自我披露（如 Bargh，McKenna，& Fitzsimons，2002；Joinson，2001；Joinson & Payne，2007）。此外，也有证据表明这种效果可能受限于**表面上匿名**的以计算机为媒介的交流设置（Joinson，2001）。关于这一主题更深入的探究将提供更丰富的信息，并可能有益于网络调查研究方法的发展。

未来方向

到目前为止，我们已经考察了网络调查研究中一些现有的采用调查和
46 问卷方法的案例，并且强调了其中呈现出来的优势和注意事项。有效性研究已经表明，通过一系列多学科、多研究领域的网络调查研究设计能够获得高质量的数据。考虑到未来的发展潜力，许多有前景的路径似乎值得关注。智能手机和其他移动互联网设备的出现及广泛持有为联系移动中的参与者创造了机会，这些设备能够支持连续测量或时间取样测量的移动调查方法（Vehovar & Manfreda，2008）。例如，后者可能包括通过向参与者的智能手机发送声音提醒并且提供调查问题的链接或其他形式的答复方式来促使他们做出回应。Mappiness 项目（见 http：//www.mappiness.org.uk/［2014 年 8 月访问］）就是运用这种方法的一个案例，在这一项目中，参与者下载一个智能手机应用，这一应用每天发出哔哔声提醒他们报告自身当前的幸福水平并回答一些附加问题（他们在哪儿、他们和谁在一起等）。利用这种发展潜力（一些研究人员已经开始这样做了）

可以引发调查研究领域的革新，而这在以前使用线下方法是很难做到的。作为研究设计的一个特征，这些发展潜力包含沉浸在真实的生活情境和物理位置中，以便参与者能够在身处特定环境时做出答复。附加的背景信息（例如，定位数据、多媒体数据）也可以被收集（上述 Mappiness 项目允许参与者上传他们当前位置的图片），这种方法带来的好处可能包括减少对召回信息的依赖、收集到更丰富的数据（图片、视频、口头语言等）、增加审查背景作用的可能性等。

互联网技术所引发的调查研究领域的革新可能会导致调查和其他方法之间的界限变得模糊（尤其对于线下方法而言）。“虚拟面访调查员”（virtual survey interviewer）的概念已经被提出（如 Vehovar & Manfreda，2008）。这可能结合了多媒体功能，即使用图形、视频、音频，还有语言和语音识别软件（如 Couper，2005）。富克斯（Fuchs，2009）已经尝试使用访谈者的录像文件去管理针对参与者的调查问题（关于人际关系和性行为），他注意到访谈者的性别对结果产生了影响，这与面对面访谈的研究结果相似。音频和视频技术的使用也可以与现场的研究人员进行实时调查访谈产生相同的效果。这样的方法会模糊调查和访谈方法之间的界限。在结合了多媒体和动态响应功能（定位信息、音频和视频记录等）的方法中，调查法和观察法之间的区别也可能变得模糊不清。这可能会催生社会和行为调查方法概念化和分类化的新方法。也许这些类型的创新将增强和促进采用混合方法的研究。当然，可以想象，网络调查研究方法可 47
能会促进在单一调查研究中同时采集定量和定性数据（关于网络调查研究混合方法的讨论和一些例子，见 Hesse-Biber & Griffin，2013；Hewson，2008）。随着研究人员在基于调查的网络调查研究中的不断尝试，它们的范围和效益将会变得更加清晰。

3.6　访谈和焦点小组

正如已指出的，互联网的一个有趣特征是其能促进相当复杂的交互，同时实现高水平的匿名性（因为减少了视觉和语言方面的暗示）。与在线访谈方法相比，这个特征变得特别有意义和有趣，因为在传统的线下访谈中，访谈者和受访者通常是在面对面访谈环境中实际出现的。在网络访谈中，即使在使用实时同步上下文（例如在线聊天软件）的情况下，整个过程中每个对话伙伴对对方的外在和生物社会属性也几乎一无所知。虽然早期的报告（包括本书的第一版）推测了这对于在线访谈方法可能的意义，但现在已经有使用这种方法的研究人员获得了大量的证据。进行在线访谈的定性研究人员通常努力克服在线交互更独立、更匿名的特性，例如通过精心构建融洽的关系（如个人自我披露的使用；Madge & O'Connor，2002）。这种策略与我们早期的猜测相反，即高度匿名的、丰富的交互设置可能有助于减少线下面对面访谈交互中通常存在的偏差。在这里，我们借鉴在线访谈研究人员的经验，考虑在线媒体如何在网络访谈中影响坦率程度、融洽关系的建立，以及深度和反思性、数据完整性和质量。

坦率程度

网上交流形式可能鼓励更坦率的回应和更多的信息披露，这一点是有意义的。詹森（Joinson，2005）认为，视觉匿名通过提高群体的认知同质性来增强对群体的识别，并且这可以减少由于披露的社会成本降低而引起的抑制，并增加坦率程度。在线访谈者的报告支持这样的观点，即在网络媒介中，坦率程度可以得到增强，并且抑制作用减弱（如 Madge & O'Connor，2002；Murray & Sixsmith，1998）。例如，马奇和奥康纳（Madge & O'Connor）报告说，他们的在线同步讨论小组的受访者（带
48 幼儿的母亲）表现出一种缺乏抑制的现象，而这种现象被认为在面对面背景下不会表现出来。强化坦率和自我表露效应的建议可能会受制于以计算机为媒介的视觉上匿名的交流背景（Joinson，2001），这对在线访谈中使用视频有影响。视频访问方法迄今尚未得到很好的使用，目前受到可靠性低和图像质量差的问题的阻碍。这种做法是否可能导致较低水平的坦率和公开程度，这在很大程度上仍有待探讨。目前，与视频和低质音频相关的问题可能会影响使用此方法进行在线访谈的流程和质量。

融洽关系的建立

虽然有证据表明，与许多在线交流环境（即基于文本）相关的匿名程度的提高可以防止个人信息和敏感信息的泄露，但与参与者保持良好的融洽关系一直被认为对于获得丰富、坦率的定性访谈资料是十分重要的（如 Barratt，2012）。但是，高匿名性对于建立良好的融洽关系似乎帮助不大。事实上，试图与参与者建立良好关系的技术类型已经采用了旨在降低匿名性和提高个人信息披露水平的策略（如 Madge & O'Connor，2002）。因此，在这里似乎出现了折中选择。在网络访谈中，建立良好关系的障碍已经被确定为缺乏近距离接触，以及超语言提示的减少（如 Jowett et al.，2011；O'Connor，Madge，Shaw，& Wellens，2008；Orgad，2006）。克服这些障碍的策略被认为是网络访谈设计的一个重要部分（Barratt，2012；Bowker & Tuffin，2004；Gaiser，1997；Madge & O'Connor，2002）。一般说来，旨在建立融洽关系的策略只要运作良好，就能够从中获得丰富、精细、高质量的数据。研究人员报告说，较差的融洽程度通常是由于没有采取步骤来实施明确的建立融洽关系的策略（如 Strickland，Moloney，Dietrich，Myerburg，Cotsonis，& Johnson，2003）。因此，在网络访谈中，仔细规划建立融洽关系的策略似乎变得很重要。乔伊特及其同事（Jowett et al.，2011）也指出，在网络调查研究中，融洽关系的建立应被视为一个持续的过程，在整个访谈过程中都需要注意。然而，马奇和奥康纳（Madge & O'Connor，2002）提出了一个警告，他们解释说，作为建立融洽关系过程的一部分，他们张贴自己的照片的策略可能会影响访谈过程，在这种情况下，30 岁左右的白人女性比其他群体更乐意与他们交谈。根据研究背景和目标样本的具体情况，这是一个值得关注的因素。

深度和反思性 49

网络访谈可以达到多大程度的深度和反思性（定性访谈的一个共同目标），已经成为一个因为“贫瘠”的传播媒介而出现的问题。也就是说，基于文本的交流缺少面对面访谈交互中存在的超语言信息（语调、肢体语言等）。与同步方法（例如，使用在线聊天）相比，异步网络调查研究方法（例如，使用电子邮件）可以更好地促进具有反思性且详细的回答，因为它们有更长且更为宽松的时间范围。因此，在电子邮件访谈中，参与者可以随时随地做出反应，为反思提供时间。异步方法缓解了传统面对面访谈设置和同步网络调查研究方法中需要快速响应的直接压力（O'Connor et al.，2008）。使用异步网络调查研究方法的研究人员，经常能够获得丰富的反射定性数据（如 Bowker & Tuffin，2004；Kenny，2005；McDermott & Roen，2012；Murray & Sixsmith，1998）。较不成功的报告倾向于使用同步方法（如 Bowker & Tuffin，2004；Davis，Bolding，Hart，Sherr，& Elford，2004）。可以注意到，“在线聊天”与其他在线交谈环境相比具有更有趣、简单且令人感到轻松的特性（如 Davis et al.，2004；Gaiser，1997）。然而，一些研究人员报告说，使用同步方法更能获得丰富详细的数据——例如，巴勒特（Barratt，2012）与年轻吸毒者进行一对一同步访谈，奥康纳和马奇（O'Connor & Madge，2001）与新手父母（主要是母亲）进行同步在线焦点小组访谈都得到了这样的结果。因此，使用同步技术可以获得丰富的高质量数据。巴勒特（Barratt，2012）、奥康纳和马奇（O'Connor & Madge，2001）都提出了详细的建立融洽关系的策略，在开始访谈之前，他们参与个人信息披露，试图与参与者建立良好的人际关系。因此，如前所述，这似乎是成功的一个重要因素。使用在线同步通信技术（参与者和研究人员）的经验也可能是一个相关因素（Barratt，2012）。鲍克和塔芬（Bowker & Tuffin，2004）比较了同步和异步的网络访谈，发现后者能够更好地生成丰富、详细的数据。

与同步在线或线下面对面访谈方法（如 Hewson，2007）相比，异步方法的一个重要的有益特征是回顾讨论，这可能有助于鼓励反思。然而，在异步访谈方法中更大的反思机会也被认为是一种可能的缺点，因为一个被广泛认可的回应可能会产生一个“社会期望的”答案，而不是一个更真实的自发答案（Gaiser，2008；O'Connor et al.，2008）。然而，另一种观点认为，“直觉”反应可能更符合公认的、符合社会期望的规范，而反思性较强的反应可能更真诚。我们不能直接得出针对这个问题的研究结果。50 异步方法的另一个可能的缺点是，它们会阻碍对话的“流畅性”，降低访谈对话的一致性和连续性。这可能会特别影响焦点小组方法，参与者将在不同的时间对特定主题、话题和思路发表意见（Gaiser，2008）。然而，由于需要熟练使用这种相对较新的通信媒介，包括熟悉相关技术、快速输入等，同步方法也可能受到与流量减少有关的问题的影响。盖塞尔（Gaiser，2008）也指出，与同步讨论相比，研究人员在尝试缓解在线异步焦点小组讨论时可能面临更多的挑战，因为全面呈现是不切实际的。如果焦点小组包含来自不同地理位置的参与者，这个问题可能会进一步加剧。

数据完整性和质量

除了网络访谈可以达到的深度、反思性、坦率和融洽程度之外，其他因素也可能会影响到数据的完整性和质量。在缺乏可用的超语言提示以及没有面对面提供的信息的情况下，需要考虑如何避免误解以及如何发现不诚实或欺骗性的反应。网上欺骗的范围扩大化一直是备受关注的主题（例如，参见 Epstein，2007：http://www.scientificamerican.com/article.cfm?id=the-truth-about-online-da［2014 年 10 月访问］）。在在线访谈中，故意欺骗的意图未必存在；参与者自愿投入自己的时间，并可能热衷于提供自己对于当前话题的真实见解和经验。迄今为止，网络访谈研究人员的经验表明，情况的确如此（如 Barratt，2012；Madge & O'Connor，2002）。但不要忘记，确定访谈数据的真实性是线下研究中的一个持续挑战。然而，真正的误解和会话模糊更有可能发生在网络调查研究的背景下，研究人员的报告中也提到了这种情况（如 Davis et al.，2004；他们使用在线聊天进行同步访谈）。

至少在相关技术发展到具备更好的质量输出和可靠性水平时，使用音频和视频的多媒体方法可能有助于减少这种误解。汉娜（Hanna，2012）在报告中使用 Skype 进行访谈并得出结论，认为尽管存在一些“技术性问题”，但这种方法仍然更接近面对面访谈，并且可能有利于为参与者提供比线下面对面访谈更大程度的控制，因为研究者对受访者的个人空间的侵扰性降低了。这可能会使得“研究者”和“被研究者”（受访者）之间的
51 关系更加平等（Hanna，2012），并可能影响数据的质量。表情符号（例如:-)）和缩略词（例如 ROTFL：笑着在地板上打滚［Rolling on the Floor Laughing］）的使用可能有助于消除在非多媒体情况下不明确的书面文字的歧义。与异步通信相比，这些超语言信息往往更频繁地被用于同步通信。

总体而言，虽然已经有一些成功使用在线访谈方法的例子，但这种网络调查研究方法并没有像调查和问卷方法那样被普遍应用。研究人员特别不愿意对**同步**在线访谈方法的早期开拓性例子采取后续行动（O'Connor et al.，2008）。这在一定程度上可能是因为报告的成果有限，也可能是因为比起使用电子邮件而言，在设置同步访谈的技术方面需要更多的时间和精力（O'Connor et al.，2008）。鉴于定性研究人员的目标，尤其是强调获得丰富的、反思性的个人叙述，不愿使用网络访谈方法并不奇怪。与传统的面对面访谈环境相比，这种访谈方法看起来可能是不带个人色彩且冷漠的。但是，根据**曾**使用网络访谈方法的研究人员的经验，在网上明显可以进行丰富、亲密的个人交流。网络调查研究方法提供的一些好处也很有吸引力，这些好处包括接触那些可能被排除在外的参与者，如那些不在研究地点的合理通行距离内居住的参与者，或者时间/行动受限的参与者（例如马奇和奥康纳［Madge & O'Connor，2002］所访谈的新晋母亲）。网络调查研究方法还可以方便接触其他难以接触的群体，例如巴勒特（Barratt，2012）就对年轻吸毒者进行了访谈。在考虑采样和可访问性问题时，同步与异步的区别变得相关。异步方法通常能够更好地促进地理上分散的参与者的参与，特别是在焦点小组研究中。当涉及打字输入灵活度受限的参与者以及那些不能花时间来到“现场”同步参加会谈的参与者时（见第6章对设计考虑和策略的进一步讨论），它们也可能是最合适的。对敏感话题的研究也可能从网络访谈方法中受益，因为在线交流环境可能会增强坦率程度。

未来方向

展望网络访谈方法的未来，随着相关技术变得更具有可靠性，基于视
频的方法必将变得更加可行（Fielding & Macintyre，2006；Gaiser，
2008；O'Connor et al.，2008)。这可能与传统的面对面访谈方法最接近。
随着这些技术的用户基础的扩大（毫无疑问，这归功于所提供的好处；例
如，Skype 允许具有较大带宽的互联网用户享受到世界上任何国家的免费 52
电话），随着在网络调查研究中接受视频访谈的潜在参与者队伍（pool）
的增大，移动技术（智能手机、平板电脑等）的可用性和使用范围的扩展
也有可能影响网络访谈方法的方向。基于调查方法的相关性的讨论，出现
了制造同步在场（*in situ*，沉浸式环境）、使用实时地理定位信息、结合
多媒体技术以收集更丰富的数据等方面的更多机会。例如，这样的可能性
可以支持诸如“步行访谈”（如 Jones，Bunce，Evans，Gibbs，& Hein，
2008）和“目测法”（如 Bagnoli，2009）的创新技术。

其他可能性包括使用在线虚拟现实环境（VREs），如“第二人生”（Second Life；见第 6 章）作为进行“虚拟面对面”访谈或焦点小组访谈的平台（Gaiser，2008）。可以想象，这样的发展开始解决与当前网络调查研究方法中流量减少和/或更难以建立融洽关系有关的问题。斯图尔特和威廉姆斯（Stewart & Williams，2005；引自 Williams，2003）讨论了在虚拟图形环境中使用虚拟形象来实现在线焦点小组访谈的尝试。讨论是在一个开放的空间进行的，这个空间是出于研究目的而建立的一个虚拟的私人空间。最后，一些研究人员努力创建在线访谈环境，尽可能模拟线下面对面访谈设置的过程（如 James & Busher，2006）[1]，其中使用视频或虚拟现实环境的方法可能是最有前景的，其他人则质疑这是否能成为网络调查研究方法中最有效的策略（O'Connor et al.，2008）。相反，对于研究人员来说，思考替代性、创造性和新颖性的方法可能更有用，在这些方法

① 然而，有趣的是，詹姆斯和布什尔（James & Busher，2006）使用异步电子邮件访谈来实现这一目标。

中，网络调查研究方法可能会最好地支持和加强访谈研究。结合在线和线下访谈方式的价值也不容忽视，这可以让研究人员从每种方法中获益。实际上，对线下模式和在线模式获得的数据进行比较，这本身就是一个研究课题。然而，一些研究人员对使用在线和线下访谈方法表示担忧（如 James & Busher，2006；Orgad，2006；Sanders，2005），认为这种策略延续了无用的观点，即在线访谈作为独立的方法是不可信的（O'Connor et al.，2008）。然而，如果是在探索在线和线下方法之间的共性和差异的背景下，那么进行这种比较是有价值的。

3.7 观察研究

如前所述，观察法和文献分析方法之间的区别在网络调查研究中有时会变得模糊。一个有效的定义是：观察包括观察**行为**和**交互**（无论是包含
53 这些痕迹的，如讨论组档案，还是实时的生活）；文献分析包括将已发布的静态的文档和媒体放在互联网上，作为一份创作的最终产品（例如，发表的文章、网页、歌曲、相册，艺术家作品的虚拟展览，或者在第 2 章中讨论的博物馆藏品的虚拟参观）。另一种区分方法是，观察方法考虑了个人参与的在线交互**过程**，而文献分析则考虑了其生成的最终产品。在今天的网络调查研究文本中，以前的有效定义似乎过于狭窄。例如，休森（Hewson，2007）建议在线观察研究"使用参与者之间的交互日志（通常是口头交流），而不是利用专门通过互联网传播而构建的静态记录进行文献分析，其主要目的并不是方便进行个人之间的持续性对话交流"（p. 416）。然而，并不是所有的在线观察研究都使用日志，因为它也可以实时进行。此外，在线观察研究现在可能会利用大量的数据来源和资料，这些数据和资料超出了"口头"交流的范围。我们在这里提出的定义是相当宽泛的，其目的是让我们关注现在的问题，而不排除我们想要讨论的任何观察方法。

回顾图 3－1，观察方法跨越了最广泛的侵扰性-非侵扰性的维度。在这里，我们将讨论一系列的方法，包括那些主要使用语言数据和超越语言数据的方法。

语言观察

讨论组档案。使用非侵扰性、非参与式的方法（最低侵扰性的设计）对基于文本的来源的观察可以通过访问在线语言讨论组**存档**来实现（在第 6 章中进一步讨论），这种方法为快速廉价地搜索和定位特定主体信息提供了机会。波迪亚（Bordia，1996）使用这种方法来定位谣言的传播，发现使用新闻组（Usenet）、互联网（Internet）和国际学术网（Bitnet）讨论层，比使用线下方法更容易。布雷迪和盖林（Brady & Guerin，2010）用了两周的时间，从一个育儿支持小组的网站档案中收集讨论版的帖子，并对这些内容进行定性分析。在许多方面，网络调查研究中的这种非侵扰性的语言观察技术是独一无二的，并且没有与线下方法等效的技术，因为线下对话不太容易被记录、存储，同时也不易搜索到特定主题的内容。最接近的等效方法可能是利用语料库，例如英国国家语料库（BNC；见 www.natcorp.ox.ac.uk [2014 年 10 月访问]）——一个大型的、可搜索的书面文件和口语来源数据库，包括正式的（如广播节目）和非正式的（由志愿者录制的）对话。然而，传统的线下语料库资源不太可能提供会话互动的在线痕迹的广度、多样性和范围。在大多数情况
下，易于访问的在线文本包括异步通信，同步对话不太可能被自动记录 54
下来。

异步“实况”讨论组。访问存档的另一种方法是在“实时”的情况下跟踪异步讨论，定期登录并收集出现的帖子。由于在线异步通信有较长时间周期，并且研究人员不可能一直在线监视讨论，使用日期和时间戳记录可以显示每个帖子单独发布的时间，这个方法是很有用的。当然，这些信息也可以存储在文档中，但是随着异步讨论的实时展开，其优点是能确定参与式观察的范围，并更有可能获得活跃的现场论坛参与者的同意（即使论坛本身仍然活跃，存档的讨论也可能涉及那些已经离开的参与者）。福

克斯、沃德和欧洛克（Fox，Ward，& O'Rourke，2005）在一个支持厌食的网站上进行了一次参与式观察，他们参加了留言板的讨论（发帖提出问题），并与其他参与者个人进行了单独交流。在该研究中，他们完全表明了作为研究人员的角色。布罗茨基和吉尔斯（Brotsky & Giles，2007）进行了类似的参与式观察，但没有表明研究人员的角色。他们加入了一些支持厌食的网站，伪装成参与者参与讨论，试图深入了解群体成员的信仰、看法和行为。阿霍、帕维莱宁和考诺宁（Aho，Paavilainen，& Kaunonen，2012）采用了一种非参与式的观察方法。他们使用非侵扰方式从一个私人的互联网支持小组的网站上收集信息。在说明了作为研究人员的意图，并获得了团体成员的同意后，他们对一个孩子的逝去进行了一项纵向的定性研究（超过五年）。

如之前提到的参与式观察法，它可以支持民族志的网络调查研究，或“虚拟民族志”（Hine，2000；另见 Markham，1998）。在这里，研究人员的目标是“浸入”一个目标群体（了解最新的虚拟民族志方法，请参见 Hine，2008）。[1] 该方法的例子包括沃德（Ward，1999）在两个女权主义的在线社区中进行访谈和观察，以及贝姆（Baym，2000）使用参与式观察、在线调查和访谈以及系统的信息内容分析。最近的一个例子是塔科特-吉布森（Tackett-Gibson，2008）研究了在线社区中的药物使用信息交换。有趣的是，塔科特-吉布森报告中提到希望完全公开这项研究的意图被版主阻止了，他们只被允许在非侵扰性的情况下潜伏观察并访问储存的档
55 案。而不公开的其中一个理由是避免扰乱现有的在线社会结构。正如这些例子所证明的那样，在线民族志研究学者会利用一系列的方法，包括在线调查、访谈、观察技术以及查阅现有文档，在一项研究中收集数据。对网络调查研究中的混合和多重方法以及它们能带来的潜在效益的进一步讨论，参见 Hewson，2008；Hesse-Biber & Griffin，2013。关于“网络民族志”的讨论——最初被设想为消费者和市场营销中的在线民族

① 最近的报告强调了在“虚拟民族志”方法中，参与者的线下生活的重要性，同时也在质疑虚拟民族志是否真的给民族志方法带来了“激进的方法论创新”（如 Hine，2008）。

志研究[1]，参见 Kozinets，2002；最近的一些例子，可以参见 Björk & Kauppinen-Räisänen，2012；Rageh，Melewar，& Woodside，2013。

Web 2.0 和社交媒体技术。Web 2.0 技术为非侵扰性的语言观察方法提供了可能性，它超越了更早使用的（但仍经久不衰）互联网新闻组和论坛技术。例如，汤金、菲佛和图尔特（Tonkin，Pfeiffer，& Tourte，2012）分析了关于 2012 年 8 月英国骚乱的 60 万条推特，以寻找推特作为促进非法组织行动的重要组织工具的证据（作者们报告称，事实并非如此）。莫雷诺等人（Moreno et al.，2011）在脸书上进行了一项观察研究，分析了 200 名有公开个人资料的大学生的状态更新情况，以寻找抑郁症状的证据。这些例子说明了在网络调查研究中观察方法和文献分析方法之间存在模糊边界。什么构成了在线交互或文档，什么被称为“存档”或“实时”交互，也可能是模糊的。正在进行的大规模在线交互和对活动的跟踪记录导致了这些不确定性，这种情况在线下环境中不会以同样的方式发生。博客[2]是一个很好的例子；起初，主要是频繁更新的、基于文本的个人日记（通常是在公共领域），后来又加入了更多互动的多媒体元素，包括作者以外的其他人的评论和贡献。如今，博客经常被视为更具活力和互动性的多媒体社交空间（如 Wakeford & Cohen，2008）。然而，赫林、沙伊特、博努斯和赖特（Herring，Scheidt，Bonus，& Wright，2005）指出，博客现在以多种多样的形式出现，存在于标准的代码文档和异步的 CMC（以计算机为中介的交流，比如新闻组）中。有研究人员认为，最近关于博客互动性、流畅性、折中性和外部关注的特征描述被夸大了；在对大约 200 个博客的分析中发现，与个人主义的自我表达方式相比，很少有证据表明博客是外部关注的（Herring et al.，2005）。哈拉维斯（Halavais，2006）将博客描述为“正在进行中的思考”（也许意味着在认知心理学的某些领域支持网络调查研究）。韦克福德和科恩（Wakeford & Cohen，2008）讨论了在一项正在进行的研究中，使用博客作为放置现场笔记的空间。在网络 56

① 不过，这个词已被广泛使用（如 Janta，Lugosi，& Brown，2012）。

② 注意，“blog”（博客）这个词是“web log”（网络日志）的缩写，但后者也意味着服务器活动的“log”（日志）（后者并不是这里的本意）。

调查研究中，对博客进行分析的现有实例包括马库斯、韦斯特拉、伊斯特伍德和巴恩斯（Marcus, Westra, Eastwood, & Barnes, 2012）对年轻人的博客进行精神健康主题的非侵扰性定性分析。为了获得对年轻人经验的公正认识，他们的报告获取了丰富的数据，这些数据在年轻人的精神健康方面提供了重要的见解。克拉克和范亚美隆（Clarke & van Ameron, 2008）对45名男性和45名女性（这些人都自认为抑郁）的博客进行了定性分析，同样获得了有用的数据。福尔伍德、希恩和尼科尔斯（Fullwood, Sheehan, & Nicholls, 2009）对聚友网（MySpace）上的博客进行了一项内容分析，目的是将其与其他网站上的博客的目的、格式和风格进行比较。同样，报告称这项研究是成功的，认为博客为网络调查研究提供了一个有价值的潜在数据来源。

同步讨论。观察性的网络调查研究方法，包括民族志方法，也可以实时进行**同步**讨论。从表面上看，这种方法似乎更有可能要求在“实时”异步讨论后披露信息，而不是获取异步档案。尤其是在那些不太可能被忽视的小群体中，披露信息似乎是合适的做法。然而，一些研究人员报告称，在没有实施任何明确的信息披露或知情同意程序的情况下，潜伏和观察同步讨论未遇到任何报告的问题（如 Al-Sa'Di & Haman, 2005; Rodino, 1997）。与此同时，其他研究人员提供的证据表明，潜伏**可能**是存在问题的，尽管在解决所遇到的困难方面，信息披露并没有被证明是有帮助的。因此，哈德逊和布鲁克曼（Hudson & Bruckman, 2004）进行了一项定量研究，他们观察了聊天室参与者对研究人员披露观察意图（记录和讨论）的反应，并与未公开信息而进入和潜伏的反应相比。研究发现，在这两种情况下都会产生敌意，这些研究人员的报告称，他们经常被逐出聊天室，尽管有趣的是，这种情况在进入和潜伏的时候发生的次数比明确请求许可时要少。哈德逊和布鲁克曼的结论是：在网络调查研究中使用这种观察方法进行信息披露可能是站不住脚的，对一个研究项目来说是不利的。然而，应该注意的是，哈德逊和布鲁克曼没有试图以任何类似于建立友好关系的实践策略方式与参与者进行接触，而这些方式与之前提到的在在线访谈和焦点小组研究中成功建立融洽关系的策略类型相类似（如

O'Connor & Madge，2001）。迄今为止，一些研究人员已经成功地完成了对在线同步聊天的观察（如 Panyametheekul & Herring，2003；Rollman，Krug，& Parente，2000；Subrahmanyam，Greenfield，& Tynes，2004）。在同步的、实时的讨论中，参与式观察方法和非参与式观察方法似乎都是可行的。所做的选择将会影响研究的受干扰程度（参与式的做法更加突兀）。

超越语言观察 57

社交媒体网站。Web 2.0 增加了观察在线交互行为的机会，包括结合了多媒体的方法。因此，扩大的社交网络和分享音频、图像和视频的机会得以出现。正如上文所讨论的，这些资源（脸书、推特、博客等；请参阅第 2 章中的列表）为收集语言数据提供了丰富的机会，还提供了丰富的机会来收集纯文本以外的数据。一些研究人员已经使用了多媒体分享网站，比如 YouTube（如 Frohlich & Zmyslinski-Seelig，2012；Thelwall，Sud，& Vis，2012），重点分析了文本数据（例如关于共享的 YouTube 视频的评论），或者是多媒体内容本身。例如，柳和金（Yoo & Kim，2012）对 YouTube 视频进行了内容分析，考察了 417 个关于肥胖的视频，以探索肥胖的主题是如何构成的，以及肥胖者是如何被描绘的。脸书一直是观察研究中被经常使用的一个数据来源。例如，赵、格拉斯穆克和马丁（Zhao，Grasmuck，& Martin，2008）通过对脸书上 63 个个人账户进行内容分析来研究脸书上的身份建构（尽管他们的大部分分析集中于基于文本的材料，以及用户在他们的个人资料上发布的照片）。威尔逊、戈斯林和格拉汉姆（Wilson，Gosling，& Graham，2012）对 412 项已发表的关于脸书的研究（来自期刊和会议记录）进行分析，涉及多个学科，确定了五种研究类型（根据最常见到最不常见的顺序排列）：脸书在社交互动中的作用（27%）；对用户的描述性分析（24%）；隐私和信息披露（18%）；使用脸书的动机（19%）；身份表达（12%）。其他的社交网站也被用来获取多媒体和语言数据。例如，麦克雷诺等人（McCreanor，Lyons，Griffin，Goodwin，Moewaka Barnes，& Hutton，2013）分析了酒类营销机构利用社交网站促进其产品广告活动的宣传方式，考察了这些社交网站在促进和支持青年饮酒文化方面的作用。

虚拟现实环境。观察性网络调查研究人员也使用了虚拟现实环境（VREs，也称为 MUVEs：多用户虚拟环境），包括那些支持游戏应用程序的虚拟环境（例如大型多人在线游戏：MMOGs）。这样的在线互动图形环境（通常是 3D）是一个“虚拟世界”，用户（或玩家）可以在其中相互交流，这为各种各样的网络调查研究方法提供了有趣的可能性，包括观察和民族志研究。施罗德和贝伦森（Schroeder & Bailenson，2008）提出了一种使用多用户虚拟环境的网络调查研究方法（他们将其描述为“允许用户通过虚拟空间的数字进行交互的技术”，p. 227）。他们的大多数例子来自计算机科学和教育背景，并且倾向于使用实验设计。实际上，多用户虚拟环境的一个优点是可以控制一系列参数的范围。班布里奇（Bainbridge，
58 2007）还提供了对虚拟现实环境研究的范围和机会的讨论，强调了支持民族志和访谈方法的潜力。虚拟现实环境研究的一个早期的例子是吉瓦蒂等人（Givaty et al.，1998）关于视觉认知的研究。在这项研究中，参与者（通过互联网招募）被要求在专门为实验准备的 3D 虚拟环境中导航，然后在 2D 地图上重新创建该环境中各种对象的位置。吉瓦蒂、瓦兰瓦、克里斯托和布洛夫（Givaty，van Vaan，Chirstou，& Bulthoff，1998）解释了网络调查研究如何能够更为方便地获得更多的信息以取得更有效的结果。另一个早期的例子是肯德尔（Kendall，2002），他在一个 MUD（多用户网络游戏）环境中进行了一项民族志研究。最近，威廉姆斯（Williams，2007）描述了一项在图形**网络世界**中进行的民族志研究，他可以通过观察虚拟人物来收集详细的现场笔记。威廉姆斯强调了（与线下方法相比）在观察期间能够隐秘地进行现场记录的优势。关于在虚拟世界中收集研究数据的范围的进一步讨论，请参见罗斯、卡斯特罗瓦和瓦格纳（Ross，Castronova，& Wagner，2012）。在本书中，第 6 章讨论了一些不同的设计选择以及它们的优缺点。

观察结构和过程。除了在网络上访问和分析检索的信息或使用实验设计的方法（如上文所述），我们同样要注意对在线交互中的结构和过程的观察和分析。库珀（Couper，2005）以调查方法为基础讨论了“管理性的

调查过程数据”（也称为“元数据”）；管理性的调查过程数据与信息的完成过程有关（例如，受访者完成问卷每一页或每个问题需要花费多长时间、有哪些页面被重新访问等）。对管理性的调查过程数据的自动记录可以有效地补充问卷的答复内容。在观察性网络调查研究中，管理性的调查过程数据逐渐成为其主要数据。因此，我们可以通过查看网页导航、谷歌搜索、在线社交网络关系（谁是谁的朋友）等来进行网络调查研究。例如，在线社交网络分析（SNA）研究的是网络中个人和群体之间所存在的关系（例如，谁发信息给谁，相互间发信息的频率，谁与谁在脸书上互相关注，“点赞”或分享他人的帖子，评论最新动态，等等）。霍根（Hogan，2008）讨论了网络调查研究中的社交网络分析方法，他认为这些方法基本上适应于从线下社交网络分析到在线媒体分析的原则。因此，在线社交网络分析从根本上关注的是在线社交群体和社会共同体的运动、结构特性和关系方面的信息。可视化的图形化网络经常被用来表示社交网络分析的结果（Hogan，2008；可以在网站 www.visualcomplexity.com 上找到例子）。由于“在社会生活中越来越多的片段以机器可读的形式进行着自我记录和自我存档”（Wesler，Smith，Fisher，& Gleave，2008，p.117），在线社交网络分析在未来发展中似乎是一个大有前景的领域。但是在线社交网络分析的一个缺点是，它比社交网络调查研究中的一些其他方法（如访谈和调查）更不容易实现，它需要更多先进的数据抓取（data scraping）技术，例如，涉及脚本语言的使用。尽管社交网络分析方法需要寻找相应的技术支持，但是这种方法吸引人的特点或许会使寻求所需的技术支持成为可能，那就是可以捕捉到人与人之间薄弱的关系，这种关系在传统的线下自我报告的研究中往往被人们所忽视（Hogan，2008）。当然，还有一点吸引我们的是在线社交网络本身是一个合法的查询领域。 59

数据痕迹是通过使用非侵扰性的数据挖掘技术获得的，如在社交网络分析中使用的那些数据（可能由数千、数百万或数十亿个人用户所提供），因此获得他们的同意几乎是不合理的，或者是不可能的（详见第5章中对非侵扰性研究中的伦理问题的进一步讨论）。解决由此引发的伦理问题的方法是收集数据的同时向数据提供者提供宝贵的服务。洛基特和布莱克曼

（Locket & Blackman，2004）在市场研究的背景下提出这样一个例子。他们想收集有关信用卡公司向商务旅客所收取的外汇费用的数据。他们并没有使用调查方法来收集这些数据，而是开发了允许商务旅客用其本国货币计算其商旅费的软件：在线旅行费用计算器（www. xe. com/tec）和信用卡计费计算器（www. xe. com/ccc）。这两个计算器软件在网络上免费提供。这使得他们能够成功地通过汇总输入的计算数据来收集他们所需的数据。他们认为，这种数据收集程序为参与者提供了宝贵的服务，这对于参与者来说是有益的。

大数据。上面讨论的这些方法会产生极其庞大的数据集。“大数据”概念源于计算机科学，是指难以用计算处理的大数据集。最近，这个概念得到了广泛的探讨。在网络调查研究中，大数据集可能涉及众多的个人行为痕迹，例如，在某段时间内所有的谷歌搜索量可能会生成很多的数据点。谷歌分析（见 http：//www. google. co. uk/analytics/）是一项以市场营销和商业应用为目的，通过跟踪访问者及其导航行为（包括搜索、购买等行为）来生成详细的网站流量的统计数据的服务。在线获取用于社会科学研究中的大型数据集，还是一个刚起步的、正在进行探索的领域（目前对这一领域的详细回顾超出了本次讨论的范围）。探索大数据的调查项目已经开始进行，比如牛津互联网研究所提出的“获取和使用大数据来提高社会科学知识”（见 http：// www. oii. ox. ac. uk/research/projects/?id=98[2015 年 11 月访问]）。《社会科学研究》（*Social Science Research*）杂志曾呼吁为社会科学研究中的“大数据”专题做出贡献。然而在社会科学网络调查研究中，这些数据集的价值和作用仍然有待探讨。

60 **未来方向**

考虑到观察性网络调查研究的未来发展，Web 2.0 技术和服务以及移动互联网接入设备同样具有应用各种方法的发展潜力。通过智能手机、平板电脑等设备扩大互联网移动接入的方式，给在访谈和调查中所讨论的方法的实现提供了可能，包括对现实生活中的参与者的测量，以及地理定位信息的使用。例如，观察人们在城市或建筑物周围的活动行为可能是一种选择，而增加可靠的视频和音频录制的机会可以丰富这些方法。智能手机和平板电脑的应用提供了在移动的参与者身上采集潜在的大量同步在场数据的机会；事实上，数据可能是作为提供个人服务的副产品而采集的，类似于洛基特和布莱克曼（Lockett & Blackman，2004）整理的外汇收费的数据（见上文）。其实研究中已经出现了一些这样的例子（例如前文提到的 Mappiness 项目）。其他可以想象的具有研究潜力的领域包括健身、健康和节食应用（我们怀疑其中一些领域已经存在例子）。“物联网”指的是将日常用品和在线技术结合起来，以创建一个不断扩大的互联网连接设备。这类设备的发展已经远远超出了智能手机、平板电脑和电视等更为常见的例子。例如，现在已经出现与网络相连的医用“药片”（智能药片）原型，它们可以监测和发送服药时间的数据。目前正在销售的智能跑鞋具有监测性能（可监测运动距离、运动速度、行动路线等），并能将数据自动上传到一个在线网站中。现在，我们同样可以通过智能手机来控制家用中央供暖和照明系统。随着互联网与日常用品的融合越来越紧密，其对人们日常生活的影响也愈加广泛。因此，在日常生活中收集各种数据的范围只会越来越广。这些数据将在多大程度上用于对社会和行为的研究仍有待观察。我们在这里介绍的只是一些想法，其中的一些已经被试行。与本章中讨论的其他方法一样，未来的实现和创新将增进我们对什么方法可实现以及什么方法有前途的理解。

3.8　实验研究

近年来虽然基于万维网的实验变得非常流行，但它没有取代万维网调查。关于这种方法的例子和讨论详见伯恩鲍姆的综述（Birnbaum，2000）和《实验心理学》（*Experiment Psychology*）杂志的特别版（Reips & Musch，2002）。网络实验的其他例子包括 Laugwitz，2001；Horton，

61 Rand，& Zeckhause，2011；Lenzner，Kaczmirek，& Lenzner，2010；Reips，2001。在本书第一版中，我们概述了四种关键的网络实验类型：只使用静态材料（如文本和图像）的实验；使用视频或音频的实验；关于反应时的实验；涉及人际互动的实验。在当时，前两种方法有着广泛的应用前景，而后两种方法的应用前景相对较窄。当时大多数例子使用的是以文本和图像为表达形式的刺激材料。现在有更多使用复杂的技术手段的成功案例。除了互联网技术和软件方面的普遍改进（如更大的带宽），一系列旨在协助发展和传播万维网实验的软件包的出现，也有助于扩展这一方法的应用范围和提升其可获得性。关于一些可用软件的信息，详见 Rademacher & Lippke，2007；Reips & Neuhaus，2002；Schulte-Mechlenbeck & Neun，2005。此外，第 6 章也进行了详细论述。在万维网实验列表（Web Experiment List）[1] 中可以找到大量可搜索的关于网络实验的实例，还可以通过框图 3－1（详见上文）中提到的其他研究信息交换平台获得一些实例。

静态文本和图像

目前，使用静态文本和图像的方法在网络实验中仍得到支持；这些设计往往对研究人员的技术技能和所需技术设备（硬件和软件）的要求很低。框图 3－5 展示了我们早期研究的一个案例，该案例采用一种非常简单且技术含量低的研究方法，将实验材料（小短文）通过电子邮件发送给参与者。

框图 3－5 案例研究：Hewson，1994

研究目的

该研究旨在通过对某些关于信仰这一常识（民俗心理学）观念的本质讨论的分析来理解信仰这一常识性概念（Double，1985；Stich，1983）。

---

[1] 勒普斯和林格勒（Reips & Lengler，2005）提供了关于万维网实验列表的统计数据，以表明万维网实验的实现可能性在不断增加，其中遵循社会心理学实验的认知方法是最常见的。

研究过程

起初，该研究通过大学校园中的研讨会招募参与者，但是这一方法收效甚微且浪费时间。之后，选择在新闻组中进行广告宣传来招募研究参与者。仅仅在广告宣传的两周内就收到了135份答复。在实验过程中，调查对象会收到带有说明的学习材料，并被要求用电子邮件进行回复。参与者被要求阅读两篇短篇故事，每篇都会有一个相应的问题。[①] 之后，他们需回复电子邮件到研究人员的电子邮箱。由于材料由纯文本组成，所以参与者很容易将适当的文本剪切并粘贴到电子邮件的正文中。参与者被随机分配到实验条件中，并使用电子邮件地址记录分配情况以进行识别。每个参与者的回复会被保存在唯一的文件夹中，随后会被存储在一个安全的大学账户中。同时参与者会收到一封关于致谢和调查反馈的电子邮件。这些数据都会被匿名处理并进行整理，以便以后使用生物医学数据处理软件对数据进行分析。 62

研究评析

优点。尽管在网络调查过程中可使用的新闻组不多，但却可以成功地获得一个较好的样本（较线下方法而言），这种方法成本低廉且高效。以电子邮件的形式发送材料，节约复印费用，同时由于电子邮件管理的效率高（较访问网站而言）以及对数据进行电子化的存储和操作，减少了研究所需时间。与线下招募方法相比，网络样本的采集显然更加多样化，同时与线下试点研究（由于程序或抽样的差异）相比，网络数据可以更加详细清楚地记录答案。

缺点。对程序因素缺乏严格控制将会产生一些意料之外的且难以应付的事件。例如，一小部分受调查者会用另外一个不同于他们最初回复研究人员所使用的电子账户来发送邮件。因此，这种以电子邮件地址来识别参与者的追踪程序在这种案例中是不可取的（尽管实际上，这些回答者都提醒研究人员他们使用了一个不同的电子邮件地址）。在本书第 6 章将进一步讨论对参与者进行追踪的更稳健的程序。此外，

---

① 更多详情参见休森（Hewson，1994）关于实验操作和实验材料的说明。

让人意想不到的是有一些参与者在回复时并没有发送他们的原始材料，尽管在该案例中所采用的追踪程序可以解决这一问题。在第 6 章还将进一步讨论制定一个清楚而又详细的参与说明以及仔细试行研究程序的重要性。另一个问题是在刊登这项研究的帖子之前，如果忽视了与版主的接触与沟通，版主可能会做出不利于研究的回应，从而使帖子被删除。

63 **研究的局限性及改进建议**

该案例使用了便利抽样；选择将新闻组作为研究对象是因为研究人员对其较为熟悉。在目前情况下，这不是一个太大的问题，但后续研究可以更广泛和更仔细地选择抽样程序。目前的方法可能会调查到那些在学术界工作且对心理学感兴趣的受访者。然而，收集相关受访者教育经历的信息是有用的，这证实了上述偏差，并使人们得出这样的结论，即进行认知科学和/或逻辑方面的培训会影响他们的答案。收集更多人口统计学信息（此处没有这样做），对于进一步研究抽样偏差问题也是有用的。没有设置参与广告的终止日期这一做法可能是有用的，因为它使研究人员对数据收集有更多的控制，并允许研究人员在这一时期对数据进行监控。创建数据备份文件是防止数据丢失的一种更有效（而且性价比也高）的方法，而不是像该案例所做的那样打印单个受访者回答的副本。第 7 章提供了一个安全可靠的存储数据的程序指导。正如接下来各章所讨论的那样，研究人员本可以采取更严格的知情同意和事后说明报告的方法来最大限度地遵守伦理原则，对此会在以下各章节中进行进一步讨论。

框图 3－5 中的案例说明了实验设计如何能够在不需要复杂技术的解决方案下实现，尽管它也提出了对此类方法的可靠性和研究人员缺少对程序的控制（例如响应参数）的质疑。然而，通过向不同的参与者发送不同的材料来实现实验操作是较为简单的。不同组之间的差异在类似的实验中也可以用这种相对简单的方式完成。其他操作可能需要一些参与者必须在测量之前或测量之时参与进一步的任务或过程。尽管会产生越来越多参与者使用不同平台形式带来的可靠性问题以及参数显示方面的潜在变化，但将图形加入材料应该不会太困难（如 Senior，Phillips，Barnes，& David，1999a）。除电子邮件之外，还可以使用文件传输协议、远程登录等技术向参与者提供实验材料。在网络实验中存在着一些使用相对简单的技术来完成研究的例子（如 Ahmed & Hammarstedt，2008；Hewson & Vogel，1994；Strassberg & Holty，2003）。当然，也有使用更复杂的交互过程完成更高级且更具有挑战性的任务的调查研究的例子（如 Ruppertsberg，Givaty，Van Veen，& Bulthoff，2001）。

尽管上述方法都很有用，特别是在早期的网络实验中，但现在很少在
实验中使用电子邮件、远程登录、文本传输协议等技术（Reips，2007）。 *64*
相反，通常将万维网用作实验交付的平台；参与者访问一个网页，并通过浏览器就实验材料和实验过程进行沟通（这与现在例行的在线调查方式很相似）。有许多使用这种方法的例子（如 Lenzner et al.，2010；Nückles & Bromme，2002；Pohl et al.，2002；Senior，Barnes，Jenkins，Landau，Phillips，& David，1999b）。专门的万维网实验软件包的出现、互联网连接速度的提高和浏览器性能的增强，对于推动基于万维网的实验研究具有重要意义。因此，我们在第一版中注意到不同浏览器的 HTML 代码表现出的差异不太可能导致那些严格遵循跨平台万维网标准的软件包的运行出现问题。当然，在网络调查研究方法中对某些因素的控制还存在着一定的问题，因此在实验设计中保持一定的控制水平尤其重要。为了能够进行精确的因果推理（自变量和因变量之间的推理），必须假定存在良好的内部效度；在做出这一假设时，必须严格控制所有可能产生干扰的因素。最近的技术发展有助于在基于万维网的研究中保持对参数的控制，因此这对于最大限度地提高基于万维网的实验的有效性具有重要意义。

音频和视频

自本书第一版出版以来，在网络调查研究中音频和视频材料的使用范围得到了极大的扩展。在第一版中，我们提出了在使用多媒体方法时，较

大的文件（包括简单的图片）会存在下载时间问题。得出的结论是：应该使用相对较小且易于下载的文件。网络连接速度的提升在很大程度上解决了这类问题；拨号上网曾经是网络连接的一种标准方式，然而现在宽带已经普及，并得到广泛使用。例如，观看 YouTube 上的视频片段对许多用户来说已经不是问题，因此参加包含视频剪辑的实验也不至于会有很大的问题。[1] 随着诸如光纤宽带等新技术的出现和普及，以前的这些问题将不再是阻碍。在第一版中，我们提到与语音识别有关的心理语言学研究和音乐感知研究，作为可能使用音频大小剪辑的领域；现在这两种类型的例子已经出现（如 Knoll，Uther，& Costall，2011；也可在 https://
65 ssl. bbc. co. uk/labuk/experiments/musicality［2014 年 10 月访问］上看到英国广播公司的音乐性测试）。我们注意到，在未来，实验中可以使用更大规格的视频剪辑；现在也有一些例子（如 Caro et al. ，2012）。

反应时实验

在网络调查研究的初期，基于非常精确的反应时测量（精确到毫秒）进行实验似乎是不大可能的，这主要是由互联网数据传输速度不足、网络流量变化以及用户平台不同等原因造成的。在传统设置中，这种方法可以通过让参与者与计算机程序交互来实现，计算机程序可以在非常严格的控制环境中，使用材料并测量到所需精度水平上的反应时，从而实现这一方法。然而，最近在网络调查研究中，更多成功的反应时研究的例子已经出现（如 Corley & Scheepers，2002；Eichstaedt，2002）。因此，这些方法可以支持认知科学和行为科学的研究，而在早期，这是难以置信的。但仍然需要注意的是，如果参与者使用的是较旧的技术（如拨号连接），那么在运行中可能就会出现问题。尽管现在更快速的宽带连接已趋向常态，但网络流量的波动也会导致数据的收发出现稳定性问题。然而，随着技术的不断发展与普及，这些问题将得到缓解。在设计需要精确时间测量的研究时，应考虑到网络流量、宽带等的影响，既要提出刺

① 例外情况可能是需要非常精确的计时。

激因素，也要考虑应对措施。当认为这将可能成为问题时（如在仅有拨号连接的用户中），将程序下载到用户自己的计算机上以便脱机运行，不失为一种可行之法，它可帮助用户增强数据处理的稳定性。

多用户实验

我们在第一版中概述的最后一种实验，是将两个或者更多的参与者聚集在一起，而不是一个单独的参与者与计算机程序进行交互。例如，线下环境中的合作实验就使用了这一方法（如 Locey，Safin，& Rachlin，2013）。最近的技术改进也扩大了这种方法在网络调查研究中的应用范围。现如今网络交互大量存在于不同的环境中，如多用户虚拟环境（前面已讨论过）和协作性网络设置。打个比方，两个或者两个以上的参与者可以一起同步创建一个文档、图形和演示文稿等（就像使用谷歌文档或者托管维基服务一样）。霍顿等人（Horton et al.，2011）指出，在他们进行的在线实验中，参与者（通过机械特克［Mechanical Turk］这一在线劳动力市场进行招募，详见 www.mturk.com）通过不同版本的范式化囚徒困境进行互动。他们使用此方法成功地复制了线下实验室的结果。然而，他们 *66*
指出，现在缺乏用于实现这类更为复杂的交互式在线实验的软件工具，并指出具有针对性的解决方案的提出是必要的。如前所述，多用户虚拟环境在促进“网络调查研究”中的协作、交互式**实验**设计方面具有特殊潜力。施罗德和拜伦逊（Schroeder & Bailenson，2008）讨论了一些例子（如 Becher & Mark，2002；Slater，Sadagic，Usoh，& Schroeder，2000）。他们提到了在实验室和虚拟环境中同时进行的头戴摄像头研究（这可能会模糊线下方法和在线方法之间的界限）。在这种情况下，参与者可能与其他参与者以及非虚拟实验室中的实验者进行在线虚拟互动。

未来方向

如前所述，在过去十年左右的时间里，网络实验的范围和实施可能性大大增加，这一趋势很可能会继续下去。加强技术发展会有助于开发和改进相关软件，这样能使网络实验更易于构建和传播。网络调查研究方法的优点在前文中已进行概述（如地域范围更广泛、节省时间和费用、方便参与者参与等）。例如，鉴于在线游戏活动的流行，要求参与者在多用户虚拟环境中互动和执行任务的在线实验所带来的新奇价值可能对参与者来说具备吸引力，并提高其招募的成功率。勒普斯（Reips，2002b）讨论了网络实验的各种优缺点，着重指出，与严格控制的实验室研究相比，在网络调查研究中技术差异较大也许是一个优势，因为它可以提高研究的外部有效性（在不同背景下的通用性）。这是对共识的挑战，即在基于万维网的实验中，更大的变异（因为缺乏对参与环境等的控制）是需要尽量克服和减少的问题（如 Horton et al.，2011；Reips & Musch，2002）。因此，基于万维网的实验可能在复制线下结果时有益。当然，不受控制和未知的可变性在第一次测量特定变量之间的确切因果关系时是个问题。然而，正如勒普斯（Reips，2002b）所说的，当试图使用在线实验去复制已建立的线下研究结果时，在网络调查研究背景下获得同等的结果可以说是对所展示效应的外部效度的检验。在早前的在线调查方法中，网络调查研究的有效性研究已被提及；在实验研究中也取得了同样振奋人心的结果（如 Hor-
67 ton et al.，2011；Knoll et al.，2011；Pohl et al.，2002）。这预示着实验性网络调查研究的盛行。未来的创新可能会使用到各种新兴技术，比如移动应用程序、物联网和增强的多媒体。关于网络实验设计中当前需要考虑的一些方法论问题的有益讨论，参见 Reips & Krantz，2010。此外，第 6 章也有进一步的讨论。

3.9 文献分析

与其他方法相比，网络调查研究中的文献分析实例较少，但还是有定量和定性研究的实例。在一些学科领域，对博客的分析已成为一个蓬勃发展的方向，这些学科包括市场营销和语言学。鉴于网上可获得的文本数量，这种方法具有很大的潜力。因此，网页、博客（至少是那些保持单独发表个人日记的传统角色的博客）、新闻、科学论文、在线存储库（如照片、音乐作品、艺术品等）都是潜在资源（另见第 2 章中概述的在线资源）。前面已经指出，一些在线资源跨越了静态的成品和动态的在半成品之间的界限。推特是个好例子，可以个人发布简短评论、想法、信息链接等。这会引起其他推特用户的评论和分享（转发）。考虑到推特用户群的规模（每月的活跃用户数为 2.71 亿，见 https：//about. twitter. com/company ［2014 年 8 月访问］），推特可为用户提供大量他们感兴趣的大数据集，包括人们正在传递的思想、想法、评论、感叹、观察资料和信息来源（如新文章）。并没有任何能与推特等效的线下数据源。上文提到把推特作为观察研究的数据来源；通过该服务随时获取共享文档使它成为网络文献分析的一个潜在的实用网站。

现有文本

一些研究是利用现有的在线资源进行文献分析。例如，梭罗（Thoreau，2006）对 *Ouch!* 网站上的文本和图像进行了定性分析。该网站主要由残疾人创建，目的是测试残疾人对残疾的看法。使用这种方法收集数据比以往通过线下媒体资源（广播、报刊、电视）收集数据容易得多。在另一项研究中，海因茨、顾、犬冢和岑德尔（Heinz，Gu，Inuzuka，& Zender，2002）对男同性恋、女同性恋、双性恋和跨性别者群体（GLBT）网站上带 68
有修辞–批判色彩的文本和图像进行了检验。研究人员得出结论，网络为这一群体文化身份建构的转换提供了一个特别重要的信息来源，并特别指出了许多网络空间的跨国性。这种空间使“文化身份的转变”方式的比较成为可能，毕竟“文化身份的转变”在线下环境下既困难又费时。这一研究也说明了网络调查研究方法能够突破地域边界，促进跨文化研究。

如前所述，一些作者进行了博客分析并取得了可喜的成果（如 Clarke & van Ameron，2008）；马库斯等人（Marcus et al.，2012）强调网络调查研究方法如何帮助他们接触到了传统上难以接触并进行研究的人群（有心理健康问题的年轻人）。侯、常和宋（Hou，Chang，& Sung，2010）使用内容分析研究了教师在博客上分享哪种类型的知识（在研究中，博客是作为研究的一部分而建立的）。赫法克和卡尔弗特（Huffaker & Calvert，2005）通过分析青少年的博客研究了身份、性别和语言使用等问题。在赫林（Herring，2010）那儿可以找到更多近期使用网络数据源（特别是博客）进行内容分析的讨论。

征集的文本

另一种方法是在线征集文本，而不是像上述研究那样，获取已经存在的文本（除了 Hou et al.，2010；他们建立了专门的博客空间供教师使用）。赫斯勒等人（Hessler et al.，2003）在进行危险行为研究时就采用了这一方法，他们要求青少年参与者通过电子邮件提交日记条目。这带来了丰富的叙述，并促进了公开坦率的回应。这种网络调查研究方法论解决了在线下面对面研究中经常遇到的与目标群体建立友好关系的困难。研究人员认为，在对年轻人进行敏感性的研究时，使用网络调查研究方法可能会更加有益，因为使用电子邮件的方式会带来一种“舒适的非正式氛围”。然而，在使用电子邮件这种传输方式时也应考虑到它的安全风险问题。赫斯勒等人通过使用假名字注册电子邮件账户来解决这一问题，以此减少对匿名参与者的威胁。他们还使用了严格的知情同意程序，包括获得监护人的线下同意。将多媒体数据纳入文献分析已成为可能，例如，允许在日记研究中进行图像上传（在伦理允许的情况下），或者在使用现有文本时访问在线多媒体资源（多媒体共享网站、艺术家的主页等）。

69 在前文提到的文献分析方法中，和搜寻研究相关主题的现有文本相比，文本征集方法更节省时间和成本。赫斯勒等人（Hessler et al.，2003）的研究表明，即使与以往的线下方法相比，它们仍然具有更高的性价比，并能给研究项目带来特别的益处。似乎这两种方法在未来都能得到很好的发展，因为互联网拥有的文档数和用户量都在持续增加。

在本章中，我们回顾和说明了网络调查研究中的一系列关键方法，讨论了它们的优缺点和未来发展潜力。对任何研究项目来说，抽样方案的规划和设计都是不可或缺的。我们将在第 4 章中详细讨论网络调查研究中的抽样问题、条件和程序。

第4章

网络调查研究中的抽样

4.1 导论

前一章概括并讨论了网络调查研究的一些关键方法和路径。本章旨在讨论抽样问题和策略。我们重新审视了过去普遍认为的“互联网招募程序将不可避免地带来存在偏差的样本”的观点，并且探讨了过去近十年互联网用户（IUP）的组成和态度指向发生的剧烈变化。现如今已经设想和测试了各种各样的网络调查研究抽样方法。正如我们在第一版中所提到的，我们认为网络调查研究方法可以帮助我们接触到大量潜在的多样化群体，甚至比我们在大约十年前撰写这一主题时更加有效。过去，我们强调不同的抽样程序会影响样本的性质，然而，在网络调查研究中，仍然无法明确从现有的抽样程序中会产生的样本类型。为此我们回顾了现有研究，试图解释这种关系是如何表现的。

从互联网用户中抽样

在网络调查研究的早期阶段，当先驱们刚刚开始设想、设计并实施以互联网为媒介的初级调查研究时，人们普遍担心互联网用户（网络调查研究样本来源人群）自身的固有偏差。因为当时互联网用户主要由来自北美地区、受过良好教育的中上阶层白人男性组成（如 Szabo & Frenkl，
72 1996）。他们被认为在某些方面不具有代表性，并未包含穷人和少数群体（如 Nosek，Banaji，& Greenwald，2002）。这被视为网络调查研究的一个局限。然而，一些人士（包括我们在内）始终对网络的潜能持乐观态度，因为通过它能获得更广泛多样的样本和更小更专业的、传统上难以接触到的样本。这些描述强调了互联网日益渗透到全世界人民的日常生活中，为网络调查研究带来日益多样化、规模可观的潜在参与者队伍。在过去十年左右的时间里，网络调查研究得到了很大的发展，并且人们对从互联网上获取的样本价值和潜力所持的态度更加积极。

这种态度转变的一个迹象是网络调查研究方法在大量学科和研究领域迅速扩展（如前一章所证明）。然而不容忽视的是，网络调查研究被指出只限定在“特定地域”范围内（O'Connor et al.，2008），主要集中在英美文化语境内（Jankowski & van Selm，2005），并且主要内嵌于英语语言环境中（Thurlow，Lengel，& Tomic，2004）。我们要牢记这些，并谨慎对待关于网络调查能够成为“国际化”研究方法的说法（O'Connor et al.，2008）。盖塞尔（Gaiser，2008）还注意到，在线样本很大程度上反映的是教育程度和社会地位较高的人的观点，他们借助工作或家庭环境获得了参与网络调查研究的机会。虽然互联网接入在不断增加，但这些观点仍然适用。

尽管如此，网络用户的大规模和多样性以及全球各地网络参与者之间潜在接触的增强还是令人难以置信。线下样本在地理涵盖范围上是有限的，通常以英美为中心（考虑到英语在已发表的社会和行为研究中的优势）。在传统的线下研究中，某些学科（如心理学）大量利用本科学生资源的情况也值得注意。显然，对网络调查研究中使用在线访问样本的任何

批评，都需要结合线下研究中可用的样本类型来考虑。有两个证据可用来评估互联网样本固有偏差的性质和程度。一个是关于网络用户的组成和习惯：谁使用互联网（以及谁不使用），目的是什么？另一个涉及现有各种网络调查研究抽样方法所产生的样本类型（如人口组成、个性特征等），以及收集这些样本的方法同线下方法的比较。现在我们来思考这两种证据来源的依据。

4.2 谁在使用互联网？

如前一章所述，互联网所支持的技术和服务的数量及种类在过去十年中急剧扩大。这带来了互联网在全世界人们生活领域内的不断延伸和渗透。[①] 十年前，我们曾谈论到人们使用互联网“买卖和查看房屋，查询天气预报和电视节目单，支付账单，管理银行账户，获得保险报价，预订旅馆房间，购买旅行机票，以及寻求合作伙伴”（Hewson et al.，2003，p. 27）。现在我们可以在上面的列表中添加：在推特上发布的推文（www. twitter. com），在脸书上发布的最新状态（www. Facebook. com），在 YouTube 上共享的视频（www. YouTube. com），在 flickr 上分享的图片（www. flickr. com），在聚友网（www. myspace. com）和 SoundCloud（www. soundcloud. com）上发布的音乐作品，通过网络摄像头查看到的交通情况和实时交通信息（例如航班延误和取消），以及定制的一个骑行或步行路线，或者出版的一本书[②]（例如浏览亚马逊旗下的 CreateSpace 网站，参见 https：//www. createspace. com [2015 年 4 月访问]）。 73

上述许多互联网服务现在都可以通过传统的浏览器接入，也可以通过

① 当然，在世界范围内谁有机会获得互联网提供的技术和服务方面存在着局限性，特别是发达国家和发展中国家之间的差距。

② 关于如何做到这一点，可以浏览 www. guardian. co. uk/technology/blog/2010/jan/28/online-publishing-victor-keegan；关于一个成功的例子，可以浏览 www. theguardian. com/books/2012/jan/12/amanda-hocking-self-publishing（2015 年 4 月访问）。

应用程序（主要是用于智能手机和平板电脑的应用程序，如前所述）接入。有些应用程序（有一些作为独立的软件下载，不需要实时的互联网连接）能够给你的吉他调音，监控你的睡眠，扫描条形码，测试你的视力，找到一个与你当前位置相近的停车场，预订餐位，追踪、记录和在线发布你的骑车路线（或者是步行和跑步）的数据，访问和跟进大学课程信息的在线更新（例如通过虚拟学习环境，VLE），以及参与认知心理学的语义启动实验（见 http://www.sciencexl.org/① [2015 年 4 月访问]）。现在仅 iPhone（苹果最畅销的智能手机）就有超过 100 万款应用程序可用（见 www.apple.com/pr/library/2014/01/07App-Store-Sales-Top-10Billion-in-2013.html [2015 年 4 月访问]）。这些应用程序可以在这里浏览：https://itunes.apple.com/gb/genre/ios/id36?mt= 8（2015 年 4 月访问）。谷歌也设有一个大型应用程序商店（play.google.com [2015 年 4 月访问]）用于与它兼容的 Android 智能手机。应用程序最初是在像 iPhone 那样的智能手机上应用的，后来被改进为在像 iPad 的平板上应用。应用程序验证了
74 互联网无处不在。这些发展意味着，对于许多人而言，使用互联网进行互动已经成为日常生活的一部分。虽然在准入的问题上存在一些不可避免的限制，但显然对于“主要是来自北美地区、受过良好教育的中上阶层白人男性”这个说法不再有压倒性偏向。更好地了解到谁在使用互联网，对于分析互联网组成和用户的特点意义重大，这是我们现在思考的问题。

互联网用户调查

早期对互联网用户特征的分析包括佐治亚理工学院图形可视化和可用性（GVU）中心提供的调查：从 1994 年到 1998 年每半年发布一次（如 Pitkow & Recker，1994；GVU，1997，1998）。这些调查总体上接受了当时对于互联网用户的普遍看法，即主要偏向于教育水平和社会经济地位高于平均水平且懂技术的北美年轻男性。然而，这些调查使用的是非概

---

① 另见《华尔街日报》文章《智能手机如何能彻底改变科学实验》：http://blogs.wsj.com/tech-europe/2011/09/30/how-smartphones-could-revolutionize-scientific-experiments/（2015 年 4 月访问）。

率、方便抽样程序，GVU 团队也承认存在偏差，并且可能只限于其所报告的用户类型。因此，GVU 的调查结果不能代表全部网络用户。这些调查的发现仍然存在问题：由于没有所有互联网用户的中央注册表，所以不可能从这些人群中进行随机抽样。然而，许多最新方法已经能够使用线下抽样技术来获取特定人群对互联网使用的态度和印象。牛津网络调查（由牛津大学的牛津互联网研究所［OxIS］开展）[1] 试图通过线下调查方法系统调查人们使用互联网的情况和习惯。OxIS 是世界互联网项目的一部分[2]，是全世界二十所大学和研究中心之间的合作机构[3]，其目的是利用具体的面板调查来研究互联网对经济、政治和社会的影响。

牛津网络调查数据是从 2003 年到 2013 年间每半年收集一次得到的。所有调查结果发布在 http://oxis.oii.ox.ac.uk/reports（2015 年 4 月访问）网页的一系列报告中。这些数据与互联网渗透人们日常生活的范围和性质有关，也涉及互联网用户和非互联网用户之间的差异，涵盖人口统计学特征、态度以及行为。2011 年的报告（可通过上述链接获得）提及了“下一代”互联网用户这一概念，他们从多个地点和多种设备（计算机、智能手机、平板电脑、PDA[4]）来接入互联网。这些“下一代”互联网用 75
户更有可能有更高的收入，并且退休或失业的可能性更小（Dutton & Blank，2011）。该报告还指出，虽然互联网使用上的性别鸿沟已经消失，但年轻人、富人和受过良好教育的人仍然是网上最活跃的群体。老年人、退休人员以及受教育程度低的人往往最不可能使用互联网（Dutton & Blank，2011）。2011 年的报告还指出，在过去两年中使用范围增长最快的是社交网站（SNSs），2011 年，60%的受访者说他们使用了（社交）网络，这使社交网站成为“近年来互联网使用最引人注目的发展之一”（Dutton & Blank，2011，p. 33）。其他诸如购物和账单支付的使用次数也

① 详情见 OxIS 主页：http://oxis.oii.ox.ac.uk/（2014 年 8 月访问）。

② 详见 http://www.wordInternetproject.net/#news（2014 年 8 月访问）。

③ 全部参与方名单如下：阿根廷、澳大利亚、玻利维亚、加拿大、智利、中国、捷克、爱沙尼亚、德国、英国、中国香港、匈牙利、印度、伊朗、意大利、日本、中国澳门、葡萄牙、新加坡、韩国、西班牙、瑞典、美国。

④ Personal Digital Assistant，个人数字助理，也称掌上电脑。

在增加（Dutton & Blank，2011）。最新的牛津网络调查（Dutton et al.，2013）注意到“下一代”互联网用户从英国总人口的32%增长到52%。它还指出了互联网使用人数的总体增长：78%的英国14岁或以上人口在使用互联网。另外，低收入群体、退休者和残疾人的互联网使用率也在增加。据报告，社交网络的使用率已经稳定占据所有用户的67%。由于牛津网络调查使用的是概率抽样方法，可以相信这些数据能代表英国总人口（在英国拥有居住地址的），而且似乎的确能提供一些信息丰富的有用数据。尤其是在过去几年里，互联网大规模地渗透到许多居住在英国的人的日常生活。当然，调查方法的使用确实也引起了人们对回答偏差的考虑和关注，例如，接受邀请参加调查的人正是那些特别活跃且热心的网络用户。

网络构成

在考察互联网用户构成上（如果更为精确），更客观、可靠的衡量标准是分析可接入网络主机的数量和分布情况。这类数据能在不受回答偏差的影响下，更广泛地表明互联网用户在世界各地的规模和多样性。粗略地讲，主机是一个“服务器”（联网的计算机），它充当许多连接到它的其他计算机的访问点。自互联网问世以来，所记录的主机数量在持续增加。例如，在2002年，主机数量估计为1.47亿（互联网系统联盟，www.isc.org/，2002年1月，引自Hewson et al.，2003）。当时互联网
76 用户的总数约为5亿（如Nva Ltd，www.nva.ie/survey/how-multi-online/world.html，引自Hewson et al.，2003），但与主机的数量相比，这是一个相当保守的数字（Hewson et al.，2003）。表4-1显示了自2003年以来对主机总数的估算（这些数字在第1章中以图来表示）。这些数字表明，与2002年撰写这本书的第一版时相比，主机数量增长了六倍。

表4-1　2003年以来互联网主机的估计数量

年份	主机的估计数量（一月）
2003	1.72亿
2004	2.33亿

续表

年份	主机的估计数量（一月）
2005	3.18 亿
2006	3.95 亿
2007	4.33 亿
2008	5.42 亿
2009	6.25 亿
2010	7.33 亿
2011	8.18 亿
2012	8.88 亿
2013	9.64 亿
2014	10 亿
2015	10 亿

资料来源：ISC Domain Survey：http：//ftp.isc.org/www/survey/reports/current/（2015 年 4 月访问）。

关于互联网**用户**的实际数量（在基于主机数量的估测下），《计算机产业年鉴》提供了商用的详细的互联网用户数据（有关费用，见 http://www.marketresearch.com/Computer-Industry-Almanac-Inc-v3269/［2015 年 4 月访问］），但同时也公布了历史和预测增长率（在摘要中免费提供）。他们对 2012 年互联网用户规模的估计略高于 20 亿，并预计到 2015 年将接近 30 亿（以过去的增长率为基础）。这意味着现在互联网用户总数量已经是我们写这本书第一版时的六倍。互联网活动统计网站（http://www.internetlivestats.com/internet-users/［2015 年 4 月访问］）也提供了互联网用户数据，目前使用这些资源是免费的。数据显示，2014 年 7 月的网络用户数量略低于 30 亿。

各种相关信息都可以从《计算机产业年鉴》的报告中获取。例如，有迹象表明，美国互联网份额一直在急剧下降，从 1985 年的 90%下降到 2010 年的 12.5%，预计到 2015 年将下降到 10%。① 诸如此类的估计（尽 77

① 同样，这些数字很难找到可靠来源，因此关于方法论的问题出现了。有关所使用方法论的信息通常可以在发布的报告或相关组织的网站上找到。

管可靠性存疑）可以提供有用的近似值。其他作者借鉴并进行了类似的分析，试图了解互联网用户的规模和组成情况。比方说，弗里克（Fricker，2008）列举了 2007 年的网络世界统计数据（见 Internetworldstats. com［2015 年 4 月访问］），这份数据报告称全球 35 个国家及地区的互联网普及率超过 50%，而其他国家及地区的平均普及率约为 8.7%。互联网世界统计数据网站（http：//www. internetworldstats. com/stats. htm［2015 年 4 月访问］）提供了 2014 年 6 月的全球普及率数据，包括 2000 年至 2014 年期间按国家和地区分布的互联网用户总数、普及率以及区域增长估计值。休森和劳伦特（Hewson & Laurent，2008）还引用了互联网系统联盟（www. isc. org. uk）的说法，根据顶级域名对网络主机进行了分类，这实际上显示了国家及地区内可用的主机数量：2007 年 1 月，4.9 亿个主机中，有 850 万个主机位于澳大利亚（域名“au”），而只有 1 034 个主机位于乌干达（域名“ug”）。这些数据来源中没有争议的是，网络在世界范围的普及率在不断提高。例如在 1997 年 1 月，萨摩亚还没有能被统计到的主机，而十年后的 2007 年 1 月，萨摩亚有 9 191 个主机（Hewson & Laurent，2008）。就饱和程度（实际接入互联网的人口比例）而言，人们注意到，一些国家及地区的某些社会经济群体已接近完全饱和（Martin & Robinson，2007；另见上述互联网世界统计数据报告）。

我们在本书的第一版中指出，互联网及其用户为访问大型、多样以及
小型的精选样本提供了巨大的潜力，而这些样本很可能超越了传统线下研
究中可获得的东西。我们在考虑上述统计数据的同时，还了解了接触这一
用户群体的多种渠道——我们将进一步强调这一论点。除了关于互联网用
户的规模和范围的证据外，上文所述用户上网方式的发展，进一步支持了
互联网用户群体日益增强的多样性和包容性，进而为获取潜在的互联网访
问样本提供了支持。虽然我们先前强调了英国和美国用户上网方式的一些
关键差异——英国用户通常会按本地通话时长计费，美国用户则通常是收
到包括免费本地电话在内的电话合同包（拨号上网是互联网接入的通用模
78 式）（Hewson et al.，2003）——但现在许多英国用户也收到了包括免费
本地电话在内的电话合同包。此外，现在大多数英国和美国用户都可能

有宽带连接，允许以固定的月租费持续不受限制地上网。因此，我们以前报告的倾向于登录并花时间完成在线调查、实验或访谈的类型差异现在很可能已经发生了变化，甚至在某些情况下消失了。根据韦霍瓦尔和曼弗雷达（Vehovar & Manfreda，2008）的说法，在 2006 年，发达国家中约有一半家庭拥有宽带连接。牛津网络调查 2011 年的报告中提到英国的发展趋势，指出："自 2003 年以来，接入网络的主要变化是从窄带拨号到始终接入互联网的宽带拨号。到 2009 年，几乎所有的互联网用户都有宽带连接，包括越来越多的家庭内无线连接，例如通过 WiFi 路由器进行的无线连接。"（Dutton & Blank，2011，p. 4）

影响用户上网方式的技术和商业发展无疑将继续影响互联网的使用模式（例如，高速光纤连接现在越来越普遍），从而促使社会和行为研究人员可能获得的样本类型发生变化。十年前，通过移动电话上网是一个相对新颖的想法（Hewson et al.，2003）；然而，最近在英国以这种方式上网的人数估计为 45%（Office for National Statistics，2011）[①]。2011 年，牛津网络调查报告称，英国有近一半（49%）的手机用户（2009 年全部手机用户占英国总人口的 97%）通过手机上网（Dutton & Blank，2011）。最新的牛津网络调查报告（Dutton，Blank，& Groselj，2013）指出，使用移动电话或平板电脑（2013 年为 57%）以及 WiFi（2013 年为 96%）上网的人数稳步增长。《计算机产业年鉴》报告称，全世界 47%的互联网用户使用无线连接模式，预计到 2015 年这一数字将上升到 64%（https://web.archive.org/web/20131609362600/http://www.c-i-a.com/internetusersexec.htm [2014 年 10 月访问]）。使用移动网络或无线网络上网用户数量的增长是过去十年左右事物变化发展迅速的另一个佐证，并增加了扩大网络调查研究抽样的可能性。

综上所述，网络构成和用户调查统计数据能够提供丰富的有效信息，以及一些关于网络渗透人们生活的程度的见解。不过，需要仔细检查获取

① 见 http://www.ons.gov.uk/ons/rel/rdit2/internet-access---households-and-individuals/2011/stb-internet-access-2011.html（2014 年 10 月访问）。

这些统计数据所使用的方法论，以便适当地评估它们能够支持的结论（关于所使用方法的报告通常可以通过访问相关网站找到）。然而，这些数据并不能详细说明网络调查研究中不同的抽样策略如何产生不同类型的样
79 本，以及通过互联网访问的样本如何与通过传统方法获得的样本进行比较。为了获取这些信息，我们需要转向已经实施了的互联网抽样程序的研究，特别是那些与传统的线下方法和样本相比的系统性研究。我们认为，这种研究对于帮助深入了解网络调查研究中不同抽样程序和策略的成效非常重要。众所周知，全世界大量用户以各种方式、为各种目的使用互联网，但是如何从这些人中招募研究的参与者才能有效地影响到获得的样本类型呢？这显然是一个经验问题。现在我们回顾一些解决该问题的办法，包括比较网络样本和传统样本的研究。

4.3 网络样本和传统样本的比较

早期的一些研究比较了互联网和非互联网样本。史密斯和利（Smith & Leigh，1997）的报告发现他们的互联网和非互联网样本在年龄和性别方面有所不同，但在性取向、婚姻状况、种族、教育和宗教方面却没有差异。然而，他们的抽样程序——发布到科学新闻组来寻求志愿者的心理学研究，以及从志愿者队伍（线下）中招募心理学本科生的研究——可能会产生非常相似的样本类型。因此，这些调查结果的普适性值得怀疑。其他早期的比较研究也使用了很容易出现极为相似的样本的方法，通常是线下招募心理学本科生，以及在心理学相关专题新闻组中在线招募志愿者（如 Buchanan & Smith，1999b；Krantz et al.，1997）。若干个类似的比较研究发现，通过互联网获得的样本至少在某些变量上更为多样化（如 Krantz et al.，1997；Smith & Leigh，1997）。另一些研究则认为网络样本和传统样本是非常相似的（如 Browndyke，Santa Maria，Pinkston，& Gouvier，1998；Stanton，1998）。不过也有研究证实了通常假定的方向存在

偏差（如互联网样本中教育程度越高的越可能是男性；如 Brenner，2002；Kaye & Johnson，1999）。这些研究结果反映了在这一类研究中采用的不同类型的抽样方法和技术，或许可以反映互联网用户的流动和发展情况（在网络调查研究抽样方法和下文中抽样方法的关系上，我们提供了一些最新的例子）。

关于网络访问样本价值的一个令人信服的论点是，这些样本可能为克服某些研究中对本科生的严重依赖提供机会（如大量的心理学研究：Henrich，Heine，& Norenzayan，2010；McNemar，1946；Siah，2005；Smart，1966）。通过翻阅一些核心的心理学期刊可以明显看出心理学本科生在某些心理学研究领域被大量使用（例如，参见 Arnett，2008；Gosling et al.，2004；Hewson et al.，2003）。为了说明这一点，我们研究了《实验心理学杂志：学习、记忆和认知》（*Journal of Experimental Psychology*：*Learing*，*Memory* & *Cognition*，2012 年第 38 卷第 1 期）。在其登载的 23 项研究中，有 18 项只使用了学生样本。其余 5 项中，除了 1 项没有学生参与者外，其余研究都有学生和非学生作为参与者。由此我们得知，心理学研究的某些领域对学生的严重依赖似乎仍然很普遍。阿内特（Arnett，2008）对美国心理学会（APA）期刊上报告的研究进行了全面的回顾，并指出即使在使用非学生样本的地方，也存在对美国人[①]（他们占世界人口不到 5%）的严重依赖。似乎有理由预想到，网络调查研究的抽样技术将会容易产生比目前更广泛、更多样化的样本（Hewson et al.，2003；Siah，2005）。 80

与使用所谓的“黄金标准”**概率**抽样方法（如随机数字拨号，RDD）相比，网络调查研究方法和样本的局限性似乎更为明显。[②] 与非概率样本不同，概率样本是指采用某种形式随机选择的样本，使用一种旨在确保总体中的每个成员都有平等的机会被选入样本中的程序。读者可以通过参考优秀的社会科学方法教科书（例如，布莱曼［Bryman，2012］提供了一

① 我们把它理解为“北美人”。

② 有关随机数字拨号方法的更多信息，请参见 Waksberg，1978。

个清晰而详细的说明）了解获得概率样本的不同程序，以及更详细的概率抽样技术说明。在经济学和政治学等学科中，获取概率样本尤其重要，因为在这些学科中，总体参数的估计往往是一个关键目标（与认知心理学①等领域的大量研究不同）。如果是对总体进行抽样调查，例如根据受调查者的投票意向预测大选结果，那么，样本必须能**代表**全国性的总体，以便能够从调查结果中推断出总体参数。这些学科中的研究通常还涉及揭示**变量之间的关系**，以进行推广（例如，哪些类型的人口统计学或其他因素可以预测人们的投票行为、政治派别等）。而为了进行有效推论，具有代表
81 性的样本同样重要。互联网上的概率抽样仍然存在问题。即使互联网用户本身提供了一个适当的抽样框（抽样框是样本所在总体的所有抽样单位的列表；下文会进一步讨论抽样框），并且代表了研究人员在进行总体参数估计时感兴趣的总体类型（而这往往不太可能），也没有对全部互联网用户，甚至很大一部分进行登记，从而能够获得代表这一群体的样本。

鉴于最近通过互联网获得样本的研究结果，采用比上述的早期例子更为多样的方法和战略，有助于回答关于使用这种方式可获取的样本类型的问题。与传统的线下样本相比，框图 4－1 和框图 4－2 中的两项研究对互联网上获取的样本价值得出了截然不同的结论。这在很大程度上归因于所提出的不同目标和问题。戈斯林等人（Gosling et al.，2004）感兴趣的是将大型的网络志愿样本与传统上在许多心理学研究中使用的样本类型进行比较。马尔霍特拉和克罗斯尼克（Malhotra & Krosnick，2007）将一个非概率志愿互联网样本与一个线下概率样本进行比较，目的是确定互联网样本是否具有一般总体代表性。戈斯林等人指出，他们的样本并**不**代表美国大众，所以他们的发现与马尔霍特拉和克罗斯尼克的结论是一致的，即

① 然而，要注意的是，过度依赖“怪诞”（WEIRD）的研究参与者，即来自“西方（W）、受过教育（E）、工业化（I）、富裕（R）和民主社会（D）”的参与者，即使是在认知心理学（和其他行为科学）等领域，也被认为是有问题的（Henrich et al.，2010），因为在这些领域，一般假定调查过程是普遍的。亨里奇等人（Henrich et al.，2010）提出一系列的实例，表明在族属生物学推理、空间认知和视错觉的易感性等领域，“怪诞”的参与者与来自小型社群的参与者是不同的（例如众所周知的 Müller-Lyer 错觉）。实际上，有人提出，网络调查研究方法有助于克服这些问题（参见戈斯林等人的评注，见 Henrich et al.，2010）。

网络调查研究样本（非概率志愿样本）不适合在要求具有广泛适用性的情况下使用。然而，戈斯林等人的研究结果表明，与心理学研究中常用的传统样本相比，网络调查研究样本具有优势。马尔霍特拉和克罗斯尼克的研究中存在混淆现象，因此很难根据这两个样本之间观察到的响应模式差异的原因得出肯定的结论；然而，他们的研究结果的确表明，网络调查研究中非概率志愿样本可能不像线下概率样本那样能代表全国性总体（为了努力获取更广泛的代表性样本，下文将进一步讨论网络调查研究中概率抽样方法的范围）。

框图 4-1　专题研究：Gosling et al.，2004

方法

通过招募一个非商业网站上的访问者获得一个互联网志愿样本（该样本完成了“大五人格测试”），该网站包含人格测试、其他信息及以娱乐为目的的测试和游戏（该网站网址为 outofservice. com）。将由此获得的互联网样本与 2002 年《人格与社会研究杂志》（*Journal of Personality and Social Research*）中所有的 510 份样本（共计 102 959 名参与者）进行了比较。 82

结果

总共招募了 361 703 名互联网参与者；在包含 510 名参与者的线下样本中，有 85%是学生。互联网样本在许多方面都比传统样本更多样化，但并不能代表“人口总体”（例如，互联网样本在种族方面的多样性不如美国人口总体的多样性）。研究比较了通过大五人格量表获得的互联网样本与通过线下方式获得的样本（度量指标有尺度、信度和相关性等：Srivastava，John，Gosling，& Potter，2003）。

结论

互联网样本“在性别、社会经济地位、地理位置和年龄方面比传统样本更具代表性，在种族方面的代表性则与传统样本差不多”（Gosling et al.，2004，p. 99）。所获得的数据证明了网络抽样方法的有效性。

评论

该研究说明了在网络调查研究中可以获得非常大的样本量，与心理学研究中经常使用的同质学生样本相比，网络调查研究更多样化，但也许不能完全代表全国性（在这个研究中指美国）的人口总体。这项研究表明，从互联网用户中抽样可能有助于超越在许多心理学研究样本中存在的国家和地理限制。此研究还表明，从互联网样本中可以获得有效且有价值的数据。

框图 4-2 专题研究：Malhotra & Krosnick，2007

方法

对收集投票行为和态度数据的调查答复进行了比较：(a) 2000 年和 2004 年在美国国家选举研究（ANES）中使用的大规模面对面概率样本；(b) 从一个大规模面板（HPOL）[①] 挑选的美国“非概率志愿”互联网样本中分层选择，匹配关键的总体参数（性别、年龄、居住地）。将电子邮件邀请发送给选定的在线面板成员，总计发出 41 393 份邀请函，其中的 3 980 份得到了回复。

83

结果

互联网和线下样本的调查回复分布存在一定差异，并且每个样本的 logistic 回归预测投票选择和投票率也存在一定的差异。有一些证据表明，面对面调查方法所取得的样本的准确性更高。在一系列关键人口统计学变量（性别、年龄、教育、种族等）的总体参数相似性方面，线下样本被证明更具优越性。

结论

对研究发现中总体描述的准确性感兴趣的研究人员，应该暂时不会去使用互联网志愿样本。

① Harris Poll Online，该网站主要从搜索引擎和网站上招募志愿者。

评论

由于在这项研究中存在许多混淆之处，不可能将报告的差异归因于样本类型（因为其他因素可能会影响到参与者的答案）。混淆点包括：对每份样本进行的调查不完全相同（尽管作者声称这些调查以类似的方式测量了相同的结构，但它们使用的是不同的提问措辞），线下样本采用的是面对面调查，与自动且匿名的互联网调查管理模式形成对比，且样本数据不是在同一时期收集的。虽然在许多测量标准上观察到了样本之间的差异，但是不可能判断出究竟是线上还是线下样本能更好地反映实际的总体参数（除非在传统样本更准确的情况下，有两个变量可以与“真实值”相比较）。

广泛的适用性或可推广性并不总是社会和行为研究的主要目标（如 Mook，1983；Yeager et al.，2011）。实验方法很少用于明确定义的概率样本，但这里的统计推断是合理的，因为参与者是被随机分配到环境中的（Alvarez，Sherman，& VanBeselaere，2003；Siah，2005）。在实验设计中，为了最大限度地提高因果推理的内在有效性，在外部有效性上做出了妥协（Malhotra & Krosnick，2007）。网络调查研究中使用的是非概率志愿样本，因此在实验设计中的问题是最少的（Alvarez et al.，2003；Edgington，1966；Reips，2000；Siah，2005）。定性研究设计传统上也不力求用概率抽样技术将明确定义的目标人群加以广泛概括，而是更多地关注丰富而有意义的叙述，提供对研究对象的个人理解。在某些领域（特别是在行为科学领域，如认知和神经心理学领域），许多过程可能在整个人类中是相对普遍的，因此严格的概率抽样方法变得不那么重要（关于这一观点 84
的认定，另见 Henrich et al.，2010）。然而，当需要对更多的可变因素，例如态度（归因于文化、历史、个人差异等）进行更广泛的概括时，互联网样本可能并不合适。值得注意的是，框图 4－1 和框图 4－2 中的研究报告都使用了方便的互联网志愿样本。然而，正如下面所讨论的，我们发现区分在网站上放置广告和在其他公共在线空间放置广告的方法是有用的，就像框图 4－1 中戈斯林等人使用的方法一样。框图 4－2 中马尔霍特拉和克罗斯尼克是使用电子邮件邀请，直接向个人发出请求。此外，马尔霍特拉和克罗斯尼克采用分层抽样的方法，试图将他们的样本与关键的总体参数相匹配。这些不同的方法可能会产生不同类型的样本。

从迄今的证据来看，似乎有理由得出这样的结论：典型的网络调查研究中的志愿或非概率样本[①]可能有用；在考虑到传统上使用相对较小的同质样本的研究时，甚至是有利的（如 AbuAlRub，2006；Bowen，Williams，& Horvath，2004；Gosling et al.，2004）。但目前在使用此类网络调查研究样本来替代传统的、规模大的、具有代表性的概率样本时，应特别谨慎（Malhotra & Krosnick，2007）。[②] 正如戈斯林等人（Gosling et al.，2004）指出，他们得出关于网络调查研究志愿样本价值的有利结论，并不是为了推广到需要代表性样本的研究背景中去（如民意测验和大规模调查）。尽管如此，一些研究人员还是发现，在线志愿样本可以生成比线下概率样本（如 Alvarez et al.，2003；Miller，Johnston，Dunn，Fry，& Degenhardt，2010）更具有可比性的数据（例如，在变量之间的关系、心理测试属性等方面）。此外，一些研究人员已经利用一些技术在网上获取概率样本，并表明在要求更广泛适用性的情况下是有效的（如 Chang & Krosnick，2009；Heeren，Edwards，Dennis，Rodkin，Hingson，& Rosenbloom，2008；Stephenson & Crete，2010；Yeager et al.，2011）。下文将讨论这样的一些例子。

4.4 网络调查研究中抽样策略与样本类型的关系

关于不同的网络调查研究抽样方法如何产生不同类型样本的研究还比

① 虽然所有的“真正的志愿者”网络样本也将是非概率样本，但一些非概率样本可能不是真正的志愿者；请参见下面的进一步讨论。

② 不过，德佩德拉萨等人（dePedraza，Tijdens，de Bustillo，& Steinmetz，2010）、瓦利安和德弗（Valliant & Dever，2011）讨论了“数据加权”技术如何可能从网络调查研究的志愿样本中得出具有广泛适用性的结论。

较缺乏（Alvarez et al.，2003；Hewson & Laurent，2008；Temple & Brown，2011）。然而很明显的是，向一个特殊的饶舌音乐兴趣群体发出参与请求与向园艺爱好者群体发出参与请求所产生的样本类型是不同的（如在人口统计学数据方面）。的确，针对特殊兴趣群体的策略已经被用于获取具有所需特征的样本（如 Bigelsen & Schupak，2011；Coomber，1997a；Madge & O'Connor，2002；Mathy，Schillace，Coleman，& Berquist，2002[①]）。戈斯林等人（Gosling et al.，2004；框图 4-1）报告说，他们从一个专注于"了解你自己"的网站上招募的参与者更多的是女性，同时年龄比从一个专注于"星球大战"的网站上招募的参与者要大（平均年龄大 2 岁）。后者在人格的"开放性"维度上得分略高于前者。框图 4-3 描述了作者对不同的网络调查研究抽样方法与线下方法进行比较的一项研究[②]。 85

框图 4-3　专题研究：Hewson & Charlton，2005

方法

比较四个样本的人口统计学特征。通过向（a）普通和非心理学相关新闻组（获得 70 个回复）和（b）与心理学相关的新闻组（获得 97 个回复）发布参与请求，招募了两个线上志愿样本。[a] 从（c）在讲座开始时接触到的英国心理学本科生（获得 100 个回复）和（d）通过在公共场所（如商店及候车室等）使用询问家人和朋友的方法接触一般成员（获得 100 个回复）招募了两个线下方便样本。

结果

网络样本在性别、年龄、工资、职业和资历方面没有显著差异。然而在国籍方面，确实有所不同：普通网络样本大多来自英国（63%），其余主要来自欧洲大陆（27%），而心理学相关网络样本的国籍则更为

---

① 这些研究人员使用了一种"随机"的抽样技术，即通过搜索引擎获得专家聊天室的名单，然后随机选择每个聊天室的成员参与，而不是向讨论小组提出一般性请求。

② 这项研究由休森和查尔顿（Hewson & Charlton，2005）发表，但由于重点是验证在线管理的多维健康心理控制点（MHLC），所以没有报告关于所使用的抽样程序与样本组成之间关系的细节。这里是首次报告这些细节。

86

多样化（40%来自北美，28%来自英国，17%来自欧洲大陆，15%来自其他国家或地区）。在人口统计学因素上，网络样本的组成和线下样本的组成有所区别：网络样本在性别和年龄方面更加平衡，国籍更多样化，收入及受教育程度更高，而且更有可能从事专业职业。正如所预测的那样，两个线下样本存在着差异：学生样本在职业、年龄、收入和资历方面得分较低，总体上更加同质化。这些样本在国籍上没有差别（两者都是在英国招募的）。但令人惊讶的是，两者在性别方面都以女性为主。

结论和评论

这些发现表明，网络样本可能比传统的方便样本更多样化，特别是在后者依赖心理学本科生的情况下；然而，在不同的网上招募方法之间，发现的差异微乎其微（尤其是在发出的参与请求与心理学有关的新闻组中，而不是在普通的兴趣新闻组中）。观察到的国籍差异可归因于几个与英国基本的互联网服务提供商有关的“普通”新闻组。

[a] 在线“普通”样本新闻组：freeserve. chat，freeserve. discuss，ie. general，ntl. talk，alt. sci. sociology；alt. history；alt. politics。在线“心理学”样本新闻组：alt. psychology，sci. psychology. misc，sci. psychology. theory，alt. psychology. help，alt. psychology. jung，alt. psychology. nlp，sci. psychology. psychotherapy；sci. psychology. personality。

如框图 4-3 所示，休森和查尔顿（Hewson & Charlton，2005）的研究发现显示出不同网络调查研究抽样策略的最小影响，尽管所使用的方法类似（都涉及向在线讨论组发出请求）。其他研究比较了替代性的网络调查研究抽样方法。例如，阿尔瓦雷斯等人（Alvarez et al.，2003）比较了在网页上放置横幅广告（点击后会出现一个调查网站）和“订阅服务”，后者即在个人订阅在线服务期间向其发出邀请（当潜在的被调查者表现出兴趣后，其提供的电子邮箱会收到调查网站的详细信息；这项调查被简单地描述为“美国舆论的网络调查”[Internet Survey of American Opinion]）。这种订阅活动具有更高的效率，因为可以更快地获得参与者，并且性价比更高。① 每种

① 尽管两种方法都是昂贵的，横幅广告的成本分别为 25 000 美元（每个参与者 7.29 美元）和 10 000 美元（每个参与者 1.27 美元）。

方法产生的样本在关键的人口统计学变量上存在差异，包括性别、年龄和受教育程度方面，而且这两种样本的总体与当前美国网民数不同。[①] 几乎 87
没有证据表明这两种抽样方法能得到更可靠的调查答复。

天普和布朗（Temple & Brown，2011）对三种网络抽样方法进行了比较：直接电子邮件邀请、网站和论坛上的邀请以及使用谷歌关键词广告的网上广告活动。[②] 研究发现，这些方法在吸引潜在的研究参与者和获得继续完成调查问卷的参与者方面表现不同。“高曝光度”的网络广告活动吸引了大多数参与者进入研究网站，“低曝光度”的电子邮件策略吸引人数最少，而“中曝光度”的网站策略吸引的参与者人数则介于两者之间。在高曝光度的广告宣传中转换率（实际停留和完成调查问卷的访问者人数占比）为 11%，在中曝光度的网站邀请中转换率为 36%，使用低曝光度电子邮件策略的转换率为 10%。这些方法都是为了招募大麻使用者（例如，通过向主题相关讨论小组和电子邮件名单里的人发布招募信息），并邀请他们填写与主题相关的调查问卷。作者评论说，他们的研究结果使人们能够了解不同的网络调查研究招募策略在接触不同人口群体时的有效性差异。报告说：“例如，通过电子邮件招募方法招募到女性、年长者、非大麻使用者和已就业的参与者的可能性远远高于男性、年轻参与者和学生。相比之下，网站招募策略倾向于招募到年轻参与者和大麻使用者。”（p. 14）他们的报告中没有提到关于使用不同抽样策略所获得的问卷答复数据的差异。

上述例子表明，在网络调查研究中不同的抽样策略会导致一些因素的差异，包括样本人口统计、招募效率和成本以及完成率。毫无疑问，曝光程度更高的方法能为研究网站带来更多的访问量，但不一定会有一个更大的转换率。此方面的进一步研究将有助于提高对网络调查研究中的抽样策略和样本组成、答复和完成率以及答复行为之间关系的认识。

---

① 来自 8 月（2000）近期人口调查（CPS）的数据被用来获取美国上网人数的信息。近期人口调查是由人口统计局主持的对大约 60 000 户居民进行的面板调查。

② 谷歌关键词广告是一种服务，它允许在谷歌搜索页面上放置广告链接，收取不同的费用。有关资料见 http://www.google.co.uk/ads/adwords/（2015 年 4 月访问）。

既然我们已经考虑了关于谁使用网络的证据，以及现有的一些不同的抽样方法如何影响所获得的样本类型及其行为，那么我们就可以更详细地概述在网络调查研究方面可能采取的各种抽样办法。我们考虑了三种主要的方法：将参与请求发布到网站、新闻组和其他公开访问的在线空间，以
88 产生志愿样本；直接向个人发送请求（例如通过电子邮件）生成非志愿样本；使用能够生成概率样本的方法。

网络抽样方法论

以上所述是**概率**样本和**非概率**样本之间的重要区别。另一个重要的区别是在**志愿**样本和**非志愿**样本之间，特别是在考虑从互联网用户中抽样时。虽然所有参与者都同意参加研究，即在某种意义上是“志愿的”，但在网络调查研究的背景下，区分直接答应参与请求（例如发送到个人电子邮箱中）的志愿行为，与积极寻求和回复公告的志愿行为（例如发布在一个研究信息交换平台上，如在第 3 章所讨论的）很重要。出于本讨论的目的，我们将后者称为“真正的志愿者”：换言之，就是积极努力“投入研究”的人。与线下研究不同的是①，在网络调查研究中，对公共广告（例如网上的公告栏、网页、研究信息交换平台等）做出回复的真正的志愿者普遍存在（如 Bigelsen & Schupak，2011；Buchanan & Smith，1999b；Hewson，1994；Hewson & Charlton，2005；Hirshfield et al.，2010；Smith & Leigh，1997）。特别是在线研究信息交换平台为志愿者查找和参与提供了许多正在进行的网络调查研究。例如，在 2012 年 2 月 2 日，**在线心理学研究**（www.onlinepsychresearch.co.uk［2014 年 4 月访问］）列出了目前可供参与的 267 项研究，包括社会心理学研究（59）、健康心理学研究（31）、认知心理学研究（27）、司法心理学研究（25）和人格心理学研究（25）等。收到个人邀请后参加网络调查研究的参与者，我们称之为“非志愿者”，可与用于线下研究的方便样本相比。真正的志愿者

① 在使用非概率方法时，倾向于使用“方便”抽样，即通常直接与个人接触，询问他们是否愿意参与（例如在获得机会或“便利”方面，对心理学本科生进行抽样）。

（以下简称“志愿者”）必然会产生**非概率**样本，因为他们会将自己带入研究，这就排除了从事先指定的已知框架（从中选择样本的清单）中提取最终样本。非志愿抽样方法可以产生**非概率**或**概率**样本（正如前面所解释的那样，我们使用这些术语是因为传统上它们在抽样理论中使用，如 Davidson，2006）。

在这本书的第一版中，我们指出在网上获取概率样本的范围受到了严格的限制（Hewson et al.，2003），自那以后，又有研究人员重申了这一点（如 Fricker，2008；Hewson & Laurent，2008）。距我们第一次考虑使 89
用网络调查研究方法获得非概率样本已经过去了十年，让我们再来回顾一下这个问题。虽然我们在这里关注的主要是对**个体**进行抽样（如在侵扰性研究中发生的情况），但我们也提到使用其他抽样单位的方法，例如网页、讨论帖、推特、谷歌搜索等。随着非侵扰性网络调查研究方法的出现（在第 3 章有所讨论），这些抽样方法的使用频率迅速增加。

网络调查研究中的志愿样本

志愿样本可能是网络调查研究中最常用的样本。通过在新闻组、网页、博客、社交网站等平台上发布广告以获取大规模的多样化样本或小规模的专家样本，使得这种高性价比的选择具有很强的吸引力。线下起到同等作用的方式，如在布告栏上、报纸上或公共场所散发传单等，则相对使用得较少。戈斯林等人（Gosling et al.，2004）通过在网站上发布参与请求获得了来自世界各地的 361 703 名参与者的志愿样本，这是任何类似的线下方法都不可能做到的。这些使得网络调查研究在获取（真实的）志愿参与者方面具有独特的潜力。在网站（如 Bigelsen & Schupak，2011；Hirshfield et al.，2010；Krantz et al.，1997；Senior & Smith，1999）、新闻和讨论组（如 Browndyke et al.，1998；Buchanan & Smith，1999b；Hewson & Charlton，2005；Riva et al.，2003）发布参与请求是比较流行的方法，一旦广告被发现，根据研究设置的方式，参与者就可以通过多种途径参与研究。从参与者的角度来看，最简单的方法也许是点击一个链接来访问研究网站（如 Hewson & Charlton，2005）。或者，通过电子邮件与研究人员联系以获得更多的材料及参与指导（如 Alvarez et al.，2003；Hewson，1994）。尽管所有的方法都会生成非概率的志愿样本，但通过仔细选择发布广告的站点，可以对参与群体进行一定的控制。例如，马奇和奥康纳（Madge & O'Connor，2002）通过网站 babyworld. co. uk 来招募新生儿母亲。安德森等人（Anderson et al.，2003）在瑞典听力障碍协会（Swedish Hard of Hearing Association）的网页上招募有耳鸣症状的参与者（并在报纸上刊登广告）。一些研究人员注意到，这种方法在招募传统上很难与线下访问参与者相媲美（如 Baltar & Brunet，2012；Bigelsen & Schupak，2011；Coomber，1997b；Mathy et al.，2002）。便于人们接触到专家以及难以接触的群体，似乎是网络调查研究志愿抽样策略的一个明显优势，特别是在调查主要目标不是普适性的情况下。

网络调查研究中志愿抽样方法的潜在缺点包括**志愿偏差效应**和**（非）代表性**。后者在上文已经讨论过，提出的论点认为在许多情况下，非代表
90 性样本可能是有用的（例如在定性研究中，或在认知和实验心理学研究中）。尽管如此，研究人员还是应该仔细考虑在志愿抽样方法中可能固有的（而且往往是不可测量的）偏差会对具体的研究项目产生不利影响的程度。例如，在本书的第一版中，我们建议不要在类似第 3 章提到的在线研究信息交换平台发布研究广告，因为这可能会吸引对网络调查研究方法有专业研究和/或个人兴趣的受访者，如果参与的动机是审查研究的设计方式，而不是真正关心当前的研究专题的话（在此可提供帮助的一项有益方法是在研究结束时列入一个明确的问题，询问参与者的回答是否真实），收到无效回答的风险可能就会增加。其他潜在的招募网站也可能会导致可能做出回应的参与者类型出现某些偏差；应该仔细思考这些偏差及其对一项研究可能产生的影响。当然，志愿非概率样本不适合用于普适性非常重要的研究（Malhotra & Krosnick，2007）。

当参与研究的志愿者与没有参与研究的非志愿者在某种程度上存在差异时，就发生了**志愿偏差**。例如，有一些证据表明，志愿者在人格变量（Bogaert，1996；Coye，1985；Dollinger & Frederick，1993；Marcus & Schütz，2005）、性行为和态度（Morokoff，1986；Strassberg & Kristi，

1995）上可能不同于非志愿者。当然，这种影响可能因研究主题和背景而有所差异（参与性行为研究的志愿者不同于参与音乐感知研究的志愿者），应该仔细考虑志愿偏差可能会影响到的任何具体的网络调查研究及其结论。这种偏差不一定存在问题；例如，志愿者可能对研究专题特别感兴趣，但如果这类特殊兴趣小组成员的反应是研究所需要的，就不会构成问题。迄今为止，在网络调查研究中使用（真的）志愿参与者的回答，已被证明总是能够得到有效、可靠的数据，至少在与线下获得的数据相比较方面是如此（如第 3 章所述）。不过，应该牢记的是，在网络调查研究中使用真正的志愿抽样方法，使人们无法了解到谁看到了广告并因此有机会参与。这意味着将无法对回答率和未回答偏差[①]进行测量（尽管可以通过网站流量监控大致了解有多少人浏览过广告，例如，可以用于估计回答率）。因此，那些依靠获取准确的回答率和未回答偏差进行估计的研究将需要采用非志愿抽样方法。我们现在就来考虑一些这样的方案。

网络调查研究中非志愿样本获取的可能性 91

非志愿样本（为本次讨论的目的而界定的；见上文）是直接与个人联系进行邀请而获得的。在网络调查研究中，可以使用电子邮件（如 Jowett et al.，2011；Reece et al.，2010；Strickland et al.，2003）或任何其他允许直接接触的渠道（例如通过社交网站或聊天室发送个人信息；Mathy et al.，2002）来完成这项工作。从理论上讲，这种方法可以通过保存参与请求的发送记录，从而充分了解谁有机会参加（目标样本）。然而，在实践中，可能会出现一些障碍，包括电子邮件地址和多个账户（用户通常拥有不同的账户，例如 Hotmail、谷歌以及其他的服务提供商）休眠（未使用或未检查）的情况。在社交网站上的个人信息可能长时间未被查看。这使得在非志愿者（直接接触）中对目标样本的估计在某种程度上缺乏可靠性。某些方法对解决这一问题可能有帮助，例如只使用已知的最近访问

① 如果参与者的答复在某种程度上不同于未参与者的潜在答复（通常在与参与者直接联系并邀请其参加研究的方法范围内讨论），就会出现未回答偏差。

过的地址，或者在目标对象打开电子邮件时安排将通知回执反馈给发件人。[1] 在决定如何以及向何处发出此类请求时，必须考虑伦理问题。如果个人用户没有选择接收此类请求，则发送到个人电子邮件账户的参与请求可能被视为“垃圾邮件”或对隐私的侵犯。我们建议不排除这种方式，但应遵守某些标准；这些标准包括保持专业和礼貌的语气，以及尊重反垃圾邮件法规和政策（例如，在线调查软件供应商可能会概述反垃圾邮件的政策）。

研究人员可以整理自己的电子邮件列表，用于联系潜在参与者（如Fricker，2008），例如，使用包含用户账户信息的雇员、学生或其他类似的数据库[2]（如人口统计学数据）。或者，他们可以利用商业上任何可用的列表名单。然而，在后一种方法中出现了几个问题。第一，已被“获取”的列表（即从网络中收集的列表）可能不能提供一个明确的抽样框，而这个框架可以推广到已知的更广泛的群体中（从中抽取列表名单）。这意味着普适性是存在问题的。第二，列表中的地址可能不可信。布拉德利（Bradley，1999）讨论了这个问题，指出了像“垃圾邮件诱饵创造者”这
92 样的程序普遍存在，该程序自动创建带有虚假电子邮件地址的网页，使之被电子邮件地址列表销售者获取，因此降低了数据库的质量。第三，在使用这类列表时可能会出现伦理问题（如上文所述），因为参与者往往不会同意将自己列入数据库中（Fricker，2008）。即使在“正式”获得同意的情况下，所使用的过程也可能是不正当的或具有误导性的。例如，在购买或产品注册期间提供电子邮件地址的个人可能没有注意到，如果他们不希望他方使用他们的电子邮件地址，他们就需要将电子邮件选项的勾选去掉。鉴于这些问题，我们建议采用这些方法：更好地控制可联系的潜在参与者的电子邮件列表的产生，或者使用明确阐明了规定并合乎伦理规范程

---

① 例如，HTML 代码可以嵌入电子邮件的正文中，这将会导致受调查者在打开电子邮件时通过服务器发送通知给调查者，以检查电子邮件地址是否仍然有效。可从 http://tools.email-checker.com/ 获得这个免费的在线工具。检查访问的最后日期是比较复杂的，但是可以由互联网服务提供者和列表管理人员完成。

② 有时组织会有自己的邮件软件系统，链接到用户身份数据库。例如，第一作者已经通过使用专用软件 CAMEL（中央管理报文发送发射器）与开放大学的特定课程上的所有注册学生进行联系。

序的现有列表。虽然包括基本人口统计学信息的列表被推荐为衡量未回答偏差的重要标准，但是电子邮件地址本身可用来推断某些类型的信息，例如国籍或组织关系。

在伦理允许的情况下，个人电子邮件账户提供了一种能直接接触潜在参与者的有效方式。网络技术和结构方面的最新发展也带来了其他的可能性，包括使用在线社交网站（如 Facebook，Academia. edu，Twitter，Friendster，Google＋，SoundCloud）。[①] 一些研究人员已经报告称通过社交网站成功地招募了参与者（如 Baltar & Brunet，2012）。这种方法提供了大量的潜在参与者。例如，据报告，脸书（研究性实例见第 3 章）拥有 14.4 亿个活跃用户（在过去 30 天内登录的用户；数据来源于 www. statista. com，2015 年 4 月访问），而每日活跃用户数约为 9.36 亿（见 http：// www. internetworldstats. com/facebook. htm ［2015 年 4 月访问］）。从这个群体中进行抽样的可能性令人震惊。可以很简单地发送信息给任何用户，包括文件附件。通过用户名进行搜索和定位，可以了解到一些基本的附加信息，例如地理位置。实现更先进的社交网站抽样技术是可能的，但已经超出了目前讨论的范围（有关脸书中无偏差抽样的讨论，见 Gjoka，Kurant，Butts，& Markopoulou，2010）。

在线“面板”提供了获得非志愿互联网样本的另一种选择（例如，参见 Göritz，2007；Göritz，Reinhold，& Batinic，2002），近年来它们的范围和可用性不断升级（例如，参见 http：//www. harrisinteractive. com/Methods Tools. aspx ［2014 年 9 月访问］；另见 SurveyMonkey Audience：https：//www. surveymonkey. com/mp/audience/international/uk ［2014 年 10 月访问］）。 93
不同于获取的一些电子邮件列表（见上文），在线面板的参与者经常被直接联系，调查者会询问他们是否愿意报名参加调查研究（通常是承诺提供金钱报酬）。虽然处于休眠和未被查看的电子邮件账户也可能会出现在这些面板中，但为确保所有的联系方式都是及时更新且活跃的，一些面板会

① 要了解这些网站范围的“注册用户”信息，见 http：//en. wikipedia. org/wiki/List_of_social_networking_websites（2015 年 4 月访问）。

定期对此进行可靠性检查。与其他电子邮件列表相比，面板还有一个优点：通常包含关于每个用户的关键人口统计学信息（有时还包括其他信息）。这使调查者能够只与符合某些具体标准的个人进行联系，例如配额或有目的的抽样方法（如 Malhotra & Krosnick，2007）。它还适用于测量未回答偏差。在线面板中收集的数据的普适性取决于用于创建面板的抽样策略。在许多情况下可能涉及非概率方法，但一些面板声称提供了“一般人群”的概率样本。例如，这可能涉及使用线下的随机拨号方法进行初始联系，然后向那些还没有建立这种方法的人提供互联网设备（例如知识网［Knowledge Networks］，见 Fricker，2008）。对于不需要具有广泛代表性样本的研究，非概率面板可能就足够了。在线面板的一个缺点是费用往往很昂贵。一些研究人员已经采用了一个相对便宜的选择（如 Paolacci，Chandler，& Ipeirotis，2010），那就是亚马逊的“机械特克”（www. mturk. com）；这项服务支付给每个参与者面板一份由研究人员提供的报酬（亚马逊收取 10%的佣金）。

上文讨论到的与个人进行联系并邀请他们参加一项研究的方法涉及侵扰性研究。然而，抽样单位不一定是个人。使用非侵扰性方法的研究人员从新闻组的帖子（如 Bordia，1996；Herring et al.，1998）、网页（如 Horvath，Iantaffi，Grey，& Waiter，2012）、博客（如 Herring et al.，2005）和在线行为痕迹（如 Papacharissi，2009）（正如在第 3 章中所讨论的）中进行取样。本章主要讨论作为抽样单位的**个体**；然而，值得注意的是，从其他潜在的更大范围中进行取样的可能性很大，特别是使用数据抓取技术。韦斯勒等人（Wesler et al.，2008）讨论了这种方法，并指出：“随着近 20 亿人在某种程度上被嵌入计算机媒介中，快速的人口总体水平分析已成为可能。”（p. 117）

到目前为止，在网络调查研究中我们已经考虑过非概率志愿和非志愿抽样方法。近年来，社交网站和大规模在线面板的出现，使研究人员更容易接触到非志愿参与者，而且不一定需要巨额费用（尽管在线面板往往费用昂贵）。在本书的第一版中我们曾提到在线获取概率样本的范围非常有限，我们正在思考这一方面的发展。

网络调查研究中概率抽样的可能性

94

网络调查研究中概率抽样仍然是一个挑战，特别是在没有所有互联网用户的注册中心的情况下（Fricker，2008；Hewson & Laurent，2008）。此外，个人用户可能有多个在线身份。这意味着想要准确地获得整个网络用户群体的概率样本是不太可能的。然而，获得这样一个在地理上分散的大型线下人群样本，也是不太可能的。在线下和在线研究中建立一个被认为能够很好代表目标群体的抽样框是必要的①（例如，所有登记居住地为英国的人都是英国人口的代表）。网络调查研究中，使用“基于列表的抽样框”获取互联网用户群体子集的概率样本，可以用简单的随机抽样来实现（如 Fricker，2008）。如上所述，研究人员可以构建他们自己的列表，或者通过在线面板使用商业上可用的列表。如果使用这种方法，必须仔细坚持在线面板列表的构建方式，但如前所述，一些列表是使用概率抽样方法（例如线下随机拨号）构建的，因此可能对需要大量的、具有代表性的样本的研究会特别有用（同样，如上所述，访问这些列表产生的费用可能很高）。由研究人员构建的列表还必须根据生成这些列表的方法进行普适性方面的评估。

从我们写作本书的第一版以来，对网络调查研究的概率抽样方法的评估已经取得了一些值得注意的进展。一些研究对通过在线面板招募的概率样本和线下概率及非概率样本进行了比较。例如，耶格等人（Yeager et al.，2011）比较了一个基于随机拨号构造的在线面板的网络概率样本和一个来自非概率在线面板和随机拨号（脱机）概率电话样本的网络样本。参与者被要求完成一项包括健康相关生活方式问题的调查（如吸烟和饮酒习惯）。耶格等人发现，与国家基准相比，这两种概率样本产生了“最准确”的数据。黑伦等人（Heeren et al.，2008）从一个概率在线面板中获得了一个网络概率样本，并以随机拨号的电话样本作为补充。他们发现这

① 在某些情况下，感兴趣的群体和可获取的抽样框可能被界定为是相同的（例如，在范围较小、界定更明确的总体中，如所有就读于某所学校的儿童）。

和之前面对面招募的概率样本之间有许多相似之处（在每个案例中，参与者都被要求完成一项与酒精相关的行为调查）。这些作者的结论是：从随机选择的在线面板中选择的互联网概率样本可以为随机拨号样本和面对面样本提供可行的替代方案，以测量一些与酒精相关的危险行为的因素。常和克罗斯尼克（Chang & Krosnick，2009）将随机拨号电话样本与网络概率
95 和非概率样本进行比较，得出了总体网络概率样本最准确的结果。他们的报告称，他们的概率样本更能代表一般人群（即使是在加权后）。报告中还提出，互联网样本显示的社会期望水平低于电话样本，在某些情况下，互联网概率样本可能比随机拨号电话样本更可取。

随机选择的在线面板（以及非随机选择的在线面板）通常需要非常高的访问费用，因此可能不是许多研究人员的选择，这也使得评估不依赖于这些面板的替代方法的价值和作用变得非常很重要。至少使用近似于基于列表的概率抽样程序的技术是可能的，而且通常实现起来更加便宜。一种可行的策略是先从一个免费获取的新闻组列表（或雅虎群组、谷歌群组等）中随机选择生成一个电子邮件地址列表，然后在一段时间内从这些电子邮件地址中随机抽样到选定的组中（假设可以随时查看真正的电子邮件地址，但实际情况可能并不总是这样）。另外，其他可以获取电子邮件地址或个人联系方式的互联网渠道（例如网页、聊天论坛、博客、社交网站等），也可以被用来以类似的方式来编制列表，然后作为随机选择的基础。一些研究人员使用这种基于列表的抽样方法生成了所需的列表（如 Mathy et al.，2002；Penkoff，Colman，& Katzman，1996；Swoboda，Muhlberger，Weitkunat，& Schneeweib，1997；Witmer，Colman，& Katzman，1999）。例如，玛蒂等人（Mathy et al.，2002）描述了他们的“网络调查”方法，该方法首先利用搜索引擎获得专家聊天室的详尽列表，然后随机抽取聊天室中的参与者，并向他们发送个人参与邀请。最近的 Web 2.0 技术提供了一系列的资源，这些资源可能为支持这种方法提供了潜在的渠道。然而，在设计此类程序时，不能忘记网上多重身份的问题；虽然风险可能很小，但应该对此类列表中单独的条目实际上链接到同一个人的可能性进行评估。此外，必须仔细考虑列表的生成方式，以及所获得

的样本性质可能存在的偏差；例如，如果使用大规模随机拨号构建的在线面板，那么通过专家聊天室生成的列表就难以确保其普适性。这会不会成为一个问题，将取决于特定的研究目标和背景。最后值得注意的是，基于列表的抽样框并不总是容易获得的，这取决于所需的样本类型。例如，一个网络服务提供商或在线银行服务的所有用户的综合列表，或特定新闻组的订阅者列表的获取，可能会受到安全和保密问题的阻碍。订户的邮寄名单可能更容易获得，但仍存在复杂的情况：一些表面上的订阅者实际上可能是其他邮件列表的别名，这将导致实际订阅者的数量被低估。

在网络调查研究中进行概率抽样的进一步可能性包括设计与传统的并 *96*
非基于列表的随机抽样策略相当的方法，比如线下随机拨号的方法。虽然这在互联网上很难实现，但是有出现的可能。一种方法是使用“拦截调查”，系统地将每一次的第 k 个访客都拦截到一个网页。达伦（Dahlen，1998）通过执行一个 JavaScript 程序来尝试这种方法，它能够跟踪一个高流量网站的所有访客，并通过一个请求参与的弹出框来联系每一次的第 200 个访客。这种方法的一个缺点是无法测量未回答偏差，因为没有看到广告的所有参与者的列表以及人口统计学信息。同样，这在多大程度上会成为问题将取决于具体的研究。使用这种方法可以测量回答率，这与使用真正的志愿样本相比具有潜在的优势（见上文）。例如，在网络调查研究中，试图通过网页实施概率抽样（或至少是接近概率抽样的技术）而不是对人进行抽样，这种方法已经实现，但超出了目前讨论的范围（相关讨论可见 Schütz & Machilek，2003）。

综上所述，虽然在网络调查研究中获取概率样本的能力仍然相对有限，但机会和范围正在扩大。至少尝试了接近脱机的“黄金标准”方法，而这些策略已被证明对某些类型的研究是有用的（如 Heeren et al.，2008；Yeager et al.，2011）。然而，仍存在一些问题。首先，网络用户群体本身可能存在的偏差（正如本章前面所讨论的）可能会限制有效范围（如全国性人口总体水平）。其次，由于缺乏一个完整的互联网用户群体的注册中心，无法从中抽取概率样本，甚至是相当大一部分的样本。在此有关访问、安全和保密的问题是相关的。使用线下随机拨号的方法得到的大规模的在线面板可以生成具有普适性的数据，但目前这些数据仍然非常昂贵。然而，在资源允许的情况下，很可能提供一种成本更低、潜在可行且能替代传统概率抽样的方法。事实上，甚至有证据表明它们可以提供比传统的线下概率样本更精确的结果（Chang & Krosnick，2009）。然而，“样本计时”偏差的问题（由于会进行定期检查，面板成员会随着时间推移以不同的方式做出反应）应该被注意到（Fricker，2008）。正如我们在本书第一版中所指出的那样，随着未来的技术发展，网上概率抽样机会有限的情况会有所改善；我们已经看到互联网技术、资源和场景的变化带来了更多的可能性。未来的发展可能带来更多的机遇。

本章详细讨论了在网络调查研究中抽样的相关问题。一旦构思和设计了一项研究（见第 3 章和第 6 章），就需要制定适当的抽样策略。表 4－2 总结了本章讨论的一些关键抽样策略，以及它们的优缺点。

97 **表 4－2　网络调查研究的抽样方法**

样本类型	方法	优点	缺点
真正志愿	在公共在线场所（例如网页、论坛）发布广告	容易实现，成本低和时间效率高	无法了解谁看过广告，无法测量回答率以及未回答偏差；普适性较差
非志愿、非概率	直接给个人发送请求（如电子邮件、社交网站）	允许估计回答率以及可能的未回答偏差	推广到更大范围总体（例如国家）的普适性较差
基于列表的概率抽样	研究人员构建列表，或使用现有的列表（如在线面板）	具有一定程度的普适性，这取决于列表使用的性质（可能等效于线下概率样本）	在生成/访问合适的列表时需要付出更大的努力和/或费用
非基于列表的概率抽样	第 n 个访客浏览网页时进行“抓取”（截取调查）	允许测量回答率	实施时较费力，难以测量未回答偏差，普适性有限

第 5 章

网络调查研究中的伦理问题

相对论适用于物理学，而不适用于伦理学。

——阿尔伯特·爱因斯坦

5.1 导论

研究人员需要意识到将研究方法论带入以互联网为中介的环境中时，会出现的伦理问题及困境、程度和重要性。由于在线交互（例如，是什么构成了在线的公共与私人空间以及在线活动所需要的材料）的新特点，在贯彻现有的伦理标准及原则（例如，参与者知情并同意）和协商并解决新的伦理困境及挑战时，出现了新的议题。在这一章，我们将详细讨论网络调查研究中的伦理问题。自该书第一版出版至今，具体的议题、争论以及正在进行的广泛讨论都更多地转向了网络调查研究的伦理学关注的前沿问题上。同时，诸如非侵扰性数据抓取等新的方法和技术的出现，都使得这个话题值得我们用整个章节来讨论。这里提供了来自不同领域的研究人员的伦理行为准则，并利用相关的例子来强调和论证与传统的数据收集方法相比，网络引发的伦理困境的本质。讨论的关键主题是：同意、退出和汇报；研究数据的保密性；保证参与者的匿名性；确保数据安全；设法区分模糊的线上公共与私人空间。提出的挑战包括如何获得高质量的数据和有效成果、如何保护研究参与者免受潜在伤害，以及评估在什么情况下容易获得的行为和通信痕迹作为研究数据是合乎伦理的。

100 5.2 网络调查研究的现行伦理准则

由于网络调查研究的发展，有必要为来自不同学科领域的研究人员提供伦理行为准则，以回应学生、老师、研究人员、研究伦理委员会（RECs，或者 IRBs：机构审查委员会）以及研究对象的关注。一些现有的网络调查研究的伦理准则可供参考，表 5－1 列出了其中的一些伦理准则。

表 5－1　现有的网络调查研究的伦理准则

Frankel, M. S., & Siang, S. (1999). Ethical and legal aspects of human subjects research in cyberspace: A report of a workshop. American Association for the Advancement of Science (AAAS). Available at https://nationalethicscenter. org/resources/187/download/ethical_legal. pdf (accessed April 2015).
Kraut, R., Olson, J., Banaji, M., Bruckman, A., Cohen, J., & Cooper, M. (2004). Psychological research online: Report of Board of Scientific Affairs' Advisory Group on the Conduct of Research on the Internet. *American Psychologist*, *59* (4), 1–13.
Markham, A., & Buchanan, E. (2012). Ethical decision-making and internet research. Recommendations from the AoIR Ethics Working Committee (version 2). Available at http://aoir. org/reports/ethics2. pdf (accessed April 2015).
BPS (2013). Report of the working party on conducting research on the Internet: Ethics guidelines for internet-mediated research. Available at http://www. bps. org. uk/system/files/Public%20files/inf206-guidelines-for-internet-mediated-research. pdf (accessed April 2015).

网络调查研究具体的伦理准则基于基本的伦理规范和原则，并且解释了在网络调查研究的背景下，困难和挑战是如何出现的，以及有哪些注意

事项。例如，英国心理学会（BPS，2013）的伦理准则，是英国心理学会（BPS，2011）《人类研究伦理准则》（CHRE）的补充，并且强调了在网络调查研究中应用这些原则（**尊重个人的自主权和尊严；科学价值；社会责任；利益最大化与损害最小化**）所产生的具体伦理问题和挑战。同样，美国科学促进会的伦理指南（Frankel & Siang，1999）明确了在网络调查研究中尝试应用基础研究的伦理准则（**自主权；仁慈；公正**）时所出现的几个强化的风险。值得强调的是，网络调查研究的伦理准则不是一成不变的严格规范，而是需要确保灵活性，以适应不断变化的技术和方法，以及多样化的环境。指导方针并不是简单的规则，它允许存在多样的标准、价值观、原则和习惯。

研究人员在任何特定的研究中，都需要通过评估和权衡一些关键因素（研究的敏感度、参与者的脆弱程度等）来做出伦理选择。研究人员必须考虑到政府的规章制度、机构的研究政策以及每一个特定领域不断变化的伦理准则，并为自己的伦理决策负责。此外，互联网研究人员所需的伦理标准是由不同的审查机构根据研究的背景、资助机构在不同层次上建立的，这可能需要进行多次审查以发现一些互相冲突的要求（类似于线下研 101
究）。研究人员还应该意识到，从计划到发表，伦理问题是必须被解决的，在网络调查研究中更是如此（比如，因为在传播阶段泄露参与者的个人身份数据的风险增加；参见下面进一步的讨论）。在整个伦理决策的过程中，对相关来源进行咨询是必要的（Markham & Buchanan，2012），如特定领域的伦理准则（如 BPS，2013）。

在考虑网络调查研究中更具体的伦理问题和实践原则之前，有一些观点值得强调。需要意识到，总有一个“人”可能会受到这项研究的影响（Markham & Buchanan，2012）。在网络调查研究中，这个认识可能更成问题，这是因为研究人员与参与者之间存在“概念距离”，它是缺乏直接的实际接触，以及作为潜在数据来源的数据和行为痕迹容易在线上获取造成的。在网络调查研究中，研究人员更容易看到“数据”，而非一个实在的人，而研究人员所获得的更多的数据是由个体提供的。因此，在网络调查研究中，研究人员必须记住在这些数据背后的个体应该受到尊重。“人格”的概念增加了网络调查研究中的复杂性，因为涉及使用虚拟化身、在线化名等方式来记录个人信息（例如在虚拟世界和论坛中），这带来了关于网络身份的本质以及如何与现实生活中的人联系等具有挑战性的问题。

由于人们历来关注网络调查研究的方法、数据以及结论的可靠性和有效性的问题，所以确保研究具有科学价值和可信性的关键伦理准则（如BPS，2013）在网络调查研究中尤为重要。然而，正如前几章所讨论的（特别是第3章和第4章），现在有大量的证据表明，跨领域的网络调查研究方法可以产生有效、可靠且值得信赖的数据，并能与使用线下方法取得的数据相媲美。在网络调查研究中，确保做法及程序能最大限度地提高数据质量和可靠性是一项要牢记在心中的重要的伦理准则（如本书中所讨论的）；正如我们在别处所指出的那样，研究人员在进行充分的测试和验证之前展开研究，可能会增加网络调查研究的风险，从而导致研究参与者的时间和资金资源的浪费，以及无效结论的传播，这些结论可能有误导性，甚至是有害的。

研究人员应该努力使利益最大化，同时将损害最小化，这是许多研究伦理准则中的核心原则（如 Buchanan，2002；BPS，2011；Frankel & Siang，1999）。英国心理学会（BPS，2013）指出，在网络调查研究中
102 （和其他研究一样）面对参与者存在的潜在风险应实施保障措施和程序。在潜在伤害风险较大的情况下，例如，当研究涉及敏感主题（如非法活动）或者预期参与者更脆弱时，研究人员有义务制定额外的保障措施以确保研究参与者受到强有力的保护。比如说，这可能涉及使用线下方法来增加知情同意过程的严谨性和可靠性，或者不通过第三方服务器来存储数据，以便最大限度地提高数据的安全性（如下面进一步所讨论的，第7章也会再次讨论）。

从本质上讲，网络调查研究在保持高度匿名性的同时，具备促进高水平的交互潜力的特点。参与者与研究人员之间的距离，以及参与者可追溯性的缺乏（但增强了数据的可跟踪性），造成了在这个背景下独特的伦理挑战。在第6章（在线上调查的背景下）和第7章（关注与数据安全和参与者保密相关的技术问题）详细阐述这些问题之前，我们先思考一些出现

在网络调查研究中的最紧迫的伦理问题，并且概述一些可以实施的良好做法的原则以及有效的保障措施。如第 3 章所强调的，我们围绕着侵扰性-非侵扰性的区别展开讨论。

5.3 侵扰性网络调查研究中的伦理问题

同意、退出和汇报

获得知情同意。在侵扰性研究中，参与者通常在知情的情况下被招募参加研究（但注意第 3 章中讨论的例外情况，如非公开的参与式观察），并且这一过程的部分涉及获得知情同意，也称为“有效同意”（如 BPS，2013）。因此，访谈、调查、实验以及某些类型的观察研究都涉及以这种方式招募参与者。要获得知情同意，就必须确保参与者了解研究的性质、他们自己的权利（例如，退出研究、保持匿名等），以及是在知情的条件下自主决定参与研究的。在网络调查研究中获取参与者知情同意方面，情况会比线下研究时更为复杂。特别是因为缺乏和研究参与者的实际接触，难以监测和验证参与者的特征（如年龄）及其对相关情况的了解程度。[①] 103
最大的问题是，研究人员无法获得实际画面或者是言语线索，这在开放的、基于万维网的调查和实验中经常发生。另一个问题是，在取得参与者知情同意的过程中，研究人员难以及时对参与者的提问进行解释和回答（线下面对面的方法能够做到），但在某些情况下不会出现这个问题，比如在线同步访谈。此外，在网络调查研究中参与者并没有实际出席同意书的签署（尽管签名并邮寄是一种选择，就像邮寄纸笔问卷一样），因此需要采取不一样的解决方法以满足记录知情同意的要求。

① 虽然一些线下方法——特别是邮寄问卷调查，也会缺乏与参与者的直接实际接触，但是这些方法不受网络调查研究的其他显著的相关特征影响；这些特征包括参与互动的范围更大、程序复杂、参与者的可追踪性和监测范围减小（例如，由于使用的抽样方法以及在线互动的流动性、多样性和不断变化的性质）。

针对如何解决网络调查研究中的上述问题，已有人提出了建议。作为获得同意签名的替代选择，网络调查研究中的一种常见方法是要求参与者在阅读关于研究和程序的一些关键信息的页面后，点击一个标有“我接受”“我同意”或者类似的按钮。因为一个同意按钮不具备签名的法律地位（并且提供打印、签字、邮寄形式或者数字签名是必要的，如 Barchard & Williams，2008），一些作者提出用这一方法记录知情同意是不够的，但在许多网络调查研究的背景中，尤其是基于万维网的调查和实验，通常都认为这是获得知情同意的充分手段（如 BPS，2013）。要求参与者打印、签署并邮寄同意书，或者建立一个数字签名（这需要向授予数字签名的实体进行个人身份验证，因此需要花费时间和精力），这样的做法既烦琐又昂贵，而且很可能会排除许多参与者。然而，应该注意的是一些研究伦理委员会（RECs）或者机构审查委员会（IRBs）可能需要放弃签署知情同意文件，接受替代方式，让参与者在“我同意”和“我不同意”按钮之间进行选择。

在网络调查研究中使用“同意”按钮来核实参与者的知情同意情况，可能是一种有效的策略。但正如已经提到的那样，难以监控参与者是否完全阅读了知情同意页面的每一项。一个解决方案是让参与者在进行各步骤前，回答陈述栏中包含复选框的问题（BPS，2013）。这可以帮助减少参与者简单地跳过知情同意信息的可能性，特别是这些陈述与所需答复并不一致的情况，因此在不同情况下简单勾选“是”或“同意”是不合适的。为了最大限度地提高参与者正确阅读并真正了解知情同意信息的可能性，另一种策略是确保信息清晰且不过分冗长（Barchard & Williams，2008；Keller & Lee，2003）。使用简单的语言，避免使用习语、行话和技术用语，并遵守万维网联盟（W3C）的网页内容可访问性准则（见 http://www.w3.org/WAI/GL/ [2015 年 4 月访问]），都是很好的做法。

关于研究人员无法立刻为参与者解答困惑的不足，可选择的方法是当研究人员可以在线回答问题时再进行研究，例如使用聊天、邮件或者即时
104 通信，但是这对很多研究存在不必要的约束（考虑到不同的时区等问题），使之不得不放弃在线研究的诸多好处，不过，这可能是一种适合高风险研

究的策略（Barchard & Williams，2008）。或许通过链接到一个提供一系列常见问题解答的网页是另一个可能的策略。但是，与研究人员在场可以直接答疑相比，这也许对参与者来说既麻烦又令人反感。当然，无论是研究前还是事后参与，向参与者提供研究人员的联系方式都是十分重要的。如果电子邮件（假设这是所选模式）得到及时回复，这将会有效解决大部分参与者的疑问和顾虑。对于涉及广泛发布广告来招募参与者的研究，其样本量则有可能过大（参考前面章节中提供的例子），使策略的有效性降低或难以管理。但是，迄今为止，此类研究报告中很少有证据表明这能成为问题。在“同意书”或者“信息表”中提供清晰详细的资料，有助于减少参与者的提问数量。遵循与线下研究相同的原则，同意信息应该包括对研究过程、题目和主题、研究的收益以及所有潜在风险的描述。在网络调查研究中，可能会存在额外的风险，但是对于研究的参与者而言（或者，确切来说，新手研究人员——参见下文以及第 7 章的进一步讨论），也许并不总是显而易见的。如果超出最小风险，则有必要予以披露，尽管在网络调查研究中可能难以确定什么是“最小”风险以及参与者应注意哪些类型的风险。任何对保密的重大威胁都应该公开（假设这种情况下，该研究仍然被认为是合乎伦理的话）。

需要考虑在网络调查研究中核对参与者特征的问题——尤其是他们的年龄，因为在参与者可以自主参与研究的最低年龄方面有法律和伦理的要求[①]。同样，研究人员和参与者之间较少接触的方法受这个问题的影响最大。如果一名未成年的参与者（或因其他原因无法给予适当同意的参与者）能通过提供关于年龄的虚假信息参与并完成研究，那么就应该仔细评估这种风险。如果风险较高，比如在敏感的研究中，应该采取更严格的保障措施。要求参与者公开他们的年龄并作为同意过程的一部分当然是很好的做法。在告知参与的最低年龄要求之前这样做是有用的，可以减少参与

① 需要注意的是，有同意权的最低年龄规定要求是有所不同的。例如，英国心理学会（BPS，2011）规定参与者必须在 16 岁以上才能同意，而在美国，同意的最低年龄通常是 18 岁或以上。考虑到网络调查研究的国际影响力，这可能会促进人们思考如何遵循标准的问题——这个问题在本书第 7 章将得到进一步讨论。

105 者说谎的可能性。任何未成年受访者都可以在此时被要求返回到退出研究的页面，并且任何返回以完成研究的尝试都会被阻止（例如使用浏览器缓存的方法）（BPS，2013）。另一个策略是实施不太可能吸引低于法定年龄或者不符合其他知情同意要求的人的抽样程序（如 Hewson，2015）。可以在只涉及面向成人的场所投放广告，避免使用如动画角色等以儿童为导向的营销。这也可能涉及针对已知的个人，或者至少是已知年龄的个人，或其他相关的特征（第 4 章详细讨论了网络调查研究中抽样选择的范围）。其他的保障措施包括实施更可靠的年龄核查程序，例如使用信用卡信息核查或线下验证方法（如 BPS，2013）。然而，事实上，试图以这种方式欺诈性地参与网络调查研究的参与者是罕见的，所以这样严格的方法通常不是必需的。与以往一样，研究人员需要评估在线研究对潜在参与者造成伤害的风险水平，并实施与此水平相匹配的程序。在某些情况下，研究人员可能会认为网络调查研究方法是不适当的，应该进行线下研究。

一些研究需要招募不具备同意能力的参与者，在这种情况下，则需要得到其父母或监护人的同意。在网络调查研究中，应谨慎考虑这些方法，因为这些团体的脆弱性增强会加重风险。在这种情况下，为了尽可能全面地监测参与者及其反应，需要制定严格的知情同意程序，并进行非常谨慎的风险评估。但是，这样的研究不应该被排除（BPS，2013）。例如，赫斯勒等人（Hessler et al.，2003）以安全并合乎伦理要求的方式实施了一项研究，该研究通过使用强有力的、详细的线下同意程序来确保其父母/监护人的同意，招募了青少年并要求他们在网上每天提交日记。尽管在考虑使用儿童或其他弱势群体进行网络调查研究时，会加剧伦理方面的挑战，但这些研究不应被排除在外。

退出和汇报。同意程序应包括向参与者保证他们可以随时退出研究（至少在一个合理的指定点之前，例如在汇总或发表数据之前）。这有助于确保参与是自主的。无论参与者是完成了研究，还是过早退出，研究人员都应该要求参与者汇报情况。在网络调查研究中，实施有效的退出和汇报程序时可能会出现复杂的情况。因为难以检验参与者是否阅读并理解了汇报信息，所以为获得同意，汇报程序可能会遇到类似的可靠性问题。此外，在某些情况下确保汇报信息的呈现也是具有挑战性的（见下文）。参与者可能使用意外的或无意的方式退出研究，混淆了退出程序。例如在线调查时关闭浏览器，或者从在线访谈或焦点小组会议中消失。在这种情况 106 下，研究人员无法知道参与者是否想要收集到的部分数据，以及参与者是否因处于不适或痛苦状态而离开。如果研究人员没有收集到足够的信息来使个人与答复相匹配，那么后继研究的退出请求也会成为一些常用的网络调查研究方法的问题，比如开放的、基于万维网的调查。

许多得到良好实践的策略以及高风险情况下的附加保障措施可以帮助解决上述问题，并减少出现问题的可能性。一个可取的策略是在基于万维网的调查或实验的每个屏幕上都放置一个清晰可见的“退出”按钮（BPS，2013；Hewson，2015）。此外，在研究结束时，应该提供一个清晰的“提交数据”按钮，以便参与者确认他们希望他们的回复被采纳。这些做法是在前期研究中提醒参与者参与研究的自主性，他们可以选择在任何阶段退出（并解释如何做到这一点），同时也帮助减少由于关闭浏览器造成退出而没有看到汇报页面的情况（如果参与者以这种方式退出，则不能看到此页面）。但是，必须注意的是，并非所有的第三方软件解决方案都允许在每个调查页面上轻松放置“退出”按钮，点击后可转移到显示有一个简短声明的界面（例如 SurveyMonkey 便是如此，但 Qualtrics 就不会）。研究人员在选择软件解决方案时应考虑到这一点（另见第 6 章）。

后继研究的退出请求要求研究人员有办法将个人与他们提交的答复进行匹配。在完全匿名的、开放的、基于万维网的调查和实验中，这便成了问题。一种策略是仍然允许高匿名性，要求参与者确认一个只有他们才知道的密码。因为大多数商业软件不允许使用此选项，所以这很可能需要定制系统。另一种策略是要求参与者提供一个电子邮件地址，但这不可避免地降低了参与者的匿名水平。因此需要根据特定研究的要求和特点做出适当的选择，例如，在高度敏感的研究中，匿名保证的需要会变得更加紧迫（同样，可靠的汇报程序有可能导致冲突和必要权衡的出现；例如，从参与者处获得有效的电子邮件地址可以增强汇报程序的可靠性，因为这些信息可以通过电子邮件发送）。

在听取汇报和同意阶段，提供研究人员的联系方式是非常重要的，例如电子邮件地址。这为参与者提供了一个联系研究人员的方式，即使他们在同意的时候没有注意到这些细节，同时，有利于研究人员监测网络调查研究参与者和检测任何不适、困扰或伤害的迹象（至少与线下面对面调查
107 方法相比）。与同意阶段类似，研究人员能够及时回答在此时发送的任何疑问，这一点非常重要。[①] 汇报信息应遵循相同的指导方针，以确保清晰和可访问，如上所述的同意信息，研究人员还可以考虑提供一系列的研究常见问题（例如，在同意阶段），两者都有助于防止收到太多的参与者的询问。在涉及较高风险水平的研究中，例如，如果研究人员担心一个参与者处于窘迫的状态（例如在面试或者小组讨论中），研究人员接触参与者可能是有益的，这可能构成要求参与者提供有效的电子邮件地址或其他联系信息的论据。当然，在一些网络调查研究方法中，如电子邮件面试，这些联系信息已经可以通过研究程序得到。

最后，如果在参与之前充分告知参与者研究情况将影响结果的完整性，有时可能需要（可以说）欺骗参与者为科学服务。这种情况下，损害风险可能增加，并且确保提供适当的汇报信息变得更加重要。在网络调查研究中，使用这种“欺骗”方法的研究人员需要格外小心，要确保汇报程序的到位是强有力的、可靠的，同时需牢记上述注意事项。这种情况要求参与者提供某种形式的联系信息，例如电子邮件地址或者邮政地址，以便研究人员将汇报信息直接发送给参与者，从而最大限度地增加参与者接收和阅读信息的机会。但是，因为涉及的问题范围和潜在风险，研究人员应该仔细考虑，在网络环境中进行一项涉及欺骗的研究是否合乎伦理。在做这个决定的同时，需要考虑欺骗的程度、性质以及其他因素（例如本章所讨论的）。

保密性

为参与者提供的数据保密是社会和行为研究中伦理实践的重要组成

---

① 因为不同的参与者将在不同的时间点加入或退出，这实际上意味着研究人员需要在整个研究期间“在场”。

部分。保密性是通过匿名化数据实现的，这样参与者就不会被辨认出来，同时保护数据文件，这样它们就不会被第三方意外访问。在网络调查研究中使用线下研究方法时，确保匿名性和数据的安全性方面有许多挑战（Reips & Buffardi，2012）。

匿名。如果从参与者处收集的数据不包含个人身份信息，那么与非预期的第三方访问相关的风险就会最小化。但是，网络调查研究方法有可能 108
难以完全匿名地收集和存储数据。使用电子邮件的方法，包括访谈、调查和焦点小组，都不是完全匿名的，因为电子邮件地址与个人联系在一起。但是，可以借助提供此服务的提供商发送匿名电子邮件（一次快速的谷歌搜索就能找到这些服务的提供商）。或者设置一个专用的临时电子邮件账户，供参与者在研究期间使用，而不需要包含任何个人身份信息。通过这种方式，提交的任何回复都不会与个人联系在一起，除非研究人员进行了用户名的分配记录。然而，与后一种方法相关的附加说明是，通过其发送电子邮件的互联网协议地址有可能链接到个人，所以这种方法可能不是完全匿名的（一种解决方法是要求参与者使用公共电脑做出答复，但这也可能存在自身的保密风险）。

基于万维网的数据收集方法，特别是调查和实验，似乎为完全匿名的回复提供了更大的空间，但同时也出现了一些警告。例如，一些第三方在线调查软件会自动存储 IP 地址以及参与者的答复，并且正如刚才指出的那样，这可能导致数据变成个人身份信息。此外，研究人员往往需要收集个人信息（如人口统计学信息）作为研究设计的一部分。根据这些信息的性质和范围，它们可能被合并并用于个体识别。出于这个原因，为保持匿名性，将任何个人识别信息与研究回复分开保存是一种很好的做法（如 Barchard & Williams，2008）。这在线下研究中通常容易实现，因为研究人员通常完全控制数据收集、存储和管理过程。然而，在网络调查研究中，由于研究人员对这些过程的控制水平降低，可能会出现困难。因此，在使用第三方在线调查软件收集和存储参与者的数据（使用提供商的服务器）的情况下，个人数据和研究回复数据共同存储在一个文件中——最终，第三方提供商控制了该文件。系统完全处于研究人员（或者相关联的信息技术团队）的控制范围中，能最大化地确保参与者的个人数据与研究回复分开存储（例如，可能位于不同服务器的不同文件中）。本书的第7章详细讨论了研究人员对数据的分析、存储和管理过程的控制。

在网络调查研究中，研究人员在考虑利用目前的线上讨论和社交媒体网站收集数据时，应该意识到使用这种方式收集到的数据通常和用户名或与笔名相关的在线身份相链接，并可能与个人的线下身份联系在一起。正如第6章所讨论的，有不同的原因能解释为什么设立一个专门的研究空间。
109 例如在一个在线焦点小组、访谈或观察研究中，这种方法使研究人员能够更好地控制参与者的匿名程度（例如分配给参与者研究专用的化名）。然而，如民族志研究的一些方法，很可能需要使用现有的在线社交空间，人们在那里使用既定的在线身份进行互动。因此保存用户名等个人识别信息，并将其与其他研究数据分开存放是一种良好的伦理实践行为。然而，虽然研究人员可以将数据文件在本地储存，但是研究人员无法控制原始数据源的存储（论坛、博客等）。这就提出了通过已发表的研究成果追溯到这些原始数据来源，引起隐私身份被揭露的问题。有些方法更易遭受这些风险，比如定性方法在传播的研究报告中可能会进行逐字逐句的引述。这些非侵扰性方法往往不涉及是否从参与者处获得知情同意（例如使用论坛讨论的档案；见第3章中讨论的示例），因此讨论如何进一步降低风险这个问题就尤为重要。侵扰性的研究，如公开的民族志观察，通常是获得了同意的（尽管在第3章中提到，布罗茨基和吉尔斯［Brotsky & Giles, 2007］通过在社交网站上冒充一个可信的角色暗中观察厌食症患者群体），这意味着至少参与者可以在知情同意过程中认识到并充分理解保密性风险。

数据安全。电子邮件是一种相对不安全的数据传输模式，因为电子邮件在传递的过程中会驻留在许多服务器上而更容易被第三方截取。与许多线下方法（如纸笔调查或在非联网计算机上进行的实验）相比，外加可识别个人身份的电子邮件地址，是一种相当危险的传输方式。此外，发电子邮件时一个非常小的输入错误也会导致它被发错，并且会产生严重的后果（例如，在敏感的研究中，应该谨慎处理，可以使用加密的或匿名的电子邮件的方法，或者其他替代方法)。基于万维网的方法也容易受到安全风险的影响，可能会违背对参与者做出的保密承诺。如前所述，如果使用第三方软件（例如基于万维网的调查，或现有的邮件列表或讨论组服务，在第 6 章讨论)，研究人员对参与者的研究数据的储存与管理就不完全受研究人员的控制（除非使用非托管选项)。并且，参与者个人和研究相关数据被存储在同一个文件中，使相关数据不完全匿名，这也意味着研究人员难以控制数据文件免受第三方意外访问。商业软件供应商通常声称他们用严格的安全保护措施存储数据，在其网页上经常可以找到有关这方面的信息。研究人员应仔细检查这些信息，以确保达到标准。这就出现一个问题 110
（见第 6 章)，如果数据存储在另一个国家的服务器上，那么供应商可能不会按照研究人员的本地数据保护法规进行处理。在某些情况下，使用受研究人员充分控制的系统是最合适的。

与基于万维网的数据收集方法的安全性有关的另一个附加说明是，浏览器通常配置为保存活动记录，如页面浏览记录、用户名输入等。这是追踪用户活动的一种手段，包括参与一项研究，甚至向有权访问本地计算机的第三方提供反馈。除了远程黑客访问的可能性（在第 7 章进一步讨论)，共享本地计算机访问权限的人（例如，一个合作伙伴，或同一家庭成员）可能因此偶然发现参与者的研究回复。参与者潜在的保密风险是应该注意的，提供的预防方式有清除浏览器缓存等。[①] 潜在的参与者可能没有意识到这些风险，因此研究人员有责任为他们提供合适的建议和指导，特别是在危险加剧的情况下，如研究课题敏感的情况。第三方以这种方式对参与者数据进行访问的风险可能很低，但在其他情况下风险较高。例如，雇主可能完全了解如何追踪和跟踪员工在工作电脑上的活动。因此应该重新考虑研究人员是否有义务建议参与者不要使用工作场所或其他非私有的计算机，以降低违反保密规定的风险。[②] 此外，参与者使用工作场所的计算机可能给公司本身带来保密风险，因为公司计算机上的浏览器可能被配置为

① 研究人员可能还需要考虑是否应该在研究实施和管理期间清空自己的浏览器缓存。

② 数据所有权和访问问题也与此有关，因为很多企业保留其存储在自己的计算机上的信息的权利。

保留标准表单域的存储，并且通用的计算配置可能包括记录最近从其他文档中删除的文本的设置。参与者在使用此类配置的计算机时，可能意外插入调查工具中的开放文本字段而产生风险，从而侵犯雇主的保密权利。

在网络调查研究中与参与者保密相关的问题还会出现在线下研究环境中，因此，研究人员应注意保护本地硬件上的参与者数据并且通过使用密码、杀毒软件以及最小化盗窃风险等防止意外访问。研究人员在伦理或法律上有义务报告在研究过程中可能会收集到的某些信息，例如披露研究可
111 能对易受伤害的群体带来的伤害或者风险。与线下面对面调查方法相比，在网络调查研究中数据收集媒介本身可能会增加这种披露的可能性（见第 3 章）。解决这个问题的方法之一是提前提醒参与者，披露某些类型的信息可能会侵犯隐私，并在同意书上进行声明，形式如“我明白，如果在参与这项研究时发现非法活动，研究人员有义务报告给有关部门”。最后，研究人员在存储和处理数据时应该考虑到有关数据保护的法律，这规定了如何处理个人信息数据。鉴于网络调查研究的国际影响力，根据各国不同的数据保护法，可能会出现复杂的情况。第 6 章和第 7 章将进一步讨论这些问题。

5.4 非侵扰性网络调查研究中的伦理问题

线上公共空间与私人空间

目前关于网络调查研究的主要争议是，在未得到创作者的知情同意前，如何在伦理许可的情况下，定位和使用线上的资源（包括文档、行为痕迹以及论坛讨论帖等）作为研究数据。根据英国心理学会（BPS，2011），唯一能在未获得同意的情况下被用作潜在的研究数据（在观察研究中）的信息来源于“公共场合”，在这些场合，相关人员希望被陌生人观察。因此，在网络调查研究中面临的挑战是如何确定哪些个体的在线活动痕迹属于“公共领域”，以及参与其中的个人预期哪些痕迹会被陌生人观察到（实际上，这些痕迹会被用作研究数据）。虽然一些消息来源看起

来很私密（如私人电子邮件交流），但其他消息来源似乎处于模棱两可的状态（比如论坛的帖子和博客）。在公共领域中公开发表的文件可能争议性最小，因此可以作为研究数据使用，但研究人员应该意识到版权限制，这可能需要从作者或其他数据所有者处获得使用权限。

为了探讨个人对线上隐私的期望问题，哈德森和布鲁克曼（Hudson & Bruckman，2004）监控了在不同的研究中，聊天室用户知道被观察后的反应（见第 3 章）。他们报告说，他们所观察的聊天室的参与者们通常对研究人员监视他们谈话的行为持反对态度，尤其是在研究人员的目的被披露时更为明显，但当研究人员仅仅潜伏在聊天室中时则并不明显。这使他 112
们认为不披露研究目的是有理由的，因为在某些情况下这是获得有价值的研究数据的唯一可行方法。其他研究人员报告了在潜伏状态下谨慎地从同步在线讨论中获取数据（如 Al-Sa'Di & Haman，2005；Rodino，1997）以及接近在线社区并获取观察许可方面取得的成功（可参见第 3 章提供的例子）。对于以不显眼的方式记录实时聊天室的在线讨论或者使用储存的讨论组档案文件是否合乎伦理规范，人们持有不同观点。例如，金（King，1996）提出，只要采取谨慎措施保护提交数据的个人的匿名性和保密性，这种做法就可以接受。关于这个问题的进一步讨论，参见 Brownlow & O'Dell，2002；Hewson，2015。

在没有获得知情同意的情况下使用易获取的在线痕迹作为研究数据的伦理观自然会影响研究实践。第 3 章讨论了两个截然不同的例子：福克斯等人（Fox et al.，2005）在向小组成员充分披露研究目的的情况下，在厌食症预防网站进行了观察交流；而布罗茨基和吉尔斯（Brotsky & Giles，2007）则进行了一次非常类似的参与式观察研究，他们冒充真正的在线社区成员，并未进行任何披露。后一种方法在伦理上缺乏可接受性。然而，所涉及的问题并非直接或明确的。因此，关于研究的社会和科学价值的争论，以及破坏现有的社会结构助长群体内的不信任和猜疑可能造成的潜在损害，都成为此类研究不公开披露的理由。如第 3 章所述，塔科特-吉布森（Tackett-Gibson，2008）报告了他们充分披露研究意图后对在线社区成员互动的观察，但是被认为对社区有损害而被阻止，只取得非侵扰观察的许可。这就提出了谁最有权威、专门知识和经验来做出这些决定的问题。一般来说，如果研究人员打算对某个群体进行研究，那么研究人员可以咨询小组管理员。但值得注意的是，在某些情况下，管理员可能会禁止一项有价值的研究，或反对以符合研究伦理准则的方式进行研究。当然，尽管基于上述原因，以及出于生态效度和避免损坏自然数据的原因，不披露是合理的，但一个研究人员在暗中监视和观察一个群体时被揭露身份，还是可能会对该群体造成损害。因此，采取严厉措施防止这种可能性是至关重要的。

巴拉克和米龙（Barak & Miron，2005）报告了另一个例子：在未获
113 得准入许可的情况下不引人注目地获取可访问的线上数据资源。他们从公众可访问的在线互助小组中随机选出用户的信息，在未许可的情况下研究自杀者的写作特点。作者认为，小组成员是有意地在公共档案中提供他们的通信方式，这意味着他们同意其他人查看这些信息，因此减少了伦理上的顾虑。他们进一步指出："由于许多原因，对自杀行为的研究是复杂的。一个主要的原因是自杀者试图避免精神病标签和社会污名，以及防止他们不寻常和通常不被接受的态度被提前干预而希望不被发现。"（p. 519）这个例子值得注意，因为它涉及易受伤害的个体与敏感的个人话题。这使得关于网络调查研究中的个人隐私权和伦理研究实践中可接受范围的讨论具有争议性和现实意义。

上述例子说明了在网络调查研究中，线上公共空间和私人空间以及适当的伦理选择等问题的复杂性。显然，人们的隐私观念和期望必须考虑在内；然而，需要更多在不同环境中（包括在不同的文化群体中）的研究来发现这些可能是什么（对用户期望和在线隐私感知相关问题的进一步考虑，见 Hewson，2015）。显而易见的是，这样一个简单的规则是不恰当的，例如，任何不需要用户账户或密码就可以访问的东西都有可能被用作研究数据，而不会引起任何伦理关注。相反，在任何研究背景中，研究人员都必须考虑到一系列相关因素（如本章所述）以做出明智的决定。例如，一项研究是否能产生丰富的文本数据或量化的总体痕迹，与是否存在潜在危害这一风险问题有关（进一步的讨论见 Hewson，2015）。同时需

要考虑到法律因素；例如，严格来说，任何受版权保护的东西都不属于“公共领域”，其中包含大量档案以及在线交流的痕迹（因为这些都属于服务提供商的版权，例如脸书拥有在脸书中发布的所有帖子的版权）（BPS，2013）。在实践中，禁止在未经许可的情况下使用这种受版权保护的材料似乎过于严格，而且这些资源已经在网络调查研究中非公开地被持续使用。法律约束应当被考虑，但不总能决定什么是最好的伦理研究实践。

数据保密性

如果研究人员已经评估了所有相关因素，并核实了现存的或正在进行的在线行为和交流痕迹可以合理地被认为属于“公共领域”，那么在未获得知情同意的情况下使用这些资源数据进行非侵扰性研究在伦理上就是可以被接受的。但必须谨慎考虑这样做的方式，不使这些研究数据可追溯到 114
提供这些数据的个体而违背为参与者保密的原则。如前所述，侵扰性研究可能存在这种风险。然而在侵扰的情况下，更有可能获得同意，因此参与者有机会评估和接受包括违背保密原则在内的任何披露的风险。如同在非侵扰性研究中经常发生的那样，由于涉及可能侵犯个人隐私权的问题，研究数据的来源需要严格保密以确保参与者的身份信息不被泄露。如现在所讨论的，在非侵扰性的网络调查研究中，需要谨慎关注传播实践以及它们可能带来的风险。

与许多线下方法相比，获取线上痕迹并将其转换为研究数据参与到传播实践中，往往风险更高，因为与等效的线下资源相比，许多在线资源的可追溯性和公共可访问性更强。即使研究人员在发表调查报告时会仔细清理带有识别信息的数据，使用搜索引擎也可以相对容易地追溯引述的来源，特别是来自论坛、博客、社交网站和类似的网络公共空间的引述。研究人员们需要意识到这一点，特别是在侵犯匿名性可能导致负面影响和潜在危害时。虽然在线下定性研究中逐字引用通常被采纳，但需要认识到在许多网络调查研究方法中（特别是在非侵扰的情况下）存在的风险将会增加。因为通过更广泛的传播和公布，原始数据会不经意地被识别，从而使个人的隐私权受到侵犯。涉及法律和伦理时，这些问题更为复杂。例如，研究人员有可能提供一些见解和解释，这不仅仅是在使用已经存在于公共领域的东西，而且可能会对参与者造成伤害。利平斯基（Lipinski，2008）在一份报告中提醒研究人员，传播他们自己对网络活动的观察或重复别人的诽谤性评论，可能会带来诉讼。

网络调查研究中采取的一个保护措施是不直接引用参与者的话，而是进行转述，因此这些内容难以被溯源（BPS，2013）。另外一个保护措施就是确保收集数据的网站、论坛、博客等的名称和地址不被公布（BPS，2013），否则可能会增加违背为参与者保密这一原则的风险，并且可能会对在线社区产生负面影响。但是，有些小组或者讨论社区（例如激进者组织）反而希望公开或者传播他们的言论，以使其更具有影响力。在决定应该执行哪些程序来保护在线社区及其成员的匿名性和保密性时，应该询问小组管理员，他们是宝贵的信息来源（BPS，2013）。

与收集语义丰富的文本数据的方法相比，不引人注目地收集关于在线行为和交互的研究数据，如社交网络的友情链接，由于传播实践而导致保
115 密性遭受破坏的风险可能更低。在这里，数据分析报告和研究结论可追溯到的个人信息源范围更小（例如，因为数据是量化的，并以总体形式被报告）。然而，在所有非侵扰性研究中，研究人员都必须清醒地意识到，对有关伦理的数据收集、存储和处理的保障措施及实践策略——正如前面讨论非侵扰性研究方法时概述的那样——也适用于最大限度地保护研究参与者的身份。

5.5 结论

总之，研究人员有责任通过使用适当的研究设计获得研究伦理委员会（或机构审查委员会）批准、使用协议确保知情同意、监测研究中参与者的反应、适当平衡风险和收益、确保匿名性及保密性以及确保研究的有效可靠并符合伦理规范。此外，需要慎重考虑区分在线浏览公共和私人空间

的复杂性，尤其是在考虑使用非公开收集数据的方法时。在这种情况下，需要采取非常严谨的措施来保护参与者的个人身份信息。从本质上讲，网络研究人员与传统的线下研究人员一样是负有责任的，并且必须要尊重参与者、同事和更大范围的人群。本章概述了一些网络调查研究中会发生的特殊问题，并提出了有效的解决方法，这些问题对于研究人员来说并不总是显而易见的。表 5－2 提供了一些关于网络调查研究中伦理问题的额外参考资料，以补充本章开头表 5－1 中列出的咨询指南。最后，本章列举了网络调查研究伦理领域正在进行的一些重要讨论。

表 5－2　与网络调查研究伦理有关的资源

期刊文章/书籍章节

Barchard, K. A., & Williams, J. (2008). Practical advice for conducting ethical online experiments and questionnaires for United States psychologists. *Behavior Research Methods*, *40* (4), 1111–1128.

Brownlow, C., & O'Dell, L. (2002). Ethical issues for qualitative research in on-line communities. *Disability & Society*, *17* (6), 685–694.

Buchanan, E., & Ess, C. (2009). Internet research ethics and the Institutional Review Board: Current practices and issues. *Computers and Society*, *39* (3), 43–49.

Ess, C. (2007). Internet research ethics. In A. Joinson, K. McKenna, U. Reips and 116
T. Postmes (Eds.), *Oxford handbook of internet psychology*. Oxford University Press.

Hewson, C. (2015). Ethics issues in digital methods research. In C. Hine and H. Snee (Eds.), *Digital methods as mainstream methodology: Inspirational digital/social research*. Palgrave.

Rodham, K., & Gavin, J. (2006). The ethics of using the Internet to collect qualitative research data. *Research Ethics Review*, *2* (3), 92–97.

Zimmer, M. (2010). But the data is already public: On the ethics of research in Facebook. *Ethics & Information Technology*, *12* (4), 313–325.

期刊

International Journal of Internet Research Ethics (IJIRE, http://ijire.net/)

网络资源

Exploring Online Research Methods: http://www.restore.ac.uk/orm/ethics/ethcontents.htm (accessed April 2015)

AoIR Ethics Guide: http://ethics.aoir.org (accessed April 2015)

第6章

网络调查研究的工具和设计策略

6.1 导论

本书第3章简单介绍了有关网络调查研究的一系列方式、方法和策略，并重点介绍了一些支持性的网络资源和软件工具。这一章我们会继续讨论上述内容，并将更进一步研究如何获得这些工具和技术以及如何使用它们进行网络调查研究。虽然我们在这里讨论的一些网络资源与第2章中提到的内容有所重叠，但这里的重点是使用它们来进行初级研究而不是次级研究。与2003年相比，现在的研究人员不再需要直接使用复杂的编程语言和技术来创建他们自己的系统并在其网站服务器上定位，因为现在的软件包可以很容易地处理部分调查设计和某些复杂的实验。在此我们提供了一些可用的软件包，并且简要说明了它们所能提供的帮助。对于更复杂的设计，定制解决方案可能仍然是必要的，因为需要使用到编程语言和服务器配置，但是这些需求最好通过学习互联网编程和数据库管理方面的入门知识来满足。然而，对于许多研究人员来说，选择当前（并正在扩展）现成的软件包对于帮助实现前面所讨论的各种技术，尤其是基于万维网的调查方法，可能已经足够了。在本书的第一版中，我们主要侧重于讨论万维网调查和实验的工具和设计原则，本章扩大了这一范围，考虑到了更广泛的方法，特别是包含了对目前还不热门的一些方法的探讨；我们还在第 118
3 章中讨论了关于网络调查研究的设计选择和策略，这里提供了一些更详细的原则和指导供研究人员参考。在第一版中我们提供了万维网调查编程指南，取而代之，本章总结了一种低成本的、颇受欢迎的在线调查软件包的分步指南：SurveyMonkey（调查猴子，一家著名的网络调查公司）。对于其他方法，我们简单介绍了一些基本的入门工具和技术，并为感兴趣的读者提供了更多信息和资源的链接。

整个章节的重点是制定研究设计和实施决策，使获得的数据的有效性、可靠性和完整性最大化。如第 5 章所述，关键的伦理问题和原则在适用时将被予以强调和重申。尽管在任何标准衡量下的互联网相关技术的发展速度都将持续惊人，导致任何总结都会不可避免地迅速过时，但这不是丧失信心的理由——互联网之所以变得如此重要的一个原因就是，它是按照软件遵从性的最低要求的标准规定的。所以一般来说，如果现在奏效，那么将来它也会起作用。当然，未来发展将继续扩大网络调查研究的可用技术的范围（在第 3 章推测了其中一些发展的形式），但一些最早期的网络技术仍会被广泛使用，如电子邮件等。其他的已经基本过时了，例如 telnet 远程登录协议已经基本上被 rlogin 远程登录协议所取代。

6.2　网络调查研究的工具和设计原则

首先，以往的网络调查研究中一些通用的实践原则也是值得借鉴的。早期出版的通用网络调查研究指导准则已经列出（如 Hewson，2003；Hewson et al.，1996；Michalek & Szabo，1998）；像这种早期的解释难免需要修正和更新，以适应网络调查研究方法不断发展的前景，以及更多关于网络调查研究设计中需要考虑的因素。近期网络调查研究的指导方针倾向于针对特定的网络调查研究方法，提供更详细的关于特定背景的建议（下文将进一步讨论）。不过，一套更加通用的网络调查研究实践原则也是有用的，可以将其作为一个针对特定情境的方案的基础。表 6－1 列出了我们认为适用于一系列网络调查研究方法的更广泛、更有用的原则（引自 Hewson，2014a，2014b）。对于每个原则，都指出了与它可能最相关的方法类型——使用侵扰性–非侵扰性（如第 3 章所述）和定性–定量维度。后者是相关的，因为定性研究通常会生成更为复杂的、详细的以及丰富的文本数据，时常涉及个人叙述，而定量研究往往产生大量的数值数据集，其中个人作用也不那么容易被识别。因此，不同的问题往往与定量和定性研究项目最为相关，特别是涉及伦理问题时（在第 5 章中也讨论过）。

119 **表 6－1　通用的网络调查研究实践原则**

原则	侵扰性	非侵扰性	定量	定性
抽样				
● 仔细考虑不同的抽样方法和设计程序如何促进或限制不同群体的访问	√		√	√
● 始终注意志愿样本可能不适用于要求广泛通用性的地方，考虑线下和在线概率方法	√		√	
● 如果向新闻讨论组和其他社交空间发布参与请求，比较好的做法是首先联系版主或是管理员来请求许可	√		√	√
● 确保建立良好的参与申请关系，包含有关研究人员的单位信息、联系方式以获取更多信息和研究价值	√		√	√
执行				
● 使用经过良好测试的、稳定的、久经考验的程序	√		√	√
● 尽可能使用能做这项工作的最简单的低科技解决方案和设备	√		√	√
● 始终注意法律问题（以及伦理问题），包括版权和数据保护，特别是在收集在线数据源时		√		√
● 旨在使用软件解决方案的功能来实现最大化控制，确保可靠性和有效性，比如多次提交检查和预防，以及回复格式和完整性检查	√		√	

续表

原则	侵扰性	非侵扰性	定量	定性
执行				
● 旨在使用符合既定易访问性标准（例如与屏幕阅读器软件的兼容性）的软件解决方案 120	√		√	
● 始终注意保证匿名性和获取参与者特征信息之间的平衡，在研究设计、背景和目标的范围内评估决策	√		√	
● 使用适当的程序来验证身份（例如线下、音频/视频），这是至关重要的（例如高度敏感的研究）	√		√	√
伦理				
● 始终注意伦理责任，告知参与者他们可能没有意识到的源于网络调查研究背景的风险（如低安全性的电子邮件）	√			√
● 始终注意在网络调查研究传播和出版的过程中（由于网络环境中数据的可追溯性和可搜索性的增强）可能出现的对研究人员的匿名性与数据匿名化的威胁，并采取谨慎措施，尽量减少这些威胁	√			√
● 如果考虑使用欺骗性或高敏感性材料，请特别注意那些可信度低的网络所产生的额外风险，如：(a) 验证参与者特征；(b) 在网络上提供汇报信息	√		√	
● 如果要在未获同意的情况下使用数据，请仔细考虑涉及模糊的网络公私区分的问题，特别是由于个人身份数据的泄露而带来伤害的潜在风险		√		√

资料来源：Hewson (2014b).

网络调查研究的基本最低要求与往常一样，都是访问一台能够连接到网络的电脑（广义上包括个人电脑、笔记本电脑、平板电脑、智能手机等），大多数现代计算机都具有这种功能。正如我们在本书第一版中预测的那样，万维网现在已经成为社会科学研究方法中最重要的传送系统之一。[①] 因此，参与很多研究都需要通过浏览器来访问网页，这是目前大多数现代计算设备的一个基本功能，几乎无处不在，这在 1993 年我们首次开始探索这些方法时是无法预见的。这里，我们将探讨第 3 章中讨论过的每一种主要网络调查研究方法的关键设计选择、支持工具以及技术。 121

① 在本书的第一版出版以后，欧洲在这个领域已经出现了一门硕士生课程：“网络数据指标”（WebDataMetrics；http://webdatametrics.usal.es [2015 年 4 月访问]）。

6.3 访谈和焦点小组

电子邮件和邮件列表

网络访谈和焦点小组方法的一个关键设计是选择同步或异步交互。简要回顾一下（见第 3 章），选择异步方法的原因是，它们可以让参与者有更多的时间进行反思，提供更大的控制权，并且可能赋予参与者更大的权力，促进不同地区参与者的加入。异步方法到目前为止往往更容易成功。支持异步访谈方法的关键技术是电子邮件、邮件列表和论坛。其中，电子邮件是一个有吸引力的选择，因为它是最广为人知、使用最广泛、经久不衰的互联网技术之一（根据扎肯［Zakon，2015］的调查研究，电子邮件实际上在互联网出现之前就已存在）。大多数生活在发达国家的人现在都拥有电子邮件账户，而且通常是每天都在使用。而为了使用电子邮件，需要一个电子邮件客户端（例如基于苹果 Macintosh 的邮件、基于微软 Windows 的 Outlook 、基于 Linux 的 mutt 或 pine）。同时，现在也可以使用基于万维网的电子邮件客户界面，如 Yahoo!、Hotmail 和 Gmail（均免费提供，分别见 mail. yahoo. com、hotmail. com、mail. google. com）。电子邮件访谈的程序非常简单，由研究人员向受访者发送问题，然后由受访者对该邮件进行答复。电子邮件的问题和回答的时间、数量和长度会因具体的背景和调查研究设计而有所不同。

122 为了支持焦点小组方法，电子邮件可以同时发送给多个人，只需将所有必需的地址都粘贴到“收件人”的字段中。[①] 当然，这种方法依赖于所有参与者必须记得回复所有这些地址（使用“回复全部”［reply all］很容易完成）。为了避免忘记使用与“回复全部”选项有关的任何问题，可以

① 出于某些目的，最好使用“秘密抄送”功能，以维护每个发送大量电子邮件的人的隐私，尽管这在大多数焦点小组场景中并不适用。

使用邮件列表软件（也称为“基于主题的讨论组”，如在第 2 章的次级研究情况中讨论的那样）。默认情况下，此软件会向所有指定的组员分发回复，从而保证所有订阅这个列表的人都能收到他人发送的电子邮件。有各种邮件列表软件可供使用。第一个邮件列表软件提供商是 LISTSERV，该软件现在仍然可用，见 http://www.lsoft.com/products/listserv.asp（2015 年 4 月访问）。这项服务允许创建和维护邮件列表，但需要设置和支付年费，而其他选项则是免费的或更便宜的。其中一个是 PhpList（见 http://www.phplist.com [2015 年 4 月访问]），它提供免费的开源代码以供下载，或提供一个收费非常合理的托管解决方案；截至目前，托管解决方案每月最多可以免费提供 300 条消息，对于超出此定额的消息配额，则按浮动比例定价。创建邮件列表的另一个选项是使用研究机构（如大学）的互联网技术支持系统，例如，当资助金额用于负担项目研究时。

因此，使用邮件列表进行调查拥有简单的群发电子邮件所不具备的可靠性。在大多数情况下，可以为研究目的设置专门的邮件列表。另一种选择是找到并联系现有的邮件列表讨论组以求参与讨论，但这一方法不太可能为被研究人员所接受，并可能会引发伦理问题（例如扰乱现有社会结构，不尊重现有小组的隐私和目的）。一个可能的例外是，当一个非常小的、经过挑选的小组参与其中，并且与研究人员存在某种联系时，这个小组可能会乐意参与这项研究，例如，他们可以从参与中获得某种利益（一些激进组织希望自己的“声音”被听到）。邮件列表的搜索数据库是可用的（参见下文对观察法的进一步讨论），但是，再次强调，通过这些资源找到小组，并“冒昧地打电话”邀请他们参与是不太合适的，也不太符合伦理规范。但是，这类小组也许可以作为取样工作的联络点（见第 4 章），然后将感兴趣的参与者导向一个专门的研究列表。正如在其他地方所指出的，在发布任何此类请求之前，都应该先联系小组主持人。阿德勒和扎金（Adler & Zarchin，2002）对一项使用 LISTSERV 来对在家卧床休息的孕妇进行焦点小组访谈的研究进行了描述，他们通过在网上搜索一个与主题相关的网站，并在网站上发布这项研究的广告来招募参与者。这对于寻找 123

专业人士或者招募传统意义上难以接触到的群体可能是一个非常有用的策略，但重申一下，研究人员应确保首先联系主持人并获得许可；不这样做可能会引起冒犯，并很可能成为研究的阻碍，甚至可能损害研究人员的声誉。

论坛

在使用基于异步电子邮件的方法时需要考虑的一个问题是数据的安全性以及相关的保密性和匿名性的问题。从本质上讲，电子邮件是一种相对不安全的传输模式；电子邮件可以驻留在发送和接收之间的许多服务器上，从而可能有多个机会被拦截。此外，电子邮件地址可以识别个人信息，无法保证匿名。在涉及敏感话题和个人讨论主题的研究情境中，这一点尤为重要（如第 5 章所述）。论坛为进行焦点小组访谈提供了进一步的选择（也可能是一对一的访谈，尽管电子邮件似乎更适合二元语境）。就像邮件列表一样，这些小组讨论用户需要登录新闻服务器才能阅读并回复发布到该组的邮件，而不是将邮件发送到个人的电子邮件账户。这可以使用“新闻阅读器”来完成（选项列表见 www. newsreaders. info/recommended-newsreaders. htm [2015 年 4 月访问]）。传统上，邮件列表通常是为了共享信息而建立的（例如在技术支持论坛中），但是讨论组传统上更倾向于支持关于特殊兴趣主题的对话和互动（使其成为观察性的网络调查研究方法的有吸引力的来源；见下文）。可以使用基于网页的接口访问、创建和管理讨论组（如谷歌群组：www. groups. google. com；雅虎群组：http：//uk. groups. yahoo. com/ [2015 年 4 月访问]）。这些服务通常允许用户免费寻找、加入和设置新组。

网络论坛是支持在线讨论小组互动的一项最新技术解决方案。Yuku（www. yuku. com）提供了一个可搜索的网络论坛数据库，并允许用户创建自己的多媒体互动式“留言板”，这实际上是小型社交网站。这一资源以及类似的资源可以用于支持在线焦点小组互动，从而使多媒体内容能够融入小组交流。知名度与使用率都非常高的脸书（声称拥有大约 15 亿用户，详见第 4 章）还为注册用户提供了设置更小的、私有的邀请成员

“组”的选项。利用这些资源整合多媒体内容的选项为支持一些创新性网络调查研究访谈和焦点小组技术创造了机会，这些技术超越了第 3 章中提到的纯粹基于文本的互动媒体。在网络调查研究中是选择进行异步焦点小 124 组研究的讨论组、网上论坛还是邮件列表应以特定的研究背景为指导，包括可用的技能和资源。一般来说，讨论组软件对于参与者的侵入性较小，因为他们需要登录才能参与，而不是在他们的电子邮箱中找到收到的消息。

虚拟环境

如第 3 章所述，进行在线焦点小组访谈的另一种选择是使用在线虚拟环境。它们可能是交互式的图形环境，例如多用户虚拟环境、虚拟现实环境等，在这些环境中可以虚拟化身从而进行互动。林登实验室于 2003 年 6 月开发的“第二人生”（Second Life）是最受欢迎的示例之一，更多相关信息请参见 www. second life. com 和 www. second life. com/whatis（2015 年 4 月访问）。这个“虚拟生活模拟器”可以免费玩（也可以订购其他包含在内的附加功能，例如拥有自己的房子），只需要一分钟左右就可以注册一个账户并下载安装“第二人生查看器”软件到本地计算机上以启用访问。用户可以选择一系列自定义的虚拟化身，包括动物、人和机器人。图 6 - 1 展示了进入社交俱乐部“Jadawin”时的场景截图，其中第一作者在创建了猴子这一虚拟化身之后（使用“第二人生”的搜索功能）将其传输到该俱乐部。在研究项目中使用这种虚拟现实空间或设立专用空间，肯定是可行的。第 3 章提供了采用这种方法的一些实例（另见下文观察法背景下的进一步讨论）。当然，虚拟位置的选择必须谨慎，安排在一个开放的公共空间（例如 Jadawin）会见焦点小组的参与者，就像在线下研究中一样，通常是不合适的。创建一个专门的研究空间，比如一个私人房间，是一个更好的选择，详情请参阅“第二人生”关于如何实现这一点的文件（这可能需要一定的费用）。

此外，诸如 Blackboard（www. blackboard. com）或 Moodle（moodle. org）这样的虚拟学习环境（VLEs）也可以用于支持焦点小组访谈。这些环境通常包括旨在帮助教学和学习的应用程序，允许用户参与基于文本的通信交流。这可能支持异步或同步情境（取决于特定的软件包）。许多教育机构已经在使用虚拟学习环境解决方案来支持教学，因此这些机构的研究人员可以在不增加额外成本的情况下免费获得这些资源（假设这些机构能够授权给并不隶属于该机构的研究人员使用）。此类软件包还可以支持同步或异步的一对一交流。肯尼（Kenny，2005）已经成功使用 WebCT（现隶属于 Blackboard 公司）进行在线焦点小组访谈。

125

图 6－1　社交俱乐部“Jadawin”，一个为开放大学学生、导师和朋友创建的空间

聊天软件

迄今为止讨论的大部分技术（电子邮件、邮件列表、讨论组和论坛、社交网站和虚拟学习环境）通常最适合进行异步访谈和焦点小组访谈。在某些情况下，它们也可以结合支持实时对话的技术（例如，社交网站脸书现在结合了聊天功能）。此外，诸如“第二人生”这样的虚拟现实环境通常被设计为支持同步交互。支持同步通信的另一个有效的解决方案是在线“聊天”软件，如第 3 章中所讨论的，当即时性和“流畅性”被认为特别重要时，它可能很有用。眼下有很多选择。免费的解决方案包括 mIRC（http://www.mirc.com/；只有 Windows 版）、Colloquy（http://colloquy.info/；只有 Mac OS X 版）和 Google Talk（http://www.google.com/talk）。这些技术本质上是为了支持基于文本的消息的持续实时直接交流，同时用户也要在场，而不是像论坛中所预期的更不连贯、时间跨度更长的交流。最近，聊天软件也开始包括支持音频和视频的选项（例如：Google Talk；Skype：www.skype.com）和移动应用程序（如 ICQ：icq.com；Whatsapp：http://www.whatsapp.com/）。因此，这些发展可能有助于促进第 3 章中提出的一些更具创新性的设计，如步行采访和视觉方法的使用。

决定同步方法是否合适的一个重要的考虑因素是研究人员和参与者能 126
在多大程度上方便地使用所提议的通信技术。例如，有身体缺陷（如灵活性问题）的用户可能难以有效地使用同步通信工具。同样，那些没有太多打字经验的人可能很难跟上在线聊天的节奏。在某些情况下，多媒体解决方案可能有助于解决此类问题。当然，有些用户（例如有听力障碍的用户）可能会发现音频或视频应用程序有问题，基于文本的交流更容易。进一步考虑的是可用资源（如带宽）是否允许性能可靠的同步技术，这通常比异步解决方案对硬件和软件资源的要求更高（例如，请参阅第 3 章关于可靠性和 Skype 的讨论）。未来的技术发展将继续为解决这些问题提供更好的办法，从而扩大机会；然而，目前基于文本的方法仍然比那些结合视频的方式更可靠。音频选项（可以通过 Skype 实现）可以比视频更可靠，而且在某些情况下更合适，例如当受访者的打字熟练度或识字存在问题时。与传统的电话访谈相比，这种方式的优势在于设置更简便以及运行成本更低，更容易实现对话的自动记录。当研究环境决定了语言外的线索（例如语调、面部表情）并且有充分的理由（例如地理分布、最低预算）使用网络调查研究方法时，多媒体选项可能是值得考虑的。但是，应注意使用最有可能促进高质量的和可靠的交流的技术；拨号连接或非常慢的、过时的计算机，会因为浪费研究人员和参与者的时间而不适用于这样的调查。回顾表 6－1 中的原则，应始终进行仔细的试验——特别是对于更复杂的技术和程序——以测试它们是否具有适合当前目标的稳定性和可靠性。

聊天软件可以支持一对一交流或者小组同步交互（例如，脸书就支持这两种方式）。因此，个人访谈和焦点小组访谈都可以使用这一系列技术。对于焦点小组研究，允许数人同时在线进行同步交流的在线会议软件可能是有用的。许多学术（和其他）机构已经有这样的软件应用。Blackboard Collaborate（http://www.blackboard.com/platforms/collaborate/overview.aspx，即之前的“Elluminate”）即是可用的这种软件。免费的解决方案也可以，但这些通常是存在限制条件的。例如，它们可能只允许有限数量的用户同时在线，这可能难以设置（例如，参见 Php Free Chat：www.phpfreechat.net/）。而其他收费选项（通常是一个合理的月服务费）一般易于设置和使用，并且提供更多的灵活性和功能性；例如，同步视频
127 系统是一个解决方案，提供年度、月度和单次使用付费订阅选择（见 www.adobe.com/uk/products/adobeconnect.html［2015 年 4 月访问］）。如在第 3 章中指出的，一些研究人员已经在网络调查研究中采用聊天或会议软件解决方案进行同步个人访谈（如 Chen & Hinton，1999；Davis et al.，2004）或焦点小组访谈（如 Madge & O'Connor，2002；Schneider，Kerwin，Frechtling，& Vivari，2002）。然而，当焦点小组中包含位于不同的地理时区的参与者时，异步方法可能是最合适的。

上面讨论的工具和设计考虑（以及在第 3 章中讨论的）给出了支持网络访谈和焦点小组研究的一些技术选择。框图 6－1 列出了一些读者可能认为特别有用的关键资料来源，以供查阅。表 6－2 列出了与基于访谈的网络调查研究相关的一套更加具体的实践原则的摘要。第 3 章中讨论的关键问题包括深度和反思性、坦率和披露的程度、数据的完整性和质量以及可访问性等，在选择不同的研究设计方式时应牢记在心。可能会出现权衡，但应该在调查研究特定的情境、限制和要求的范围内做出决定。有时，多方法（例如同时使用同步和异步访谈）可能是适当的，以便从每一种方法的优点中获益。参考第 3 章提供的讨论和实例将有助于研究人员在他们自己的研究中做出适当的设计决策。

表 6-2　一些与网络访谈和焦点小组研究相关的实践原则

● 采取清晰的策略来建立融洽的关系已经被证明是有效并明智的
● 在决定是否使用异步方法（可能促进深度和自反思性）或同步方法（可能增强会话流）时，要注意潜在的权衡
● 与上述有关，请注意异步/同步和在线/线下相结合的方法的可能性
● 一般来说，设立专门的研究网站进行研究访谈/焦点小组访谈，以避免干扰现有的在线社区/群体
● 仔细考虑同步或异步通信技术的选择，以及基于文本或多媒体的方式是如何促进或阻碍特定群体的参与的

6.4 观察

讨论组和邮件列表

网络调查研究中的观察方法可以追踪各种来源，包括人与人之间过往的交往痕迹和正在进行的实时互动。上文讨论了支持这种交互的一些技 128
术。可见，讨论组、论坛以及邮件列表提供了个人之间基于文本的互动交流的现成记录。所以，上述同样的资源可能对观察性网络调查研究有用。例如，提到了 LISTSERV，它支持创建和管理邮件列表；用户可通过一个网页接口数据库（CataList）按主题对所有现有的 LISTSERV 邮件列表进行检索，见 http://www.lsoft.com/catalist.html（2015 年 4 月访问）。该数据库返回的有关列表的信息包括所有者和订阅指令。因此，在（2013 年 11 月 29 日）搜索关键字“iguana”（鬣蜥）时，没有返回任何结果。另一个使用术语“fish”（鱼）的搜索返回了 184 个结果；在仅带有网页界面的列表内重新运行此搜索，生成了 73 个结果。如果使用活动链接跟踪列表，那么大多数列表需要通过向列表地址发送电子邮件进行订阅，然后用户才能够登录访问和发布讨论线程。第 5 章讨论了研究人员为从列表中获取数据而采取这些步骤所涉及的伦理问题。有关 LISTSERV 和如何搜索邮件列表的更多信息，请参见 http://www.lsoft.com/manuals/1.8d/

user/user.html（2015 年 4 月访问）。

讨论组和论坛可以通过可搜索的网页界面（如雅虎群组和谷歌群组，见上文）进行类似的访问。通过谷歌群组网页界面搜索新闻组档案相对简单，就像浏览所有群组一样（见 https://groups.google.com/forum/?fromgroups#!browse［2015 年 4 月访问］）。同样，雅虎群组的界面也是易于使用的。一些论坛是开放的，讨论的档案可以免费获取，因此可以随时获取与主题相关的材料作为研究数据（伦理考量上允许）。著名而有影响力的（例如在政治活动家竞选中）“Mumsnet”就是这样一种资源，可以用这个地址访问：www.mumsnet.com。这个网站目前拥有一个非常完善的大型在线社区，包含新闻、博客、广告、评论和大量可搜索的讨论主题的链接。搜索关键词“sex”（性），可搜到一些讨论（例如，怀孕后的性行为、长期关系中的性行为等）以及一个标题相当有趣的帖子——《良好的性行为应该持续多长时间》（“how long should good sex take???”）。这篇帖子收到了一些坦率的答复并随后就原帖的内容提出了一些问题。通过第 3 章提供的使用这种方法的示例，可以很容易看出这些对话作为一系列研究项目的数据是多么有用。同样，访问和使用这些可以说是“公共领域”（不过如第 5 章所述，请注意与这一点相关的版权法等法律问题）的帖子的伦理规范是复杂而有争议的。虽然用户使用化名发帖，但是这不能保证他们帖子的内容不会被拼凑在一起，从而暴露他们的线下身份。许多用户会希望自己的身份保持私密。正如一位 Mumsnet 用户在该网站的“每日小贴士”（tips of the day）中所警告的那样：“不要醉
129 醺醺地告诉亲戚你的 MN 昵称。即使他们从不关注你，恐惧也会占据你的生活。”（2014 年 2 月访问）

聊天软件

虽然不管是通过访问存档还是跟踪一段时间内出现的帖子，讨论组和论坛对于跟踪异步会话都会特别有用，但聊天室软件选项（见上文）也都允许进行实时同步观察。这种方法的例子以及由此产生的伦理问题在第 3 章中进行了讨论。为了说明这一点，可以在这里下载 Colloquy 聊天软件

客户端：http://colloquy.info/downloads.html（2015 年 4 月访问）。打开客户端（一旦安装在本地计算机上），用户就可以连接到运行聊天室的聊天服务器。例如，连接到服务器 chat.freenode.net 的其中一个作者列出了 15 143 个索引房间（见图 6-2）。使用“过滤室”（filter rooms）框并输入“Colloquy”会产生两个可以联系起来的小组。searchIRC.com（2014 年 5 月访问）就是类似的资源，它声称拥有 16.5 万个不同聊天室的 170 万用户，允许通过浏览器接口进行连接（要求 Java 语言，可能需要进行安全设置以启用对组的访问）。

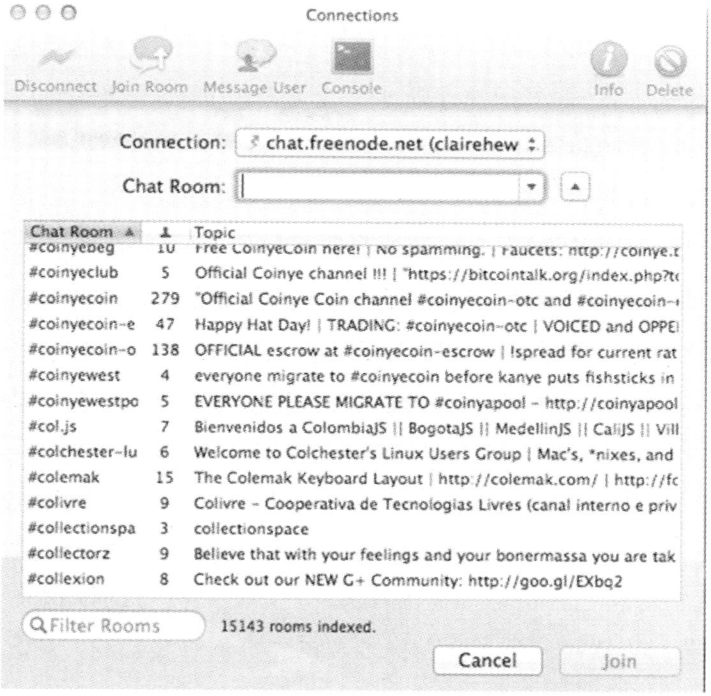

图 6-2　Colloquy 聊天客户端，其中显示了连接到聊天服务器 chat.freenode.net 时列出的房间

博客、社交网站和媒体网站 130

其他值得关注的领域包括博客、社交网站、媒体分享网站以及人们可以通过文本和/或其他媒介形式交流的任何互动空间。例如，YouTube

(youtube.com）主要关注于共享视频片段，而这些视频通常伴随着不同人的评论。第 3 章介绍了使用这些资源进行观察性网络调查研究的各种例子。我们已经描述了如何找到这些资源以及如何寻找相关内容（见上面的例子)。框图 6－1 给出了一些可用于观察研究的最有用的网站，同时解释了如何访问和搜索这些网站的信息和链接。

虚拟现实环境

虚拟现实环境还为观察性网络调查研究提供了潜在的平台——创造了在这些平台内进行实时多媒体观测的机会。尽管迄今为止这种方法还没有被广泛使用，但在第 3 章中已经提到了实例。上面提到了著名的虚拟现实环境“第二人生”。一旦用户注册了一个账户并创建了虚拟化身，用户就可以进入这个虚拟世界中的各种 3D 图形空间畅游，包括大学、咖啡馆和酒吧、公园、博物馆、舞厅（如前面提到的 Jadawin）等。虚拟化身可以直接移动到用户保存过的他们最喜欢的地方，或者为了更快地移动，可以在不同的板块和岛屿间“飞行”。虚拟化身还会在路上碰到其他人的虚拟化身，可以与他们聊天和交流。“第二人生”在 1997 年的报告中表示该平台已有 700 万用户（Hewson，2008)，后续 2013 年的报告显示每个月大约有 100 万用户登录（http://www.lindenlab.com/releases/infographic-10-years-of-second-life [2015 年 4 月访问])。这为观察这个虚拟世界中的交互提供了一系列可以想象的可能性（尽管目前有一些证据表明“第二人生”活跃用户的数量正在下降)。另一个流行的虚拟现实环境是“魔兽世界”(WoW）——一款大型多人在线角色扮演游戏。最近估计“魔兽世界”大约有 750 万用户（2014 年，见 http://www.statista.com/statistics/208146/number-of-subscribers-of-world-of-warcraft/ [2015 年 4 月访问])。访问这些以及类似的在线环境的网页可获得有关如何建立一个账户和如何进入虚拟空间内并进行交互的信息。框图 6－1 提供了一些相关的链接。正如在第 3 章中所讨论的，一些研究人员已经创建了定制的互动环境来支持观察性网络调查研究（如 Givaty et al.，1998)，而另一些研究人员则使用现有的虚拟现实环境空间（如 Williams，2007)。人为定制将不可避免地要求有更多的技术性技能和资源来实施，但具有能够创建量身定制的设计的优点，并且能够更紧密地控制与研究相关的预定变量（正如第 3 章所讨论的，有利于实验设计）。

观察性网络调查研究背景下出现的设计选择和问题与访谈方法中提出的那些设想重叠。因此，出现了是使用同步还是异步技术，是使用纯文本环境还是多媒体环境的选择。之前（以及第 3 章）提出的许多相同的考虑在做这些决定时同样适用。例如，异步方法可能会产生更多反射性的、详细的、丰富的通信，而同步方法可能更肤浅或考虑不足，但又同时受益于增强的主题一致性和流动性。决定是观察讨论“实况”（同步还是异步）还是访问已存储的讨论档案，应该考虑许多因素，包括入侵在线空间可能产生的影响（如对生态有效性、对现有社会的危害结构等）以及定位高度特定主题内容的需求（通过搜索档案更容易实现）。多媒体观测可能需要更多的资源、更高的技术专业水平，但也可能提供更丰富的数据，包括非语言信息，例如虚拟化身的物理位置和导航以及其他方面的身体语言，如面部表情（问题的相关环境支持这一点）。其他选择包括是否采用参与式或非参与式的方法以及是否向观察者披露研究意图。前面的章节提供了关于这些问题的例子和建议。例如，在存在对现有在线小组造成伤害的风险的情况下，没有披露的观察可能是更合理的。某些研究问题和方法将使参与式的观察方法更为合适，例如民族志研究（通常会混合调查、访谈、观察等方法）。 131

正如第 3 章提到的那样，利用涉及交互内容和痕迹的数据的观察方法，如基于文本的讨论组帖子，可以从在线行为的过程和结构中构建数据。事实上，方法可以结合分析流程和内容数据。在这种观察方法中，可以展开与社会和行为研究目标相关的复杂分析。例如，确定交互网络对于评估相互影响和确定隐性社区领袖（如 Healey，Vogel，& Eshghi，2007）的一些研究问题很重要。为了支持这种分析，可以从公开可见的论坛中“抓取”消息答复序列（包括线程内的）并将其作为图中的链接。图中的节点表示发布的个人，还有与发布内容分析得出的节点和链接相关的其他特性。同样，在情感分析方面，许多工作都是通过从流行的在线论坛中抓

取数据或者使用从“程序员”界面接入推特等资源的方式来将文本中表达
的总体观点与独立变量相关联的，例如股票和商品市场的行为（Ahmad，
132 Cheng，& Almas，2006）。通过大规模挖掘自动分析网页和与之链接的网
页的内容获得数据是谷歌或雅虎提供的搜索引擎的基本技术流程，愿意采
用这些方法的研究人员可以加以应用（见 Liu，2010）。值得注意的是，
在数据量变得非常大的情况下，以达到预期结果所需的时间和空间量来衡
量计算复杂性变得十分重要，并且出现了适合于“大数据”处理的特殊工
具（如“Hadoop”；White，2010）。对这些技术上更复杂的数据抓取方法
的详细考虑超出了本书的范围；感兴趣的读者可以参考上面提到的以及框
图 6－1 中所列出的相关资源。

表 6－3 提供了一套适用于网络观察方法的指南。

表 6－3　一些与网络观察研究相关的实践原则

● 请记住，不同的观测点/来源可能会限制或促进可用的设计选项（例如，使用存档日志无法保证参与性，使披露/知情同意信息往往不可信；观察实时聊天使得未公开的、非参与式的观察往往站不住脚）
● 请记住，在选择最合适的对话和交互时，同步（例如好玩的）和异步（例如反射性的）技术可能鼓励不同类型的对话和交互
● 仔细考虑未公开的方法是否合适并符合伦理标准，并牢记下列关键因素：**隐私预期；数据的敏感性；伤害风险水平；生态有效性；法律和版权法规；科学价值**
● 请记住，经常需要权衡并给出解决方案，特别是在伦理程序方面，例如披露信息可能尊重参与者的隐私权和自主权，但却威胁到生态有效性，并给小组带来可能的伤害风险（例如滋生不信任）
● 请记住一般原则，即在进行研究之前（例如使用在线论坛）咨询版主是一种好的做法，但在某些情况下（例如在查阅档案时）这是不切实际的
● 与上一条原则有关，请注意版主的意见或议程可能会阻碍一个潜在的有价值的研究项目；可以说，在某些情况下不进行接触可能是合理的

6.5 文献分析

第 2 章和第 3 章概述了现有的一些在线文献来源以及一些使用这些文

献来源获得数据的网络调查研究的例子。网页提供了明显的数据来源，例如报纸网站主页，提供了访问文章、多媒体功能、评论页面等的入口。个人主页、博客、科学文章和各种类型的文本和多媒体资料库（如第 2 章和第 3 章所述）都对网络调查研究有潜在价值。前面概述的技术可以直接用于支持网络调查研究中的文献分析方法以及第 2 章重点关注的次级信息收 133
集和文献检索活动。与观察研究一样，利用已经概述的各种方法，通过网络接口所提供的用户友好的、可访问的选项，检索我们所感兴趣的特定主题的实例往往是一个简单的问题。谷歌（google. co. uk；google. com）是一个特别容易访问的网站，允许更多受限制的搜索，例如返回特定类别内的结果，如图像、博客、地图等。在线报纸也经常被搜索；例如，英国《卫报》网站（guardian. co. uk）包括一个搜索引擎，用于查找特定主题的内容。框图 6－1 列出了访问和搜索可能在网络调查研究中使用的在线文档的最有用的接口的详细信息。

这些描述的各种资源在多大程度上有助于为初级研究提供数据，将取决于研究项目的特定目的和目标。有些来源将提供丰富、详细、详尽的数据，如新闻文章和评论，这可能适合作为定性研究的数据，例如使用话语分析技术。其他来源可能不那么丰富——推特（twitter. com，如第 3 章所述）是一个在线空间，用户注册后可以发布短文（如果他们愿意，还可以发布其他在线文档的链接）；这些推文的长度限制为 140 个字符，因此对于寻求丰富、详尽的故事作为数据的研究人员来说，不太可能有用。然而，每天都有大量的推文和“转发”，这使得它成为定量方法的一个有趣的数据来源，例如寻找特定主题及其相关信息在这个庞大的在线个人网络中传播的模式，以及对公众总体情绪的定量分析（如上所述）。推特提供了一个相当灵活的高级搜索机制［见 twitter. com/search-advanced，支持通过包含微笑表情（:-)）的单词、短语、位置、推文来表示一个积极的评论］和其他选项进行搜索。

在决定是否应将容易获取的在线文本用作研究数据时必须考虑伦理因素（见第 5 章）；在许多情况下，网上公布的文本理所应当地被视为是公共领域的，作者可能会被认为期望这些文本被广泛阅读、分享、讨论和引用。不过，如第 5 章所述，在决定是否告知预期用途和请求许可的时候，应认真考虑版权限制。不同的情况将导致不同的结论。考虑索取文件的可能性而不是访问现有来源（见第 3 章）有时可能是一个更好的选择；特别是，如果调查的重点是非常具体的主题或专题，而且数据可能具有敏感性或是关于弱势群体的情况，则可能会引起人们的兴趣。在这种情况下，获得知情人的同意和请参与者使用控制良好、安全的方法来获得文本可能是
134 最好的办法。设置安全功能，使得任何这样的博客都是私密的而且只有授权的指定个人才可以访问非常必要。可以用这种方式设置博客，例如使用 blogger. com。从网上随手可得的文本（如博客）中获取非常敏感的信息，特别是如果这些文本涉及弱势群体（如未成年人），很可能引起伦理方面的关注。当然，在这种情况下，应当注意保护参与者的身份（例如，不使用可能对参与者的匿名性和保密性构成威胁的不严谨的传播程序）。在某些情况下，如果因资源限制几乎不可避免地涉及更多的时间和费用，那么，文本请求可能是一个值得考虑的有用的替代办法。表 6 - 4 提供了一套实践原则，可用于网络调查研究中的文献分析方法。

表 6 - 4　一些与网络文献分析研究相关的实践原则

● 铭记在某些情况下，征求文本可能是适当的设计策略，但这需要进一步认真考虑与数据的安全传输和储存有关的问题（特别是在个人身份可以识别的情况下）
● 在使用看似已“公开”的文件时，应仔细考虑版权问题，以及与个人“可能的隐私预期和知情同意程序”相关的问题
● 由于网上文件来源的可查性和可追溯性，在使用这些来源用于出版和传播时（特别是在尚未获得授权或材料带有个人属性和敏感特征的情况下）需要特别注意适当保护身份

6.6 实验

如第 3 章所述，现在有许多软件包的目的是使网络实验更容易实现而无须了解编程语言和服务器配置。WEBEXP（http://groups. inf. ed. ac. uk/

webexp/intro. shtml；需要更高级的计算技能，包括运行网页服务器）和 WEXTOR（http://wextor. org/wextor/en；一个对用户相对友好的在线万维网实验生成器，它提供网页界面和服务器托管）就是两个这样的软件包。对于万维网实验的设计，勒普斯（Reips，2000）与勒普斯和克兰茨（Reips & Krantz，2010）提供了一些有用的指导准则（见第 3 章）。这些方案提供了一般原则，例如使用能够实现所需目标的最低技术解决方案（如 Hewson，2003；Reips & Krantz，2010）并从一开始就向参与者清楚地说明任何必要的硬件或软件要求（如 Hewson et al.，2003）。他们还从对网络实验所涉及的各种因素的实证研究中总结出了原则，例如，施瓦兹和勒普斯（Schwarz & Reips，2001）在一个万维网实验中考虑了使用 JavaScript 与 CGI 的影响。他们发现，使用 JavaScript 会出现较高的中断
率（可能是由于在使用这种脚本语言进行更复杂的设计时可能会出现技术 135
问题）。在另一项早期研究中，布坎南和勒普斯（Buchanan & Reips，2001）发现，有证据表明不同互联网技术的用户在人口统计学和个体变量上可能会有所不同（例如，Mac 用户的“开放性”得分高于 PC 用户）。更多关于详细的显示参数（如刺激大小、亮度、视频格式等）如何影响通过实验和其他网络调查研究方法获得的数据的最新讨论，请参见 Reips & Krantz，2010；Krantz & Williams，2010。

不可避免的是，与许多其他网络调查研究方法相比，实验设计将需要更为复杂的技术解决方案。只要求提供静态、以文本为基础的材料和记录简单的应对措施的研究将需要最简单的解决办法，而使用多媒体（图形、音频和视频）或需要精确的反应时测量的研究将需要更为复杂的办法。正如在第 3 章中所指出的，后一种可能性现在在网络调查研究中是可行的，而且已经有了成功的例子。不过，需要认真考虑与可靠性、可访问性等方面的威胁有关的额外复杂性，这些威胁伴随着更复杂的执行方案（精确的刺激时机、多用户交互等）而出现。在最简单的层面上，基于电子邮件的方法是可能的（见第 3 章），尽管现在有很好的理由选择基于万维网的方法，这些理由包括增强的数据安全性、可靠性和更广泛的功能。

勒普斯和克兰茨（Reips & Krantz，2010）不仅针对网络实验设计中的一些基本考虑提供了关于实践原则、注意事项和拟议的解决方案的概述，还提供了如何使用 WEXTOR 的分步指南。他们指出，该软件结合了许多实践原则，这些原则产生于网络实验相关文献中的正式研究和试点研究。因此，使用这个软件和其他类似的软件包可以帮助克服一些潜在的弊病，而这些陷阱是没有接触过网络调查研究环境的实验研究人员可能会遇到的。当然，使用这些软件包将需要一定程度的技术知识和计算机知识，还要充分了解实验设计原则，但是现有的软件包确实减轻了在网络实验执行过程中对高级编程和服务器管理技能的要求。WEXTOR 是一个对用户特别友好的选择，因为它提供服务器托管；这个软件包可以免费试用，之后需要购买订阅才能继续使用。

新软件的出现是不可预测的，因此，在决定使用任何特定的软件包之前，最好寻找新的工具，特别是开源工具。目前的研究需要将决定软件包
136 所需的具体特性。例如，只有对于某些问题而言，精确的反应时记录才是重要的；并且对于其中任何一个问题，都有必要检查软件规范，以便了解这方面的精确细节。一些系统支持记录“管理性的调查过程数据”（如反应时和反应模式），这一点非常有用，例如，可以帮助评估一项研究的哪些特征可能会导致参与者提前退出。在所有情况下，主要考虑的是研究人员如何能够访问数据（无论是可以导入电子表格并使用逗号分隔值［CSV］的文本，还是一些其他可访问的格式，或者仅通过系统提供的数据聚合和分析工具）。建议研究人员选择能让他们保留对数据的控制并提供监测数据积累进展情况的系统。

表 6－5 提供了一些在设计和实施网络实验时需要牢记的重要的实践原则。最需要记住的是，如何使用特定的技术解决方案可能会对研究结果产生影响，例如，如上所述，有一些证据表明，使用 JavaScript 而不是 CGI 会导致更高的中断率（Schwarz & Reips，2001）。这一特殊的发现在今天是否也适用将需要进一步的实证研究。在网络实验中，还应仔细考虑刺激呈现和反应方式的设计，因为人们发现，影响反应和所获得数据的性质和质量的因素似乎相对微不足道。例如，勒普斯（Reips，2010）指出，

使用下拉菜单选择答案可能会有问题（如上文所述）。勒普斯（Reips，2010）还建议使用单项屏幕设计策略，以减少项目之间的相互干扰，允许更详细的反应时和中断率测量，并减少来自“隐藏格式”的干扰。其他具体建议包括收集参考站点信息，以帮助查明自我选择偏差（Reips & Krantz，2010），并尽早提出人口统计学问题，以减少丢失现象，提高数据质量（Frick，Bächtiger，& Reips，2001）。这里的理由是要取缔任何可能导致参与者提前退出的特征（例如要求提供电子邮件地址，或以其他方式降低匿名级别），以便留在其中的参与者具有高度积极性（弗里克等人［Frick et al.，2001］提供证据表明，过早而不是延迟考虑人口统计学问题会降低中断率，以及减少丢失的数据，这反过来可能会提高数据质量）。

最重要的是，对任何基于万维网的实验进行广泛的预测试都是至关重要的（如 Reips & Krantz，2010）。除了这里提到的指南外，也可以关注互联网研究人员协会（www.aoir.org）的会议和普通在线研究会议（www.gor.de）。一个通用的原则是，网络调查研究中的实验设计方法继承了在没有互联网接入的情况下所进行的实验的逻辑，但是需要关注网络调查研究引入的潜在的混淆变量（正如本书中所讨论的），以及只使用网络调查研究实现测试效应的可能性。

表 6－5　一些与网络实验设计和实施相关的实践原则 137

- 特别注意所用程序的技术复杂性以及这些程序对研究的可靠性可能产生的影响（例如跨平台一致性）——在大多数情况下，使用最低技术解决方案的一般原则是合适的
- 与上述问题有关的是，考虑不同技术的使用如何与参与者（可访问性、回答偏差）以及响应参数和模式进行交互并对其产生影响（例如中断率）
- 在需要不太常用的软件/硬件配置来实现特定的研究设计的情况下，应事先告知参与者这些要求
- 请记住，看似不重要的呈现设计选择可能会对所获得的答复产生影响，并可能会利用涉及这些因素的现有实践原则，以及基于这些原则而设计的软件

框图 6－1　资源

通信技术及其档案

电子邮箱客户端：微软的 Outlook；苹果的电子邮箱

基于万维网的电子邮箱：Hotmail（hotmail. com）；Gmail（mail. google. com）

LISTSERV 邮件列表软件：www. lsoft. com/products/listserv. asp

LISTSERV 用户手册：http://www. lsoft. com/manuals/1. 8d/user/user. html

LISTSERV 检索工具：CataList（http://www. lsoft. com/catalist. html）

PhpList 邮件列表管理器：http://www. phplist. com/

新闻阅读器推荐列表：http://www. newsreaders. info/recommended-newsreaders. htm

新闻组管理/搜索接口：谷歌群组（www. groups. google. com）；雅虎群组（http://uk. groups. yahoo. com/）

网络论坛：Yuku（www. yuku. com）

聊天软件：mIRC（www. mirc. com）；Google Talk（www. google. talk. com）

多媒体/移动聊天：Skype（skype. com）；ICQ（icq. com）；Whatsapp（whatsapp. com）

社交网站/媒体共享/博客

社交网站：脸书（facebook. com）；聚友网（myspace. com/）；谷歌＋（plus. google. com）

138 媒体共享：YouTube（youtube. com）；flickr（flickr. com）

博客/微博：推特（twitter. com）；Blogger（blogger. com）；BlogsByWomen（http://www. blogsbywomen. org/）；谷歌博客搜索（http://www. google. co. uk/blogsearch）

虚拟现实环境和虚拟学习环境

虚拟现实环境：第二人生（secondlife. com；http：//second life. com/whatis/）；魔兽世界（https://eu. battle. net/account/creation/wow/signup/）

虚拟学习环境：Blackboard（www. blackboard. com）；Moodle（moodle. org）

会议软件：Blackboard Collaborate（http://www. blackboard. com/platforms/collaborate/overview. aspx）；Php Free Chat（www. phpfreechat. net）；Adobe Connect（www. adobe. com/uk/products/adobeconnect. html）

数据挖掘工具和资源

谷歌分析（www. google. co. uk/analytics）

LogAnalyzer（www. sclog. eu）：用于分析服务器日志文件的工具，例如网页生成的日志文件

Web-Harvest（www. web-harvest. sourceforge. net）：开源网页数据提取工具

iScience Maps（http://maps. iscience. deusto. es）：用于搜索推特内容的工具

Webometric Analyst（仅支持 Windows；http：//lexiurl. wlv. ac. uk/index. html）：免费的工具，旨在帮助生成基于推特和 YouTube 等来源的网络图

网络实验软件/资源

WEBEXP（www. webexp. info）

WEXTOR（http://wextor. org/wextor/en）

在线文献来源

网页搜索工具：谷歌（google. co. uk；google. com）；Internet Archive（https://archive. org/）

在线报纸：可搜索目录（www. onlinenewspapers. com）；《卫报》（guardian. co. uk）

电视和新闻：BBC 新闻（www. bbc. co. uk/news）；*Ouch!*（残疾人杂志；http://www. bbc. co. uk/news/blogs/ouch/）；Channel 4（www. channel4. com/news）

139

6.7 如何设计和实施一个基于万维网的调查

本节内容主要为基于万维网的调查的实施和设计。我们在这本书的第一版中讨论的许多技术（提供了编写代码和服务器脚本的详细示例），现在可以通过使用一系列可用的在线调查软件包中的一个来实现。电子邮件调查在这里没有被深入考虑，基于万维网的调查在很大程度上取代了它们，成为最有效、可靠、稳健的网络调查研究方式。然而，一些研究人员发现通过电子邮件管理调查是有用的，正如在第3章中看到的那样，这种相对简单的方法在某些情况下可能是合适的选择。这里，我们首先回顾基于万维网的调查的设计指南，然后考虑一些软件解决方案。

基于万维网的调查的设计指南

一些作者已经提供了一套与万维网调查相关的设计原则（如 Andrews, Nonnecke, & Preece, 2003; Dillman & Bowker, 2001; Dillman, Smyth, & Christian, 2009; Fox, Murray, & Warm, 2003; Kaye & Johnson, 1999; Pealer & Weiler, 2003)。鉴于这一方法相对较新，所测试的做法和程序各不相同，所提出的建议有时相互矛盾也许不足为奇。例如，使用浏览器缓存（网页服务器借由网页浏览器存储在本地计算机上的信息片段）是一种允许检测多个任务的技术，这对于在研究中尽可能减少有效性风险非常重要。然而，在考虑到隐私问题时，这种做法被认为是有问题的，一些作者基于伦理立场建议不应该使用这种做法（Cho & LaRose, 1999; Andrews et al., 2003)。如这个例子所示，在考虑基于万维网的调查的最佳实践设计原则时，可能会出现某些冲突和权衡；正如我们在本书中强调的，在任何特定的情况下，最适当的选择和解决方案将取决于特定的研究目标和当前的环境。因此，如果为了研究的有效性必须检测并删除多个任务，那么，使用浏览器缓存可能是合理的。[①] 如果这一点不那么重要，伦理可能会被优先考虑，而出于隐私考虑的话，则不建议使用浏览器 140 缓存。在网络调查研究的实践中，一套严格、不灵活的规则不太可能出台。需要根据具体情况做出决定，同时考虑各种有时相互竞争的因素。

下面我们将概述一些需要考虑的关键因素，并提出一些一般的指导原则以思考在设计网络调查研究时需要做出的决定。我们考虑**抽样策略**、**回答率和中断率**、**最大化数据有效性**、**最大化数据可靠性**以及**伦理问题**。

线下调查的许多既定设计原则也适用于在线情况，如保证问题清晰和简单、避免重复问题和陈述等。然而，由于在线模式的独特性，它也会与传统模式有所不同。不应假定所有线下建立的原则都必然适用于一个网络调查研究的情境；需要考虑的新因素也将出现。我们会在应用中强调这些区别。关于调查设计中通用的实践指南，参见 Dillman，2007；Groves，Fowler，Couper，Lepkowski，Singer，& Tourangeau，2013；Kalton & Shuman，1982；Kanuk & Berenson，1975；Sudman，1980。在这里，我们重点关注在线交付环境中的相关问题和选择。

抽样策略

对于任何包括基于万维网的调查在内的网络调查研究而言，所采用的抽样方法都必须如第 4 章所详细讨论的，考虑到研究的背景和目标。特别重要的是，如果研究结论指出需要一个具有广泛的普适性的概率样本（例如，在许多国家总体层面的社会和政治研究中），则所需的抽样程序和资源几乎不可避免地将更加耗费时间和费用。不应排除在基于万维网的调查中获取概率样本的可能性——在研究预算允许的情况下，可以使用大规模的概率面板（见第 4 章）。或者，也可以采用线下的抽样方法，但在线上对参与者进行调查（不过请注意，采用这种方法，可能会存在与计算机接

---

① 对于浏览器缓存的使用也有法律要求；例如，欧盟的法律（2011 年 5 月开始实施）要求浏览器缓存使用必须获得有效的同意，但豁免情况除外。使用浏览器缓存来跟踪参与者似乎就是这样的一个例外。目前，欧盟的数据保护法还处于一种不断变化的状态，一方面提供隐私保护，另一方面允许个人数据广泛流动。

入和技能有关的偏差）。如第 4 章所述，一些研究人员已经成功地将概率抽样方法应用于基于万维网的调查研究。通过在网上发布广告招募真正的志愿样本是一个方便得多的选择。正如所讨论的，这些方法已经证明在许多情况下都能够生成有价值的数据，并且在仔细选择广告站点的情况下，能够获得很大的样本规模。然而，有许多令人信服的理由说明，相比在网上的公共站点张贴一般广告，在线调查的抽样方法，包括通过个人的电子邮件信箱（或者通过已知成员的新闻组）直接向个人发出请求的方法更加可取。首先，它可以让研究人员对所获得的样本的性质有更多的控制，而且——对许多研究来说很重要——它可以更准确地说明抽样框（特别是在使用基于电子邮件的抽样方法时）。当对所获样本的性质的控制变得不那
141 么重要时，例如在试点研究或探索性工作中，发布一般广告可能是一个节省时间和成本的有效选择。关于基于万维网的调查的一些抽样原则，请参阅表 6－6 以及第 4 章中更详细的讨论。

回答率和中断率

对邮寄调查的回答。调查研究人员普遍希望可以得到最大化的回答率，这样既能加强统计力，又能将未回答率所带来的影响减至最低（如 Tuten，2010）。在 20 世纪 50 年代到 70 年代，出现了大量探讨可能对邮寄调查的答复造成影响的因素的研究，详细的研究结果请参见 Kanuk & Berenson，1975；Sheehan & McMillan，1999（后者还包括了邮寄调查的方法）。目前已发现的能够提高邮寄调查回答率的因素包括初步通知（同时也被证实可以提高回答速度，如 Murphy，Daley，& Dalenberg，1991；Taylor & Lynn，1998），跟进及提醒，明确表示与官方组织（如大学）有联系，包含回邮信封，邮资特快专递，以及预付款激励（例如，参见 Fox，Crask，& Kim，1988；Goyder，1982；Kanuk & Berenson，1975）。研究发现，与大学有关系的调查的回答率高于与公司有关系的调查（Fox et al.，1988；Goyder，1982），同时，议题的凸显性（研究主题越吸引人、越有趣、越切题）也可以提高回答率（Heberlein & Baumgartner，1978；Martin，1994）。在相关研究中，研究人员也发现了对于邮寄调查

回答率影响较小的因素（Kanuk & Berenson，1975），包括：问卷的个性化、匿名的承诺，以及问卷的颜色、大小和问题的重复性。此外，问卷长度会影响受访者完成问卷的意愿，但卡努克和贝伦松（Kanuk & Berenson，1975）得出的总体结论是，几乎没有证据能够证明这个因素会对邮寄调查的回答率造成影响。然而，其他的研究人员则列举出了相关证据证明，更简短的问卷可以提高回答率（Yammarino，Skinner，& Childers，1991）。卡努克和贝伦松（Kanuk & Berenson，1975）也同样指出，在邮寄调查中，与回答偏差相关的唯一可靠的发现是，回答的人往往比不回答的人受教育程度更高[①]（研究中考虑到了人口统计学、社会经济和人格变量这些因素）。

对基于万维网的调查的回答。那么，与基于万维网的调查相比，邮寄调查的回答率又如何呢？首先，一些证据表明问卷的长度会影响到调查的回答率（如 Smith，1997）。然而，史密斯（Smith，1997）也注意到，相比于电子邮件，在基于万维网的调查方法中，问卷长度可以通过问卷设计得到补偿（例如，要注意布局，从而避免使用大量上下滚动的页面或浏览 142
许多页面）。来自网络实验的证据也表明，问卷的长度会对回答率造成影响。例如，克兰茨和他的同事们（Krantz et al.，1997）报告，在参与了他们的网络研究的受访者中，其中一种情况下，有 17%的受访者完成了问卷，另一种情况下，却有 29%的受访者完成了问卷（他们的分析表明，试验数量也可能是观察到的完成率不同的一个原因）。可以直观地认为，由于参与者需要额外的时间投入，更长时间的调查通常会导致回答率降低并可能导致更高的中断率。在网络调查研究环境中，一些特性可能会使这样的结果变得更有可能——第一，使用互联网时常常会受到各种潜在因素的干扰，比如邮件阅读、即时消息弹出、脸书通知提醒、网页浏览等。事实上，参与者很可能是在从事另一项在线任务时遇到了参与邀请。这使得参与万维网调查的受访者更有可能在调查完成前退出（相较于那些线下调

① 注意，（较高的）受教育程度一直是引起人们对互联网访问样本可能有偏向性的关切的一个因素，因此，有趣的是，有证据表明这是影响存在已久的邮寄调查方法的一个偏置因素。

查的例子而言），而随着调查的延长，这种干扰的效果也会随之增强，因为接下来会出现更多的潜在性干扰。第二，不同于传统的纸笔调查，在基于万维网的调查中，参与者从一开始就不能浏览整个调查的内容，无法估算整个调查大概需要多长的时间，也无法知道调查可能会多有趣。这可能会导致更高的中断率，因为参与者从一开始就不清楚调查的性质以及完成整个调查可能需要的时间。出于这个原因，在参与者知情同意页面上清楚地展示整个调查的长度以及问题所涉及的主题及其性质是十分重要的。第三，在电脑屏幕上阅读文字比翻阅印刷纸页要费力得多，因此，参与者感知到的负担和关注范围的阈值常常会被降低（Reips，2010）。对于参与者来说，那些非常冗长的基于万维网的调查是十分难以管理的，也因此会造成更高的中断率。

总而言之，这就是为什么在使用基于万维网的调查方法时，调查长度这一因素需要被重点考虑。有人建议，在基于万维网的调查中，使用 25～30 个“中等复杂程度”的题目是一个很好的尝试（Reips，2010）；也有人建议，一份调查问卷的完成时间不要超过 10 分钟（Tuten，2010）。当然，在确定一个调查的合适长度时，其他因素也会发挥一定的作用，比如议题对目标人群的凸显性（此时更高质量、更长的调查可能是合适的）。尽管如此，在大多数情况下，长时间的调查似乎是不明智的。举一个例子，我们在一个在线研究信息交换平台碰到一个链接，里面告知了潜在受访者调查一共涉及六份问卷，大概需要两个小时才能完成！我们很想知道这些研究人员最后究竟收到了多少份完整的调查回复。

比较线上调查与线下调查。一些研究将网络调查研究方法与邮寄调查法相比较。希恩和麦克米伦（Sheehan & McMillan，1999）回顾了一些早期发现，并指出电子邮件调查的回答率差距很大，从 6%（Tse et al.，
143 1995）到 75%（Kiesler & Sproull，1986）不等。虽然有很多因素可以结合起来以确定万维网调查的回答率（正如在这里以及第 4 章中讨论的那样），但迄今为止的证据都表明，线上调查的回答率要低于邮寄调查的回答率（Tuten，2010）。这些研究还考虑了不同的网络调查研究方法是否会导致回答率的差异。在一项早期的研究中，史密斯（Smith，1997）比较

了电子邮件调查（无论是否事先通过电子邮件通知）和网页调查（通过向一系列利益相关新闻组发布请求来进行宣传）。使用电子邮件进行事先通知的调查回答率达到了 13.3%，而直接发送电子邮件进行调查的回答率只有 8%，其中还有一个受访者投诉研究人员发送垃圾邮件。这项基于万维网的调查收到了 99 份回复，虽然我们无法通过这个结果看到究竟有多少人收到了这个调查请求，但史密斯（Smith，1997）估计大约有 8 000 个用户看到了调查请求，回答率大约只有 1.25%。这些研究结果表明，如果要使用电子邮件调查的方法，事先进行邮件通知是一个好主意。对于那些基于万维网的调查方法，我们建议向被调查者发送一个带有万维网调查网址链接的参与邀请。天普和布朗（Temple & Brown，2011）同样对不同的在线抽样方法进行了比较（正如第 4 章中所说的那样），发现不同的方法会导致被调查者不同的回答结果（比如转换率）。

考虑到所采用的方法和策略的范围，对网络调查研究中回答率的研究有各种各样的发现（见第 4 章）也就不足为奇了。同时，进一步比较不同方法的研究也为我们提供了更多的信息。总的来说，迄今为止的证据似乎都表明，通过电子邮件发布的参与请求比通过万维网发布的参与请求能够获得更高的回答率。然而，由于用户可能会接触到在高曝光位置策略性放置的广告，即使回答率非常低，也可以获得非常庞大的样本量（如第 4 章所述）。如前所述，网络广告抽样方法的主要问题是未回答偏差以及缺乏已知的抽样框（所有抽样单位的列表）。与简单地将调查项目放置于高流量的在线位置并等待人们发现它相比，向新闻组发布调查请求对于某些项目来说可能是一个更加方便的选择，并且也可以提供更准确的抽样框和回答率估算。控制对调查的访问对于最大限度地了解谁有机会参加调查以及估计回答率非常重要。由于通过新闻组发布的调查请求会很快从发布列表中删除，并最终过期，我们强烈建议重复发布调查请求以提高调查的回答率。史密斯（Smith，1997）注意到，在每次通过新闻组重新发帖之后，回应率都会立即达到峰值，这证明重复发帖这一举动是有效的。但是要注意的是，不要通过持续的发帖来轰炸新闻组，并避免“垃圾邮件”（向大量没有联系的新闻组发帖）。库姆伯（Coomber，1997a）建议最适当的是每周对新闻组重新发布一次。在线面板提供了网络调查研究中潜在的最高回答率，最高可达90%（Tuten，2010）。当然，面板成员已经注册成为志愿者，他们接受参与研究的请求通常是为了获得金钱（或其他）奖励，因
144 此都非常积极地参与其中。尽管一些作者建议用奖励措施来激励人们参与调查（如 Michalek & Szabo，1998），但有些人反对这一做法，认为这样可能会导致人们多次提交回答（为了获得更多的奖励）。

从以上讨论可以清楚地看出，网络调查研究中的抽样和招募方式会影响到调查的回答率，就像线下研究一样。另外，展示调查问卷的方式、使用的技术等设计特点可能会影响回答率和中断率。上面讨论了一些有关调查的执行因素在实验设计中的作用，其中许多相同的因素和原则也适用于基于万维网的调查设计。因此，尽早地提出人口统计学问题以降低中断率（所谓的“高栏”技术；Reips，2010）是有价值的。尽可能使用较低技术和更广泛使用软件解决方案（例如，不依赖于非标准化的软件）也是一个很好地帮助最大限度地提高回答率和完成率的总体策略。对如何使用基于万维网的调查设计功能来降低未回答偏差的研究的进一步讨论，请参见 Vicente & Reips，2010。

最大化数据有效性（效度）

如上所述，最大限度地提高回答率并降低中断率，可以通过减少未回答偏差的影响来帮助最大限度地提高数据的有效性来实现。数据有效性也可能受到调查表述方式的选择的影响，因为不同的表述方式有可能导致受访者以不同的方式回答问题。这与**测量误差**的问题有关。基于万维网的调查与纸笔问卷相比，可能有更多的答案选项格式。例如，多选题的答案可以利用单选按钮或下拉菜单来呈现。选择哪种格式并不总是显而易见的。有些学者建议，使用下拉菜单是一个方便的节省空间的策略（如 Kaye & Johnson，1999），一些学者则建议谨慎使用它们（如 Dillman & Bowker，2001）。如前所述，需要注意的是，包含一个已经可见的实际有效答案选项，将会导致这个答案被所有跳过这个问题的回答者记录下来。因此，有必要使用“请选择一个答案”作为明确的要求（Reips，2010）。出于伦理

原则，通常应默认启用跳过问题选项（不应强迫被调查者做出回应）。如果一个软件不允许设置跳过问题，加入“不愿意回答”（或“与您无关”）这些答案选项是很好的解决方法。其他呈现设计的选项包括是否需要设计可以滚动的较长页面（例如，有多个题目），或者是否避免滚动，例如使用每页一个问题的设计。正如前面在讨论实验方法时所指出的那样，如果需要对回答行为进行测量（例如，每个问卷题目花费的时间），以及需要尽量减少题目之间的上下文影响（Reips，2010），使用多个短页面是有用的。与此同时，当题目之间的上下文联系比较重要时，在一个屏幕上滚动 145
多个问题的设计更合适（Tuten，2010）。勒普斯（Reips，2010）认为，在基于万维网的调查中，“线性静态格式”往往是最实用的，应该避免使用需要用户来决定的更高层次的导航方法（这将导致更高的认知负担），比如跟踪超链接、滚动页面等。

还应该仔细选择字体属性（大小、颜色、类型等）、屏幕背景属性、页面对象的位置（例如左对齐、右对齐或居中）等。有许多有用的指南讨论了这些选择，并且提供了一些格式化网页设计的最佳使用原则，可以参见 Couper，2008；Couper，Tourangeau，Conrad，& Crawford，2004；Reips，2010；Tuten，2010。也可参考定期更新的 WebSM（www.websm.org）在线资源。即使是非常小的变化，例如用于覆盖回答的等级选项的色调，也会影响对万维网调查的回答（如 Tourangeau，Couper，& Conrad，2007）。由许多软件包提供的更高级的功能（如应答管道、跳答逻辑等）也可能是有用的，并且可能有助于最大限度地提高调查的可用性和有效性。但是可能会出现需要权衡的问题，应该仔细考虑。例如，这种方法会增加出现可靠性问题的可能性。另一个选择是是否允许重新进入调查，是否允许分阶段完成，这可能会影响数据的有效性。具体的研究环境将决定采用这样的策略是不是一个好主意。建议读者在查阅上述资源和指南时考虑自己的研究设计和目标。一般来说，传统的纸笔方式中布局简单、清晰的原则依然适用，但研究人员应该留意，在基于万维网的调查环境中也可能出现新的选项、选择和最佳设计实践。

在基于万维网的调查中，进度指示条是很有用的。通常，其表现为一个水平栏，以百分比形式在每个调查页面的顶部显示已经完成了多少题目。这个特征对回答率、中断率、数据质量等因素的影响还需要进一步研究，但是有证据表明，各种因素会相互作用来决定这些影响的性质。例如，我们已经发现，在预先提供准确估计的完成调查所需的时间的情况下，显示进度条可以降低中断率；然而，调查的长度也被视为一个可以缓和这种情况的因素（Yan，Conrad，Tourangeau，& Couper，2011）。以上讨论了冗长的调查对中断率的可能影响。也许更令人担忧的是，被调查者可能会因为长时间的调查而感到烦躁，并且开始随机选择答案，草草了事，从而导致数据无效。上面提供的建议（首先要明确所需的时间，避免让参与者参与过度冗长的调查）应有助于将这种风险降至最低。此外，确保调查看起来专业、计划周密、具有明确的研究价值也将有助于避免不真实的反馈。

146 最后，要重新考虑是否要收集参与者的个人统计信息和其他可能的识别信息（例如，IP 地址）的问题，这与数据有效性问题有关。如上面讨论浏览器缓存时所述，这些信息可能有助于检测出多次回答的情况，也可以帮助发现研究中的无回答现象。但是，出于伦理方面的考虑，收集这些个人数据应该在调查研究设计中得到充分的说明（并且已经获得研究伦理委员会的批准），清楚地表明它对于数据有效性的重要性。

最大化数据可靠性（信度）

应该重申的重要原则是，应采取仔细的步骤和彻底的试调查以测试可靠性问题，例如不同浏览器之间的兼容性以及对可靠性造成威胁的各种技术（其中一些将在下一章进一步讨论）。现代专用软件解决方案消除了研究人员处理可靠性的一些负担，在此之前，研究人员依靠创建自己的独特定制模式实施调查。目前可用的、专用的、经过良好测试的、严格而可靠的在线调查系统大大降低了一些研究人员遇到早期问题（如服务器崩溃、软件崩溃、表示不一致等）的可能性。这些商业化的系统经过广泛的测试和开发，以确保它们适合使用。因为越来越高的连接速度越发广泛地被应用在互联网用户中，与低带宽和互联网流量较小相关的问题也不再像过去那样严重。尽管有了这些发展和质量控制检查，可靠性问题仍然可能发生。例如，根据我们最近的经验，一些重要的功能在某些浏览器中没有按预期起作用（“退出调查”按钮就是这样一个例子）。因此，进行全面的试点研究是必要的。技术的持续发展无疑有助于进一步解决这些问题。

尽可能保持执行只需较低含量的技术是一个值得再次强调的原则（关于这一点，另见第 7 章和 Reips & Krantz，2010）。在研究设计需要更复杂的实施和技术的情况下，向被调查者指定任何特定的更高级的系统或软件，或者在可行的情况下对被调查者需要的任何必要技术进行自动检查，可能是有用的。进行这种检查的可能性取决于研究人员在开发或部署网络调查研究工具方面的参与程度。

网络调查研究中的可靠性问题与控制水平有关，与传统方法相比，网络调查研究中的控制水平通常较低。当然，低可靠性会对数据有效性构成威胁。使用多媒体（例如音频和视频）的程序特别容易遭遇可靠性问题（如第 3 章所讨论的）。互联网连接变化的关键方式之一涉及媒体容量（Reips & Krantz，2010）。因此，光纤连接将比宽带连接能更好地处理视频流，而且拨号连接被证明尤其糟糕，或许无法使用。因此，使用多媒体 147
进行调查需要特别仔细地考虑并进行可靠的跨平台测试。此外，参与者的行为可能会以意想不到和不希望的方式发生变化。可以采取各种措施来尽量减少这种不可靠性来源对数据有效性构成的威胁。提出非常清晰、明确的说明是一个重要的要求。另一个方法是尽可能采用技术性的解决方案（例如，在记忆实验中禁止重新访问先前的调查页面），采取措施避免不必要的操作。指定可以输入文本框中的文本的最大数量或许是一个很好的方式，例如，可以防止被调查者将整篇小说粘贴到文本框中（尽管不太可能）致使服务器崩溃（Reips，2010）。

伦理问题

在基于万维网的调查研究中，与伦理相关的控制问题也会出现。第 5 章已经讨论了一些已出现的主要伦理问题。特别是与网络调查设计相关的伦理问题正面临着以下挑战：

- 设计稳定可靠的知情同意以及汇报程序。
- 参与者的数据要以一种安全的、不能被识别个人身份的方式存储。
- 建立有效可靠的退出程序。

因此，正如第 5 章所述的例子，在网络调查研究中，确保参与者消化和理解同意信息可能会更加困难。这里推荐一些具有可行性的解决方案，包括：保持所提供的信息简明易懂，并且使用复选框以便参与者能表明他们理解了每个关键的同意点。改变“是”或“不是”的答案模式是有必要的，因为这个做法可以帮助检测出参与者是否正确阅读复选框内的文本。但是如果参与者选择通过关闭浏览器提前退出研究，那么呈现可靠的反馈信息仍然是个问题。而在每个页面上设置一个清晰可见的“退出调查”按钮，将可以鼓励参与者通过按退出按钮来退出调查，然后还可以将这个退出操作链接到事后汇报页面。然而，一些软件包比起其他方式能使以上操作更容易实现，而且这些软件包在许多情况下都会做得更好。另一个可能的策略是要求参与者提供一个电子邮件地址（最好放在问卷靠前部分），以后可以向其发送汇报信息。当然，这种方法并不是万无一失的，还会涉及关于确保参与者匿名性的权衡。保证匿名（作为一种保密手段）和允许可识别性和可追溯性（如同意汇报退出的原因）之间的紧张关系，需要通过在一种特定的研究背景下仔细平衡不同解决方案的利弊来解决。

数据安全和对参与者个人身份的保护当然都十分重要（见第 5 章的完
148 整讨论）。在基于万维网的调查中，现成软件包通常在它们的服务器上强调那些出于保障数据存储安全与保密性的措施，以防未经授权的访问（例如来自黑客的攻击）和个人可识别数据的泄露。数据安全问题将在第 7 章中再次讨论。法律问题也需要考虑，特别是数据保护法律因国家而异。例如，在英国，1998 年的《数据保护法》对个人数据的处理做出了规定，但是当英国机构的研究人员使用在欧盟以外的服务器上存储数据的服务时，可能会出现问题（存储在欧盟内服务器的数据受英国《数据保护法》管辖）。“安全港协议”是一项保证在美国注册的公司遵守英国《数据保护法》的协议，并可能为英国研究人员提供一些保证（研究人员可以通过查看在线调查软件包的信息页来查看他们是否已经注册，如 SurveyMonkey

和 Qualtrics)。当然，研究人员可以实施额外的保障措施，比如，如前所述，从个人调查的回答中删除所有个人信息，或者一开始就不收集这些信息。调查软件包通常默认存储一些信息，例如受访者的 IP 地址、时间和日期戳。在数据尤为敏感的情况下，将这些可能被识别的（尽管可能只是低风险的）要素去掉，使得调查回答完全匿名是比较适当的。研究人员可以将任何个人信息存储在一个单独的文件中，并将其安全保存，这些信息对于在后续阶段将回答与个人联系起来非常重要（例如，能够处理退出请求）。

在基于万维网的调查中，受访者对于匿名和保密程度的看法也值得考虑。在处理非常敏感的话题，如非法行为时，这一点尤为重要。受访者的相关认识可能会影响回答率和回答的有效性（Stanton，1998）。库姆伯（Coomber，1997a）注意到在关于非法药物交易的万维网调查中，潜在参与者十分关心他们回答的保密性。与使用个人电子邮件账户或公共在线论坛来收集数据等其他方式相比，在认真设计的情况下，基于万维网的调查可以提供高度的匿名性。在网络调查中，个人身份更容易确定、保存和追踪（通过用户名、邮件服务器账户等)。在这种情况下，建议在同意页面提供有关个人身份保护和数据保密措施的明确信息。即使在高度匿名的万维网调查中，受访者仍可能担心保密问题（例如，担心 IP 地址可能被追踪)，这时可以鼓励他们在匿名的电脑上完成调查，例如在图书馆或网吧，或者把问卷打印出来并发布（Coomber，1997a)。参与者也许并不总是对他们的个人身份持高度保护的态度。凯耶和约翰逊（Kaye & Johnson，1999）的报告显示，在一项对网上政治信息的态度调查中，306 名受访者中有 276 人留下了详细的电子邮件地址。通过要求设置密码来控制对万维网调查的访问可能会加剧匿名性问题（如 Stanton，1998)，但是，如前所述，为了在重要情况下控制样本或为了在随后的退出请求中能够跟踪参与者，控制访问也可能是一个有效的策略。然而很明显，矛盾和权衡将会 149
经常出现。凯耶和约翰逊（Kaye & Johnson，1999）认为，在基于万维网的调查中，应该避免无限制访问，并认为密码提供了一个有效的方法来限制对选定的可测量的样本的访问。然而，值得牢记的是，最新研究表明，可以通过更开放的抽样方法获得有用的数据，比如开放的网络广告（如第 3 章和第 4 章所讨论到的）。依据不同的研究目标和背景，“开放”和“受控”的访问方法都可能有价值。

在表 6－6 中，我们通过呈现万维网调查的一些关键设计原则来总结前面的讨论，这些原则均是基于数据有效性、可靠性和良好的伦理实践，并且是由核心标准驱动的。

表 6－6　基于万维网的调查的设计原则

抽样

- 请注意，与许多其他网络调查研究方法相比，要求概率样本具有广泛普适性的研究，需要一些特别耗时和/或成本高昂的网络调查研究程序
- 发布到基于订阅的新闻组是一个有用的选项，这允许在一定程度上控制让谁看到请求（与开放的、基于万维网的方法相比），并且可以指定抽样框
- 仔细考虑对抽样框的了解和对参与者的控制对于研究是否重要，如果很重要，那么使用直接接触方法，而不是使用在开放的公共网络空间中发布广告的方法

回答率与中断率

- 注意，确保参与邀请函拥有一个能明确说明研究人员的隶属关系，并能强调研究的价值的专业形式
- 在参与请求结尾附上调查的网址链接通常是一个好的做法
- 仔细考虑可用的不同抽样方案将如何影响回答率和样本量（例如，有证据表明，通过电子邮件发送的请求带来的回答率要高于在网页上投放广告的回答率，但由于曝光率高，后者可能产生非常大的样本量）
- 发送参与提醒（包括重新发布新闻组请求）是一种很好的做法，有助于提高回答率，但应注意避免成为过度热心的“垃圾邮件”
- 请注意，基于在线面板的抽样可以提供最高的回答率，但要仔细考虑该方法可能带来的自选偏差的影响
- 请始终注意，在执行技术上做出的选择可能会影响回答率和中断率；作为一般指导原则，使用成本最低的技术和最普遍适用的解决方案是最好的方法
- 调查要保持适当的长度（这可能会因具体的研究背景和目标样本而有所不同），以最大限度地提高回答率和降低中断率
- 提供明确的预计完成时间信息，将有利于最大限度地降低中断率

150 **最大化数据有效性**

- 请注意，过于冗长的流程可能会导致参与者提交考虑不周、仓促（甚至完全随机、无效）的回答
- 请注意，不同的呈现格式和设计选择可能会影响数据的有效性（例如，测量错误）
- 使用能够最大限度发现同一人多次提交的程序，对于研究设计和数据有效性十分重要

最大化数据可靠性

- 仔细地在不同的平台（特别是不同的浏览器）上进行基于万维网的调查试验，对于识别任何可靠性问题和进行适当的修改都是至关重要的

伦理问题

- 使用有助于最大限度地提高参与者参与调查和汇报信息意向的程序和技巧（例如，使用复选框问题）
- 注意设计有效的退出程序，例如在每页上放置一个“退出”按钮，以避免参与者通过关闭浏览器退出调查
- 作为一项基本原则，只收集对研究至关重要的个人身份信息（例如电子邮件地址、人口统计学信息）
- 允许参与者跳过个别项目不回答，除非有不得不回答的理由
- 仔细地检查调查的回答数据的存储方式，并考虑该存储方式对数据安全性和保密性以及法律（数据保护）问题的影响

在线调查软件包

对于许多研究人员来说，能够成功地做到以上概述的各种设计选择和实践原则，将涉及找到合适的软件解决方案。健全、可靠、灵活的系统是必需的，它可以适应和支持新出现的原则和指南。有些原则可能比其他原则更难找到技术性的解决方案。比如我们目前已经注意到一个挑战，即可靠地向那些关闭浏览器并提前退出的参与者汇报情况。另一个挑战是跟踪参与者，以避免或者检测出多次提交，因为个人和访问调查的设备（即计算机和浏览器）之间缺乏直接一对一的映射。因此，依赖浏览器缓存跟踪浏览器的解决方案并不是万无一失的（有人可以使用不同的浏览器重新输入，或者删除浏览器缓存并重新启动）。

现在已有大量的在线调查软件包。在这里，我们考虑如何找出各种各样的选择，以及研究人员如何在它们之间进行选择。低端软件包提供功能有限的免费方案，而高端做法则是将完整的系统安装在客户自己的服务器上，提供一系列复杂的功能，包括与其他工具和资源（如数据库）的集成。不出所料，后者的成本往往更高，尽管对于更有经验、更懂计算机的用户来说，开源选项也确实存在（如 LimeSurvey）。许多更先进的软件包 151
还提供免费的基本版或试用版，然后根据所需的功能和特性的级别（如

SurveyMonkey）提供多层定价系统。在一开始浏览可用选项的一个好处是，可以通过资源列表获得所提供的每个软件包的信息和评论；在WebSM.org上可以找到一些特别有用的资源（在2014年1月7日，这个可搜索的数据库包含332个软件包）。WebSM数据库集成了一个有用的搜索功能，它利用了每个列出的软件包的基本功能信息（如价格范围、支持的语言、免费试用、服务器托管选项）。对于任何搜索，都会返回一些软件包，然后通过访问它们的主页（网址已经提供）可以进行进一步的探索。由于软件包的数量和范围以及它们各自的特性都在不断变化，访问相关软件包的主页来检查这些细节是很重要的。研究人员可能会惊喜地发现现在有更多的选择和功能，或者他们可能会发现一个软件包已经失效，或者其定价结构和订阅选项已经改变。当然，一些使用期限更长的软件包（如SurveyMonkey，首次出现在1999年）会不断发展和升级，其功能和性能也会不断更新。即使是定期更新的数据库集，如WebSM目录，也很难跟上最新的发展和特点。例如，我们所检索的数据库目前仍将SurveyMonkey和Zoomerang列为单独的软件包，尽管在2012年SurveyMonkey收购了Zoomerang，两家公司合并。另一个有用的咨询目录是GESIS（莱布尼茨社会科学研究所）目录（http://www.gesis.org/en/services/study-planning/online-surveys/［2015年4月访问］）。

尽管上面所描述的都是一些非常有用并且可搜索到的数据库，但从众多的在线调查软件选项中进行选择，前景并不乐观。针对特定软件包提供更详细评价的评论确实存在，并且可能会有所帮助，但其中很多现在已经过时（如Crawford，2002）。鉴于调查软件包的发展速度，最新的评估（如Carter-Pokras et al.，2006；Hewson，2012b；Kaczmirek，2008）很快就过时了。由于不同的用户群体有不同的基本需求，识别一些对目标用户群体可能很重要的关键基本特性可以作为一个良好的起点（如Crawford，2002）。考虑到社会和行为领域的研究人员所需要的一些重要的基本特性——我们的关注点——表6-7中列出的七个特性似乎是行之有效的（改编自Hewson，2012b；另见Crawford，2002；Kaczmirek，2008）。因此，对于希望实施在线调查的具有中等计算机知识素养的用户（非专家）来说，拥有一个不过于昂贵、不会消失或不会很快消失、提供服务器托管、相对容易使用（即包含一个用户容易掌握的设计和管理图形界面）并且符合基本伦理和演示格式要求的软件包，似乎是一项基本的要求。当 152
然，在某些情况下，并不是所有这些特性都适用，例如，有一大笔预算可以用时，可以接受由一个专家小组来定制实施方案，但在这里，我们假定为一个更小型的项目，由个人或小型研究团队管理，资金有限。在线调查软件解决方案的两个重要的一般要求是**灵活性**和**稳定性**。与克劳福德（Crawford，2002）的观点一样，我们认为这些特性至关重要：灵活性允许实现一系列的设计选项和选择，并且使解决方案能够包含软件设计师最初并没有预期和明确构建的设计元素（例如，针对新兴的网络调查研究的设计原则来源于该领域正在进行的测试和研究）；在基于万维网的调查中，数据的可靠性和有效性需要系统的稳定性。

表 6-7　社会和行为研究人员所需在线调查软件包的关键基本要求

1. 成本低（<400 英镑）
2. 使用寿命较长，能持久使用，定期更新
3. 最低限度的技术、计算技能和设备
4. 良好的问答模式
5. 支持同意和任务汇报程序（可定制文本、多页面）和数据安全
6. 控制收集的数据
7. 灵活性和稳定性

资料来源：Hewson（2012b）.

我们现在考虑一个我们认为符合表 6-7 中所列标准的比较流行的软件包，它能满足许多预算适中、希望实施相对简单的调查设计的研究人员的需要。

SurveyMonkey：一个实例

戈登（Gordon，2002）对流行的 SurveyMonkey 软件包进行了评估，得出了非常正面的结论，尽管这项评估现在已经过时。自 2002 年以来，SurveyMonkey 经历了迅速的发展，现在提供订阅选项的层次结构，在顶端包含一些相当高级的功能。考虑到其受欢迎程度、有竞争力的定价、功能范围和灵活性、稳定性、稳健性、耐久性以及过去十年的发展，该套软

153 件包非常符合表 6－7 中列出的标准。它有很多大客户，包括一些非常受人尊敬的研究机构（例如英国国家统计局）。在此，我们将更详细地讨论这一软件包，重点放在我们自己的研究的实施上，来考虑它能提供什么。我们还借鉴了休森（Hewson，2012b）所做的评估研究的结果，他也检验了 SurveyMonkey 的应用情况。

SurveyMonkey 的主页可以通过 surveymonkey. com 访问。在这里，可以找到有关可利用的订阅选项的信息，以及定价信息、提示、说明性调查实例以及有关所提供的其他服务的信息。例如，SurveyMonkey 提供了访问一个参与者面板的权限，声称该面板代表了美国人口总体，每个回答都要收取合理的费用（从 1 美元起价）。它还提供了注册参与调查的选项。同时，它也提供了一个免费的基本订阅，但非常有限，每次调查只允许提出 10 个问题（每个调查最多 100 个回答）。除了最基本的试点工作外，这不大可能有用。一个基础账户每年要花费 199 英镑（如果按月支付则更多），基础账户为基本调查提供了一系列的功能，包括无限的问题和回答、支持多语言页面、遵循问题逻辑、答案选项的随机化、进度条指示、收集和分析功能以及 24 小时的电子邮件支持。[①] 每年额外支付 100 英镑（共 299 英镑）升级为黄金账户，就能提供所有基本功能，并附加以下功能，这些附加功能是社会和行为研究人员可能很感兴趣的：把不同条件随机分配给参与者（启用实验设计）、问题随机化、问题和答案管道、完成后定向到特定的网址、SPSS 集成（允许轻松地将数据导入为 SPSS 数据文件）。基础订阅和黄金订阅均实施严格的数据安全程序，并符合标准化的可访问性标准（SurveyMonkey 报告称符合《美国联邦法案》第 508 条，该规定概述了身体有缺陷的用户访问在线信息和服务的标准）。考虑到现有的 SurveyMonkey 提供的可用功能范围，以及前面提及的社会和行为研究人员的要求，我们建议将黄金账户作为最合适和性价比最高的选择。还有一个更昂贵的选择（每年 799 英镑），但这似乎没有提供什么多余的模块来满足当前用户群体的需求，只多了两个附加的功能：电话支持以及

① 这些细节在撰写本书时是正确的，但在本书印刷之时无疑会有所改变。

“白标调查”（white label surveys）。这意味着 SurveyMonkey 品牌可以从调查页面内部和调查页面网址中删除（然而，任何有知识的受访者都可以轻松地认出替代性的“research. net”网址是一个更名后的 SurveyMonkey 调查）。

注册一个免费账户后，你首先会看到如图 6－3 所示的屏幕。

154

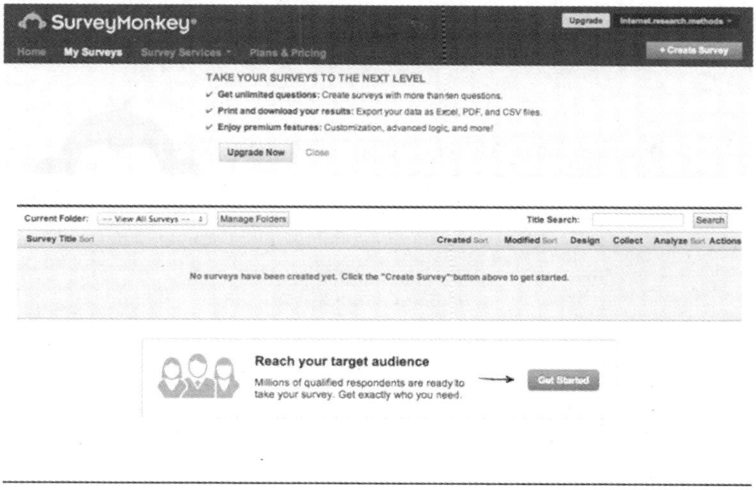

图 6－3　注册免费账户后显示的 SurveyMonkey 页面截图

从这里——或付费账户方式的等效页面——你可以开始使用现有的模 155
板或从头开始创建一个调查。图 6－4 显示了一项研究的概述信息，该研究向学生受访者（在大学课堂上注册）展示了用于测量与计算机有关的态度的量表（如 Hewson & Charlton，2005）和关于在线评估方法的一些附加问题。

图 6－4 中的页面显示了收到了多少回复（82）以及在哪些月份收到了回复；它还提供了关于调查中问题和页面数量的信息。该调查目前仍在进行之中。点击选定的“摘要”（Summary）选项卡右边的“设计调查”（Design Survey）选项卡，打开一个主页，用户可以对调查页面和问题以及它们的显示方式进行编辑。图 6－5 显示了计算机态度研究的知情同意页面的一部分。

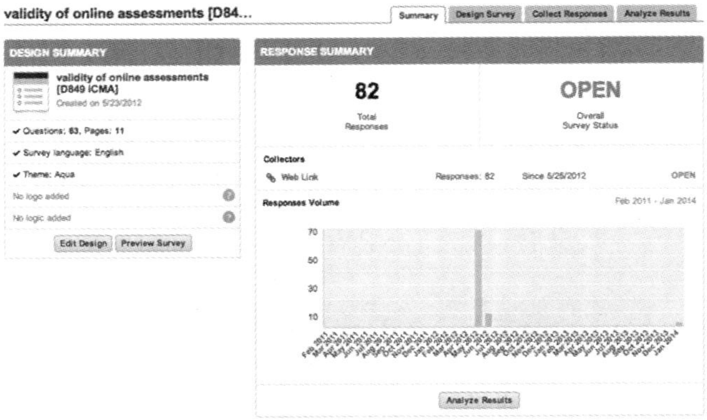

图 6-4　SurveyMonkey“摘要”页面截图，其中显示了所创建调查的概述信息（黄金账户）

图 6-5　计算机态度研究“设计调查”页面截图，其中显示了知情同意页面的一部分

如图 6-5 所示，使用下拉菜单选项（也可使用随机化函数）很容易创建分页符和添加新的问题。其他的方式也可供编辑调查时使用，包括复制、移动、删除。“问题逻辑”（Question Logic）允许你根据指定问题的答案跳转到特定的调查页面。问题文本、类型、答案选项、大小和位置也可以在本页编辑（“编辑问题”[Edit Question]）。当添加新的问题（“＋添加问题”[＋Add Question]）时，可以采用随机分配的方式，让受访者看到几种刺激方案或“条件”中的任意一种。虽然本书描述的计算机态度研究未使用这种方法，但它在实验设计中非常有用，比如，当调查研究需要调查对象就各种不同的小插图、图像等回答相关问题的时候。图 6-6显示了提供可选项以确定此函数参数的一系列界面。 157

如图 6-6b 所示，可以上传多个图像，添加描述性文本，以及每个图像下的回答者百分比。如图 6-6b 所示，向调查对象“随机”呈现每一幅图像（随机将调查对象分配给每个图像）的百分比默认值为 50%，为保证达到真正的随机化（真正的随机化很少会让相同比例的调查对象接受每一个选择），这些数字可以更改，但不能省略。

选择了“保存并关闭”（Save & Close）框后，“设计调查”界面再次显示出来，现在问题 3（Q3）下添加了新的图像（见图 6-7a）。在“设计调查”页面，点击“预览调查”（Preview Survey）框，就会看到将展示给参与者的问卷（预览模式，而不是设计模式）。图 6-7b 显示了预览模式下调查页面的底部，并通过在预览模式下重新加载调查来测试随机分配功能，确实显示了“Oscar Wilde”（奥斯卡·王尔德）或“Hangzou”（杭州）① 的图像，看起来就像是随机出现的情况。 158

计算机态度研究的例子不需要使用图像、随机取样或更高级的调查功能，如问题管道或问题逻辑。然而，这些功能（例如此处所演示的）很容易找到实现的方法。使参与者做出回答以便继续进行调查（对知情同意页面而言十分有用，但不建议在其他地方使用）也很容易实现，只需在编辑问题时选择一个复选框。

① 原书有误，应为“Hangzhou”。——译者注

156

图 6-6a “十添加问题”下拉菜单中“添加随机分配”备选项截图

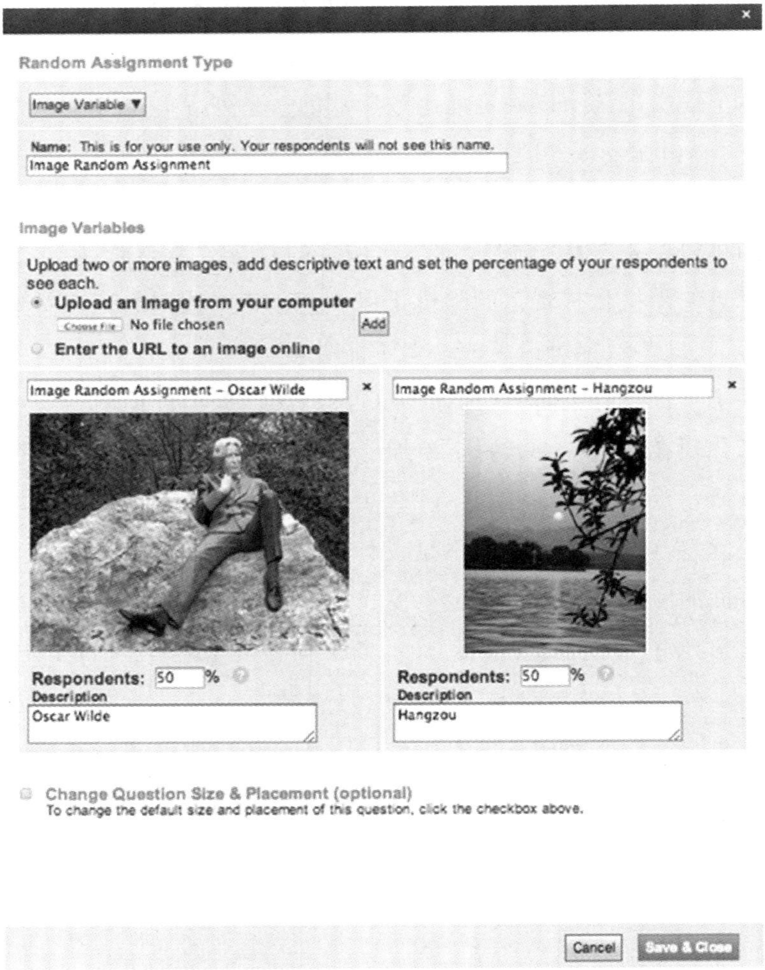

图 6-6b 在“十添加问题”下拉菜单中选择“图像变量”
(Image Variable) 后的页面截图

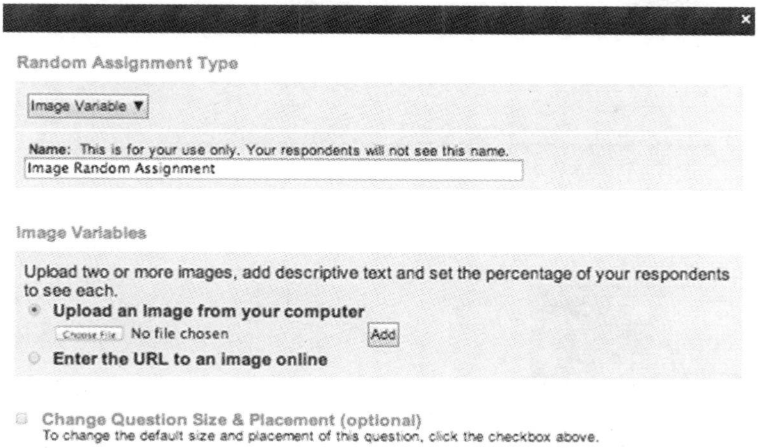

图 6－6c　在“十添加问题”下拉菜单中选定“图像变量”后上传和命名两个图像的页面截图

图 6－7a　问题 3 下所包含的新的随机分配图像：“设计调查”模式

159 

图 6－7b　问题 3 下所包含的新的随机分配图像："预览"模式

建立了调查设计，在 SurveyMonkey 的"预览"模式下进行了充分的测试，并进行了一切必要的编辑修改后，下一步是让调查开始运行，以便进行"实地"测试。这一步允许在不同的浏览器上进行，测试关闭 JavaScript、删除浏览器缓存并尝试重新输入（或许参与者进行此类操作的可能性不大，但将所有限制条件和可能出现的问题都考虑在内是十分可取的）所带来的影响等。SurveyMonkey 的收集器功能可以使调查得到传播；从"我的调查"（My Survey）页面（这是你第一次登录 SurveyMonkey 账户时所看到的界面）点击相关调查的标题，进入"调查摘要"（Survey Summary）页面，然后右键单击"收集回答"（Collect Responses）选项卡即可实现。选择右边的"＋ 添加收集器"（＋Add Collector）按钮，将跳转到如图 6－8a 所示的页面。在此页面上，有几个选项可供选择，允许通过创建一个网页

链接（可以部分地进行自定义）来手动分发，方法是指定一个电子邮件地 160
址列表和一条包含要发送到这些邮件地址的调查链接（可以设置特定的发送日期）的消息，在网页中嵌入调查或创建弹出窗口（在访问页面时显示），其中包含邀请语和调查内容本身，并通过脸书（嵌入调查或指定网址链接）进行传播。

SurveyMonkey 的收集器功能提供了一系列令人印象深刻且可能非常有用的方法。其中一些在不同的收集方法中是通用的。例如，图 6－8b 展示的是选择“网页链接”（Web Link）作为要使用的收集器类型后出现的页面。在左边的导航菜单上，会显示一个“更改设置”（Change Settings）链接。图 6－8c 显示了单击此链接时可以选择的选项，可以看
到，其中包括是否允许来自同一个“计算机”的多个回答，是否允许回 161
答者重新访问以前的调查页面并编辑他们的回答，以及调查对象是否可以退出并在稍后重新进入完成调查。完成后显示的页面也设置在这里（在大多数情况下，显示适当的报告页面将是合适的）。另外，还可以设置是否（此处没有显示）显示一个自定义的“取消资格页面”，以及是否使用 SSL 加密和存储 IP 地址信息（后一种选项意味着完全匿名的调查是可能的）。

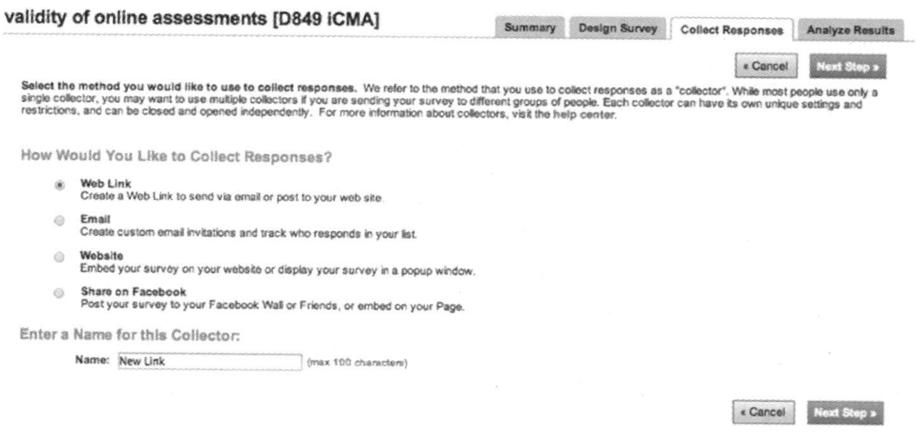

图 6－8a　收集器类型选择页面截图

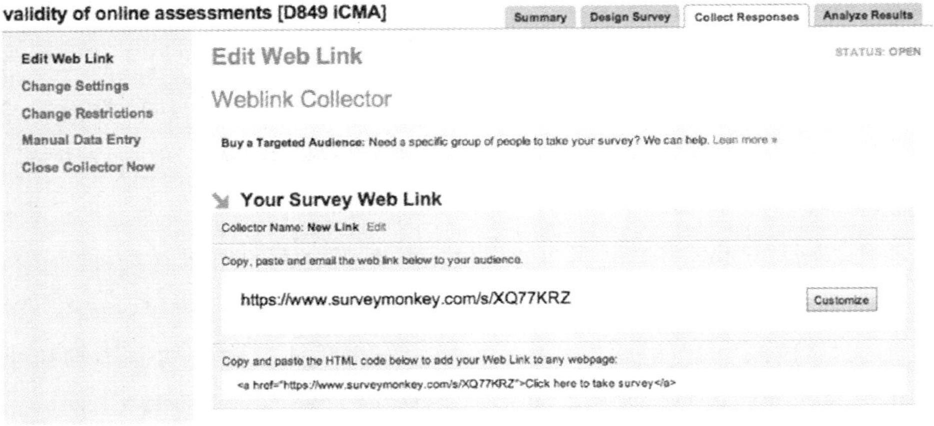

图 6－8b　网页链接收集器页面截图

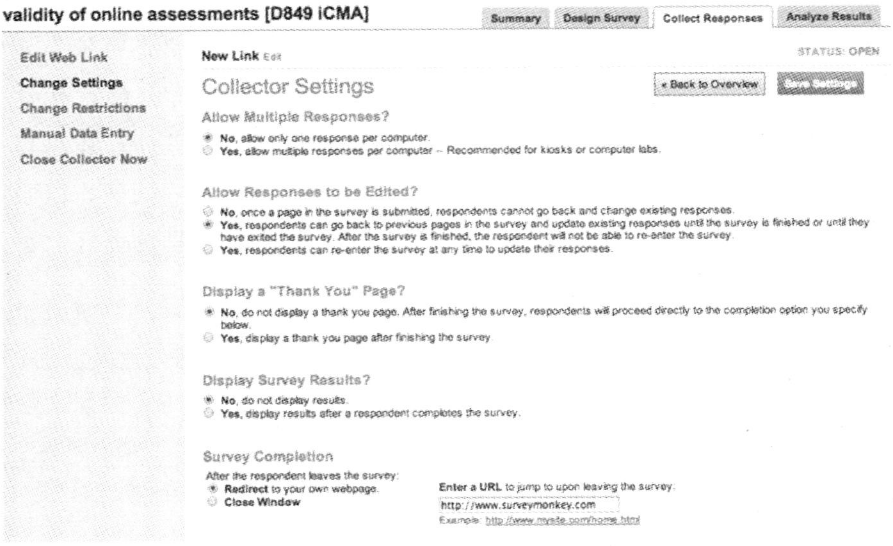

图 6－8c　收集器设置选项页面截图

161

其他更通用的方式包括设置密码限制访问、设置截止时间和日期以及最多回答数量（可在“更改限制”［Change Restrictions］选项卡中找到）。也有针对特定收集方法的选择；例如，电子邮件列表选项允许跟踪（受邀者）以查看谁已填答问卷或尚未作答，并识别出收到退信通知的电子邮件地址。建立多重“收集器”功能意味着可以设置特定的链接（例如，针对不同的调查对象组），甚至可以花费一些时间和精力为每个调查对象建立一个独特的链接。如果在一个独立的数据库中持续追踪调查对象，可以做到把个人的回答链接到回答集。有关如何实现此操作的方法提示，以及许多其他可搜索的问题和答案，都可以通过 SurveyMonkey 的帮助页面获得。

回看图 6－8，在收集器选项卡的右侧可以看到"分析结果"（Analyze Results）选项卡。由于许多社会和行为研究人员都能使用他们自己选择的最熟悉和最习惯的专用数据分析软件包（如 SPSS，R），分析功能对于这个用户群体来说就不那么重要了。然而，将数据轻松导入他们所选择的专用包的能力通常是最有用的。使用 SurveyMonkey 可将收集的数据集直接导入 SPSS，这对于黄金级别的订阅账户很容易，只需付出些许努力 162
（包括将数据导出为可以导入 SPSS 或其他第三方软件包的指定文件格式），基础账户和免费账户也可以实现该功能。对于黄金账户，左边的"导出"（EXPORTS）菜单选项卡（从"分析结果"页面）开放了各种选项以供选择；选择"＋新输出"（＋New Export），然后选择"所有回答数据"（All response data）允许下载 SPSS 格式文件（其他选项为 XLS、XLS＋和 PDF）。此文件将以 zip 格式下载到本地计算机，然后可以访问并打开以生成一个名为"result. sav"的文件。假设在本地计算机上安装了 SPSS，则可以打开这个文件，并按照计划进行，之后用户应该能得到整齐地显示为一个 SPSS 数据文件的完整的数据集（在本书作者的经验中，这一直都很顺利）。

"分析结果"选项卡提供的其他选项包括用于汇总和呈现收集的调查 163
数据的各种格式。图 6－9 显示了计算机态度研究示例（在"问题摘要"［Question Summaries］中）的答案项的摘要输出的一个实例。这些功能可能有助于在收集数据时获得数据的摘要快照，但这些功能仅限于相当基本的描述统计选项（与高级的、专业的软件包如 SPSS 所能实现的相比）。感兴趣的读者可以在这里探索进一步的分析功能。

上面的示例演示了一个受人尊敬且广泛使用的在线调查软件包的一些关键功能。还有更多的功能和选项可用，但篇幅有限，不允许在这里详细讨论它们，可以通过试错和咨询常见问题（FAQs）和教程（通过点击你

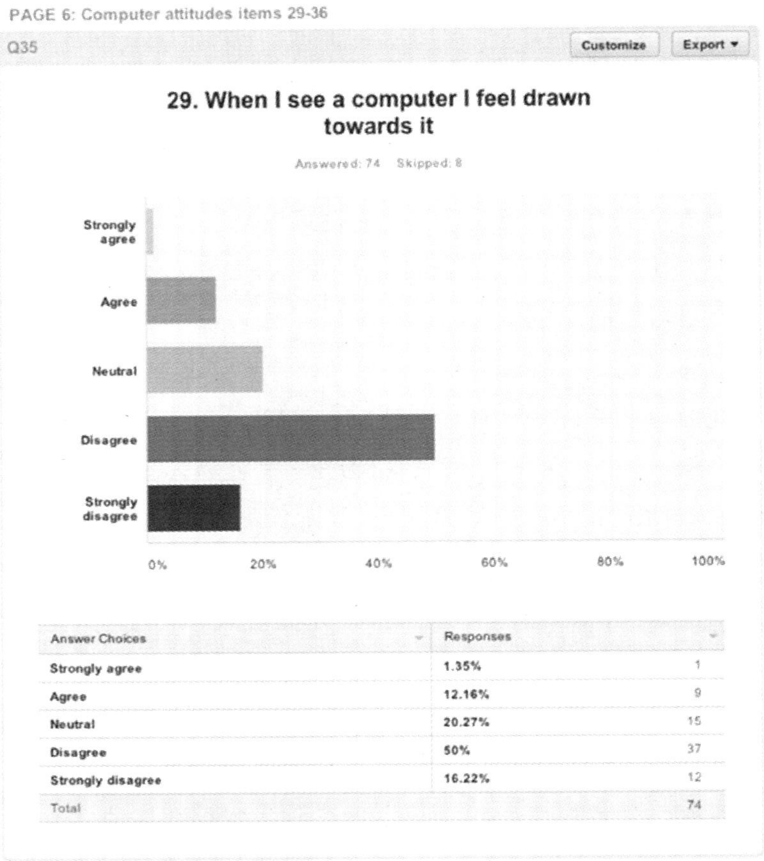

Answer Choices	Responses	
Strongly agree	1.35%	1
Agree	12.16%	9
Neutral	20.27%	15
Disagree	50%	37
Strongly disagree	16.22%	12
Total		74

图 6-9　以一个条形图（默认生成）总结计算机态度研究中的一个项目的页面截图

的账户用户名旁边的下拉菜单里的“帮助中心”［Help Center］来访问）来探索这些功能。以前的评论认为，对于典型的社会和行为研究人员（例如在大学工作）而言，SurveyMonkey 是一个强大而有效的解决方案（Gordon，2002；Hewson，2012b）。基于这些已有的结论，SurveyMonkey 一直在不断发展，包括添加新特性和改进现有程序——尽管应该注意的是，最近似乎转向支持更多的企业应用程序和利益，包括营销和消费者研究（基于本书第一作者对 SurveyMonkey 发送给用户的定期更新的电子邮件的仔细阅读）。这在商业包装中是意料之中的事情，可以为企业客户提供最大的财务回报，因此很有可能推动这些软件包的开发和发展。

作为本节的总结，我们现在使用这里讨论的计算机态度研究的实时版本报告一个预测试阶段（2014 年 2 月进行）的结果，因为在启动任何网络调查研究以供实际参与者使用之前，都应首先进行一个良好的实践（见上文的表 6－6，**最大化数据可靠性**）。参考表 6－6 中给出的实践原则，以及表 6－7 中概述的关键的和可取的特性，我们测试了在计算机态度研究中使用 SurveyMonkey 实现程序的可靠性和对伦理原则的坚持情况。休森（Hewson，2012b）早些时候使用一个简单的调查设计（非常类似于这里展示的计算机态度研究）和一个利用图像和随机分配条件的实验设计进行了非常相似的评估。休森（Hewson，2012b）指出了以下几个方面的问题：(a)“退出调查”按钮的可靠性不足（在某些浏览器中）；(b) 当更改浏览器窗口大小时，文本框没有适当调整大小；(c) 使用不同的浏览器或禁止/删除浏览器缓存，可能有多个回答；(d) 使用浏览器中的返回按钮重新访问前一个页面的能力有待改善；(e) 如果关闭浏览器提前退出，则没有任何方法来呈现汇报信息；(f) 收集元信息（例如反应时）的可能性有限；(g) 在选项显示上存在一些限制（字体特征和页面定位，尤其是当放置多个图像时）。我们将使用这里的示例在更新后的测试中考虑这些问题。 164

计算机态度研究是在一台 Macbook Pro 笔记本电脑上进行的，它通过宽带连接到互联网，将专用的 SurveyMonkey 的网址链接粘贴到三个不同的浏览器中：Chrome（版本：32）、Safari（版本：7.0.1）和 Firefox（版本：26）。当然，在个人电脑和一系列相关的浏览器上进行测试也是合适的，但为了便于说明，我们只报告 Mac 测试。在所有的浏览器中，调查显示良好，看起来都一样（颜色、布局、字体等）。浏览调查页面非常简单，而且同意复选框的强制响应项运行正常，除非这些声明得到验证，否则将阻止调查者继续参与。在本例中没有使用高级的跳过逻辑和问题管道功能（尽管在之前的测试中我们已经发现所有这些功能都可以正常运行）。

遇到的第一个问题涉及“退出调查”按钮的可靠性和灵活性。这个选项可以通过访问“设计调查”页面中的“调查选项”(Survey Options) 来指定（默认显示在每个页面的右上角）。若要明确点击“退出调查”按钮会发生什么，需要从“收集回答”页面访问“更改设置”。这里只有两个选项：关闭浏览器窗口，或者重新定向到指定的网址。我们遇到的可靠性问题是，当选择“关闭浏览器”（Close Browser）选项时，“退出调查”按钮似乎没有任何效果。通过检查 SurveyMonkey 的帮助页面，我们发现这是一个已知的问题——当调查网址被直接粘贴到网页浏览器，或者成为电子邮件消息中访问的链接，而不是被嵌入一个网页中时，就会发生这个问题。因此，这个可靠性问题可能会导致研究过程中产生许多问题。然而，值得注意的是，伦理原则规定，在大多数情况下，提前退出的参与者应该得到汇报信息，因此“关闭浏览器”设置将不适合于许多研究。我们遇到的灵活性问题与这一点有关；似乎没有一种直截了当的方式来指定（在调查设计中）选择“退出调查”按钮的参与者应该被带到“调查汇报”（Survey Debrief）页面；在计算机态度研究中，这是调查的最后一页。唯一能够可靠地向提前完成和退出的参与者提供汇报信息的方法，就是使用网址重新定向选项来指定一个包含了汇报语句的网页。在 SurveyMonkey 中，通过在空白页上建立一个新的调查并引用它来实现这一点，可能是一个相当烦琐的解决方案，但确实避免了需要访问外部网页服务器来存放汇报页面的麻烦。

不幸的是，目前似乎没有一个能够向调查期间关闭浏览器的受访者提交汇报信息（在 SurveyMonkey 或任何其他我们已经测试的软件包中）的解决方案，所以采取其他先发制人的措施是明智的，如要求参与者在他们希望退出时使用“退出调查”按钮，或要求对方提供一个可以发送汇报的
165 电子邮件地址。控制参与者参与次数的过程并非万无一失；通过使用不同的浏览器（在相同的或不同的计算机上），在完成一次调查后可以重新输入，或者如果浏览器被设置为不接受缓存，或安装的浏览器缓存随后被删除，也可以重新输入。许多参与者不太可能会采取这些步骤中的任何一步来重新参与并提交另一组答案（不过请记住前文提到的激励机制可能会提供这样做的动机）。收集 IP 地址、提交时间和日期，以及其他可能的个人信息，如人口统计学数据，可以认为是检测多次提交尝试的一个有用的策略。另外，如果用户的浏览器设置中屏蔽了缓存，那么在适当的节点退出并重新进入以完成调查将不起作用；相反，用户将返回到起点。

关于显示和显示选项，在调整浏览器窗口的大小时，没有发现存在重

大问题，尽管任何自由的文本回答框都不会根据尺寸的设置而减小，这意味着如果浏览器的窗口变得非常小，它们只会部分显示。建议设置为默认的文本框大小，并考虑在较小的笔记本或平板屏幕上使用的情况。在完成调查时，回答者可以手动扩展文本框。设计人员考虑了控制字体特性的灵活性；“创建自定义主题”（Create Custom Theme）功能（在“设计调查”页面的“编辑调查”[Edit Survey] 下）允许对显示参数进行自定义，但非常有限。例如，可以将调查字体（Arial，或其他七种选项之一）和背景颜色设置为全局参数。为了获得更大程度的灵活性，在编辑“设计调查”页面时，HTML 代码可以被放在适当的地方（例如，在描述性文本旁边）。这需要启用 HTML 模式作为一个全局参数，在“我的账户”（My Account）的首选项下进行。

在设置为不允许参与者返回并更改以前的回答（“收集回答”页面、“更改设置”）之后，我们测试了使用浏览器后退按钮重新访问以前页面的情况。尽管测试表明确实可以重新访问较早的页面（调查页面中的“前一页”按钮不再存在，因此不建议参与者这样做），但改变原来保存的答案是不可能的。当然，这对于记忆实验的有效性来说是有问题的，因为选择相信参与者听从指令而不去访问早期的页面似乎是一个风险非常高的策略。在这种情况下，这个软件包可能不合适，当然未来的开发可能解决这个问题，因为开发人员会继续监视和回应客户的反馈。

最后，我们考察了收集元信息的能力。休森（Hewson，2012b）认为这是一种限制。SurveyMonkey 记录了调查开始的时间和日期、最后修改的时间和日期以及花费的总时长。这些有限但有用的信息可以帮助判断受访者是否一次性完成了调查，是不是在没有足够的时间提供适当考虑的答案的情况下浏览了问卷，等等。获取更详细的反应时和模式信息将需要访问和分析服务器日志的能力。

167

第7章

什么地方可能出错？

7.1 导论

虽然我们在第 4 章中坚持认为互联网为访问大量多样的潜在参与者提供了一种经济有效的手段，但网络调查研究与其他许多调查方式一样存在某些方法论问题，例如，参与者的参与意愿和与研究人员互动的类型。[①]然而，网络调查研究也具有一些关键性的优势，特别是在控制某些效应上（如生物社会属性的影响），既能减少这些效应的影响，又能对这些因素的作用进行控制。网络调查研究有助于控制实验假象主要在于，互联网访问可以是匿名的。可以通过电脑账户实施研究，这些账户可以显示出性别、

① 在这一章中，我们重点关注网络调查研究使用的主要研究方法——依赖互联网接触参与者和/或他们产生的痕迹的各种类型的研究（如非侵扰性研究）。第 2 章讨论了次级研究的方法论问题（正如第 1 章中所区分的），其中互联网被用作获取初级研究的编码信息的切入点。第 2 章讨论的主要方法论风险是：过于信任特定的网络资源，以及习惯于认为网络资源是唯一有检验价值的资源。

国籍和种族。没有必要的声音和外观效果，只有与研究相关的交流所传达的图像——因此根据研究问题的性质，可以操纵所描绘的性别、种族与国籍效应，从而减少这些属性的作用或者传达某些特定属性。

本章概述了解决前几章提出的一些问题的方法，以及可能出现的具体问题，并提出解决方案、预防措施以及相关建议。无论如何，意识到事情 168
可能出错都是预防事故的第一步。这类问题有数据丢失（因为技术原因损坏或传输失败）、参与者流失以及黑客的破坏行为。我们建议的解决方案涉及研究人员对材料进行最大限度的控制，事实上，所有与研究相关的电子通信都需要如此。其中一些问题在我们的工作中出现过，有的在文献中讨论过（Joinson et al.，2007；Reips，2002a）。虽然本章的主题是通过互联网来管理的研究中可能出现的一些问题，但重点是预见问题，以及如何在发生问题后进行修复。

我们提出的问题主要涉及设备、方法论、网络礼仪、数据抓取、黑客与数据保护。在此讨论的许多问题只出现在某些研究项目中：研究人员需要使用特别的计算工具以从参与者处收集数据。然而，需要通过互联网进行访谈的研究也提出了数据保护的问题，而且对线上社区中个体互动的观察研究也受到虚拟世界的功能可供性的限制。尽管如此，此处的重点还是与使用网络调查研究工具相关的问题，因为网络调查研究的主要功能不仅仅是人际交流。从参与者角度产生的问题与研究人员是否开发了促进参与的软件或使用了市场上的某些东西无关。从研究人员的角度来看，使用专用软件的可控性更强，但也会有更多的注意事项，以确保研究可以按预期进行。

7.2　设备

在让以互联网为媒介的研究能够测试一个人感兴趣的东西，和让潜在的参与者普遍能够获得参与这些研究的设备之间，往往存在着一种基本的权衡。所需要的设备越多，可使用同类设备的参与者就越少。“物联网”

的概念得到广泛传播（如前几章所述）；一个简单的版本就是网络摄像机数据的可用性，而一个更为复杂的版本则是在网络上可以得到火车站、公共汽车和机场的到达离境数据，这离家用传感器以及人们出于健康监测目的而使用的生物医学传感器只有一步之遥。根据经验，设备需求越专业化，参与者队伍的范围就越小。同样，研究中使用的材料越复杂，进行研究和控制数据收集的难度就越大。设备（硬件或软件）本身以及项目间总
169 是隐藏着风险。本节会讨论一些工具和技术，将指出如何处理上述问题以及可能存在的其他问题。

正如本书所指出的，网络调查并不完全是交互式的。事实上，我们还讨论了以下几种非侵扰性研究，这些研究可以使用无须进行交互的数据抓取方法进行。然而，就本节而言，假定研究人员更喜欢构建一个能够充分利用交互文本和图形的研究，并且能够通过常见的网络访问模式运行，如Mozilla、Firefox、Chrome、IE，或聊天室与论坛。这种互动设置同样适用于调查、访谈、参与式观察、实验等。这里讨论的注意事项也适用于研究人员使用高级编程语言——动态 HTML 页面以及 Java 和 JavaScript 语言代码进行的研究。然而，使用现有第三方软件（如用于构建实验或调查）而不是从头开始编程的研究同样具有风险。例如，研究人员有责任在尽可能多的浏览器平台（包括较早版本的平台）上查看实验或进行基于万维网的调查（在预览模式下，不记录数据），这是因为可移植代码在其他平台上并不总是像预期的那样起作用，虽然有很多相反的说法。

大多数研究人员不希望成为网站程序员，而精通网络编程的要求实际上相当高，需要注意许多细节（本书第一版提供了 JavaScript 编程入门知识，但第三方软件的出现使这一点变得并非必要）。其中一些相当简单，例如通过向目标用户发送密码和监测访问日志来维护文件的安全性。尽管在 UNIX 系统下运行的可供免费使用的阿帕奇服务器提供了安全选项，但在一般情况下，研究人员仍然需要花费大量精力。此外，测试极为重要，因为在原型平台上使用一个特定浏览器设计的 HTML 页面的研究在另一个浏览器（甚至是同一个浏览器系列，但从不同的硬件体系结构执行）上查看时，很容易出现明显不同的行为表现。无论如

何，在我们或我们的学生的一些工作中，这都是个偶然问题（McGowan，1999）。最简单的问题是 HTML 页面在不同的平台上呈现不同的字体大小。在 HTML5（或最新版本）中或是其他被广泛使用的浏览器上工作是不安全的，甚至不能在单个浏览器的不同版本中使用所有的通用设置。每个人使用的浏览器（如 Firefox）版本都不同，这取决于他们何时开始使用浏览器以及更新的频率如何。此外，个人可以选择启用或禁用研究可能会依赖的功能（例如，自动拼写检查、视频显示或 JavaScript 解 170
析）。可以想象，如果最初的设计依赖于全部文本的可见性，但一些参与者（甚至不知道是哪一个）只能看到一小部分，那么这个事实会毁掉一个研究。那些开发自己定制的万维网实验系统的人可以使用互联网编程技术来测试研究参与者用来访问调查或实验的浏览器。例如，JavaScript 提供了一种面向对象的方法进行检测（见 http://www.javascriptkit.com/javatutors/navigator.shtml [2015 年 4 月访问]）。从浏览器及其版本的信息中，我们可以了解到 HTML5 的适用性。例如，Chrome 的版本 10 的支持度最高，而 IE 的版本 8 在 2011 年的测试中支持度最低。[①] 可以使用线上资源来确定自己的浏览器是否与 HTML5 兼容（http://html5test.com/ [2015 年 4 月访问]）。这些设备所使用的系统工具与研究人员用来测试参与者可用技术水平的系统工具相同。

还有其他一些与浏览器相关的要点很重要。需要避免使用默认设置和 HTML。在构建 HTML 时，不应依赖默认设置，应尽可能明确地设置颜色和字体大小。如果在一项研究中颜色很重要，需要了解其重要性并且在默认背景下设置不同的颜色。如果参与者的浏览器有不同的默认设置，那么他们基本上会看到意想不到的材料，这些材料可能缺乏预期的颜色对比效果。即使颜色对比不是研究的主题，也可能存在问题。当设置成一种不恰当的背景颜色时，网页上显示的文本可能会无法阅读。[②] 因此，研究人

① 见 http://html5tutorial.net/general/which-browsers-support-html5.html（2015 年 4 月访问）。

② 视障人士使用互联网会出现此类问题。该人群中的一些用户确实有语音合成设备。这里与方法论相关的一点是鼓励 HTML 编码，以便最大限度地使用元标记识别材料，使视力受损的参与者能够知道他们看不到的内容，并询问参与者是否在任何研究中依赖这种便利访问软件。有关让视障人士浏览网页的建议，另见 http://www.hobo-web.co.uk/design-website-for-blind/（2015 年 4 月访问）。

员在设计网页时尽可能地在默认项中填入适当的值是很重要的。[①] 我们强
171 调在进行研究之前最好对材料的呈现和与材料的相互作用进行彻底的测试。无论研究是在定制开发的软件中构建，还是使用商业软件供应商为研究目的设计并提供的工具，测试都是很重要的。

另外，为了让高级Java应用正常工作，无论是自制还是由研究人员进行授权，都有必要将使用者的浏览器设置为启用Java的模式。研究人员配置的定制系统与现成系统都适用。Java不允许为用户更改设置；因此，如果参与者没有使用能够让Java正常运行的浏览器的话（很多人并没有相关研究经历，因此有必要为参与者准备信息文本来解释为什么他们的实验没有进行），他们会因设备而无法参与研究。类似地，可以从两个方向之一对用户本地的数据进行假设。一些程序包允许跟踪登入会话的可能性，这可以防止来自同一台计算机的多个响应，仍能通过浏览器缓存为用户保留匿名性，该机制在客户端和服务器间共享信息。许多潜在参与者都意识到这一点是因为他们会遇到基于互联网的服务，只有在他们的浏览器设置为允许浏览器缓存的情况下，这些服务才能起作用。此外，许多人还不知道与网站的互动对他人有效而对自己却无效的潜在原因。不是每一个依赖浏览器缓存的服务器都能解释交互失败的原因。因此系统可能需要储存在用户本地的数据传递才能正常工作，但实际上研究人员不需要跟踪用户会话，这可能会拒绝某些潜在参与者的访问（由于浏览器配置不兼容）。在另一个方向上，研究人员可能会监测浏览器缓存中的交互对话，用来解决多重参与的问题（见Reips，2002b），但这些研究人员面临的风险是，参与者可能会在参与后清除浏览器缓存从而设置了新的会话与新的参与者。如果参与者在交互开始时缺乏必要的插件，那么依赖于某些特定“插件”的研究会出现问题。在最糟糕的情况下，对插件的需求只有在研究过程中显现。但参与者的家用机缺乏足够的磁盘空间（或者是有一些类似的限制）来下载软件，因此他们所有的努力都没有起到作用。从参与者

① 对于只有一种浏览器可以提供刺激材料所需行为的某些研究来说，可能有必要简单地限制使用适当浏览器的个人的参与。当然，这通常适用于设备。

的角度在多个平台上进行软件测试，研究人员可能会发现使用者在安装前应该具备哪些必要的条件。在进行此类测试时，使用浏览器默认的“清洁”安装是最佳选择。假设测试是在系统添加了很多工具的情况下执行的，则更难发现参与者在开始参与前需要添加哪些设备。然而，好的软件包将声明与其他软件包的相关性，但即便如此，测试也是有必要的。

那些依赖于精确反应时的研究人员应当意识到远程测量数据存在的缺 172
陷。换句话说，在一天中繁忙的时间段里的网络延迟，可能会增加使用者参与研究中的特定事情所需要的时间。但是，测量并非在服务器上，而是在参与者的家用计算机（通过使用小程序）上进行，这对家用机的各种硬件情况很敏感。实质上，它要求研究服务器软件的一部分负责识别每个参与者使用的软件和硬件类型。这是处理浏览器版本和程序计算时间问题的一种方法。无论如何，计时的准确性仍然是当前研究的一个主题（参见 Keller，Gunasekharan，Mayo，& Corley，2009；Reimers & Stewart，2007）。先不说在参与者的机器（在互联网计算机服务的客户端）上确定精确计时信息的复杂性，因为那里有一系列的问题，更重要的是，即使是在单用户机器上，计算机处理器时间也在进程间共享，因此服务器端的计时精度也容易受到影响。因此，以这种方式进行依赖于反应时数据的网络实验前，有必要通过客户端和服务器的假设来仔细研究系统许可的精度。可用的精确水平足以进行预期的分析。在设计实验时除了需要谨慎外，还要仔细检查那些根据已知的可用精确度限制记录的数据。作为日志分析过程的一部分，研究人员应参与评估与服务器的接触模式、实验或调查的中止，以及可能被记录的调查过程数据（如鼠标点击、指向区域等），这取决于采用的软件。一些日志分析工具专用于基于万维网的实验方法（如 Reips & Steiger，2004），而日志文件分析本身就属于网络调查研究方法论的研究领域（见 Berker，2002；Tobin & Vogel，2009）。

考虑到目前互联网使用模式中有一定程度的流量，进行纵向研究的研究人员将面临更多问题。许多互联网用户每年会更改用户名和密码，尤其是大学生。另外使用雅虎或谷歌等提供的“免费”账户的参与者有时会保留多个账户（有时为了对应不同的外部角色），并希望通过这些账户参与互联网活动。持有多个线上账户的可能性是由一些浏览器设置所决定的，这些浏览器设置可以记住不同主机站点上用户的账号和密码，因此减轻了管理多个账户的负荷，但是当浏览器更新或设置因其他原因被清除时会遇到阻碍。因此，持有很多线上账户的使用者可能会丢失数据。这表明，为
173 了获得纵向数据，在托管用户账户的服务器上进行研究是有价值的（为了达到这些目的，研究需要持续一年以上或者有同一个参与者超过一年的抽样数据）。这样一来，用户只需记住在研究中的服务器登录过的商定账户和密码。在这种情况下，参与者还可以通过电子邮件登录地址为那些忘记了密码的参与者重新生成新的密码。当然，当使用者忘记密码且他们的用户 ID 信息发生变化时，正确地匹配参与者的账户和密码的同时保证参与者信息的完整性非常重要。当研究允许参与者匿名参与时，很有可能意味着对应的数据丢失，因为后续的行动不可能实施。为了在新的家庭用户账号下验证同一参与者的连续性，有必要监测更多的参与者个人信息。然而更糟糕的是，如果纵向参与者获得了新的账户，但出于某种原因不再检查旧账户，则无法通过发送邮件的方式对参与者发送参与研究的邀约，这意味着使用传统的研究范式难以进行纵向研究。

最近，研究人员开始研发通用系统以适应本节提出的问题。正如在第 6 章所讨论的，有许多软件系统可以从互联网上下载或远程使用。[①] 例如，在 http://opl.apa.org/（2015 年 4 月访问）上能够免费登录线上心理实验室，旨在使心理学导师让学生参与到经典的实验设计中。该站点能记录注册用户的参与数据并监测反应时。该系统主要的缺陷就在于它假定的是 PC 或 Mac 环境，因此用户参与新研究时有必要使用特定的Authorware 脚本工具。麦格劳和图（McGraw & Tew，1997）对互联网心理实验室（原隶属于伊利诺伊大学）[②] 持批判态度，因为它没有使用 Shockwave，这是一个可自由下载但有一定限制的平台技术，可应用于多媒体研究，但需要使用

① 需要注意如前几章所述，目前许多研究是通过在线研究信息交换平台进行的，人们很容易发现它们。我们认为出于某些目的，这些研究对参与者的访问没有进行足够控制。同时并非所有由此类软件生成的研究都是为了网络参与而设计的，有些研究通过网络下载，然后在本地主机上执行。

② 网址（http://kahuna.psych.uiuc.edu/ipl2）仍被引用，但不再有效（如 http://christophercurrie.sys-con.com/［2015 年 2 月访问］）。

Java代替。虽然他们关于计算机系统历史上许多编程语言转瞬即逝的观点不能被忽视，但他们没有充分考虑到这样一个事实：许多可用的并且有硬 174
件和编译器的程序从未被应用到其他系统——并不是人们觉得有用的应用都能够被重新应用到每一种新出现的高级编程语言中。① 考虑到Java已经被赋予了一个国际标准，没有理由认为Java程序会很快陷入无用的境地，特别是在浏览器被专门设计成用来解释Java程序的情况下。尽管如此，麦格劳和图（McGraw & Tew，1997）的系统确实促进了更广泛的多媒体相关研究；它是免费提供的，并以创造接触大量参与者的机会为设计前提。它的目的就在于免费提供；基于网络调查研究方法的设计，它为无数的参与者创造了通道（另见McGraw et al.，2000）。

勒普斯和他的同事开发了一套更广泛适用的工具及研究程序，用于验证在网络实验中使用的方法、工具以及特征（见http://iscience.deusto.es/archive/ulf/Lab/WebExpPsyLab.html［2015年2月访问］）。为实验者提供远程服务的系统存在的主要局限是，它们限制了远程实验者对整个系统及其数据文件的易访问性，其他的局限是这一点产生的结果。例如，管理性的调查过程数据——记录闲置光标的悬停和点击的数据——并没有被大多数的系统记录。因此，研究人员无法进行研究。尽管如此，管理性的调查过程数据很有可能是这种网络数据收集所能记录的最丰富的信息源之一，而商业供应商提供的服务并没有增强这一点。对于有能力的软件开发者来说，在开源模式下扩展此类系统是其价值所在。Drupal（Drupal.org［2014年4月访问］）就是一个开源内容管理系统的例子，很多研究人员可能希望去研究此系统。

综上所述，在互联网上交互运行高级多媒体研究的技术仍在开发中。虽然很多产品已经可以购买甚至免费提供，但其中一些有内在的局限性，对研究人员或参与者（或两者）技术能力要求过高，在定制化服务的潜力上有限制，或由于设备水平限制，研究（或参与者）必须易于

① 对其中一些程序的担忧是导致“千年虫”问题恐慌的根本原因，通过维护用COBOL和FORTRAN等过时的语言编写的程序可能依然可行。

接触以便参与研究（Buckley & Vogel，2003；Graham，2006；Guennouni，2000；Keller，Corley，Corley，Konieczny，& Todirascu，1998；Kenny，1998；McGowan，1999；Timothy，2000）。但是并不是每一个研究都需要声音、图像和动画。很多研究可以通过适度的 ftp 传输或邮件沟通来促进，特别是基于问卷或访谈的研究。这些技术使研究人员在保持对数据的
175 控制上有了更多责任（例如，实验中确保不应下载数据的参与者无法访问，并对控制方法进行检验）。在 ftp 设置中，研究人员必须决定是否允许上传和下载文件。控制研究人员电脑设备的系统管理员很少允许匿名上传，研究人员有可能在一个允许参与者登录并匿名上传数据的设置中丢失之前上传的重要数据，造成破坏性的影响。一个更加安全的备选方案是，研究人员拥有一个个人账户，并有权为每个参与者编写文件。然而，在网络安全监管日益加强的情况下，许多网络系统管理员不愿给外部用户授予这样的权限。

近年来，出现了托管文件的新设备。这些设备提供了不同程度的安全保障，但也有相应的风险。管理文件的新设备已经出现。它们承担不同等级的安全和通信风险。例如，作为文件传输管理备选方案，可以使用谷歌文档（docs. google. com [2015 年 4 月访问]）或 Dropbox（dropbox. com [2015 年 4 月访问]）。这使研究的参与者能直接访问文件，进而在文档或电子表格等的构建过程中进行协作。显而易见，文件有被完全销毁的风险。对于信赖的参与者来说，这能避免提供对本地服务器的访问，为使用者提供安全保障。然而，不信赖的潜在参与者可能不愿意在谷歌或其他此类托管提供商上进行注册。中间供应来自万维网服务，比如 WordPress 的博客托管安排（wordpress. com [2014 年 9 月访问]）。这个设备也支持组间对话，可进行有限的粗粒度访问分析并提供调查托管。参与者可能会更喜欢“注册”这种不用检查注册表和电子邮件地址有效性的服务。

通常 ftp 设置最适合参与者下载材料和以某种形式的电子邮件回复。这有助于核对访问日志和邮件时间戳（虽然在后一种情况下无法保证准确性）以及有关远程主机的信息，这些构成了日志的一部分并能用于身份验证。这也可以让用户通过 ftp 上传回复，但是研究人员使用的计算机网络

上具有安全意识的管理员通常不允许外部用户通过 ftp 上传文件。正如对网络延迟时间敏感的研究交互模型一样，ftp 也是如此。严重的长时间延迟会导致用户的连接超时。这往往对大型文件传输产生影响（在多媒体交互中可能涉及大量的数据传输），但是在用户传输大量的小型文件时也存在问题：远程用户很容易忽略一个或多个文件。虽然可以创建捆绑在一起的 tar 文件（或等效文件），但在某些情况下这会让单个数据传输过大；更糟糕的是，对那些不熟悉怎么去分解文件的参与者来说需要更明确的说 176 明。简言之，建议研究人员的技术水平保持在研究问题可接受的最低限度。在合作中我们发现，由于地方经济原因，与特定地理政治区域的同事进行传统的邮件沟通时需要尽可能地“轻便”。[①] 在这种情况下，完全交互式多媒体就不再是一个选择，因此排除了大多数潜在参与者。然而，如果研究人员采用一种与研究领域相适应（包括适当筛选受访者）的合理抽样技术，互联网就可以为研究参与者提供一种简便的访问方式。诉诸 ftp 可能会显得有点过时；但是这符合一个总体的方法论原则，即尽可能简单使用相关技术以确保最大限度的访问。

7.3 方法论

因为网络调查研究中参与者的易接触性，所以同样容易犯一些愚蠢的方法论错误，其中有些或多或少比其他的更具破坏性。关于确定适当的抽样策略的问题在第 4 章进行了详细讨论。可能需要发送一封回复邀请的电子邮件以表示有兴趣参加网络论坛、网络列表、聊天室等，并根据所访问社区的规模和社区利益的焦点进行答复。然而，在此类参与邀请的极端情况下，必须确保所有的通知中细节都是正确的，并对整个研究进行整理：

① 此外，对于大量使用变音符号的语言来说，ASCII 字符编码的贫乏性可能会带来一些困难。字符集编码的不兼容也会导致材料传输中的技术问题。阿佩尔和马伦（Appel & Mullen，2000）也对这个问题进行了思考。

从方法论上讲，再次要求对该研究进行小的修改是值得怀疑的（因为随后的参与者将不会遇到与先前参与者相同的条件）。当然，这与非网络调查研究的情况没有什么不同。然而，与更传统的、会破坏参与者队伍的方法相比，在不完整的信息上按下“发送”按钮或提供不受欢迎的材料和条件的相对容易程度，与互联网提供的潜在参与者队伍的极端规模一样令人难以置信。让大量参与者的参与迅速失效并不容易。不久的将来或许可以
177 使用电子邮件过滤器，以降低发送意外邮件的风险。过滤外发邮件（确保发送的电子邮件是针对指定的收件人的）是垃圾邮件检测的逆操作（见 O'Brien & Vogel，2003），是一个已经开始研究的自动文本分类的应用。这个问题对于构建通过互联网来管理的研究至关重要。过早给予材料的访问权限可能导致网络调查研究中出现更多错误。

在网络调查研究中，许多方法论问题和在其他研究模式中是相同的。在征集参与者前要解决传统问题，这可能会产生时间表问题：学年内的网络流量远超于学年外的网络流量，在国际节假日期间会出现网络流量低谷。任何含有关键时间节点的研究都应该对全球波动和参与者人数的稳定性保持敏感。这意味着需要考虑更多的方法论问题，也需要尽早解决传统问题（包括为当前的任务征集和筛选参与者的正确方法）。

至少还有一个方法论问题是通过互联网进行的研究管理所特有的，对于涉及参与者协作的研究特别重要，譬如在协同对话研究中（如 Healey，1995）。关键的基本问题是通过互联网实现的同步和异步通信间的潜在差异（如第 3 章所述，在考虑访谈和观察法时）。之前我们强调了异步通信的优势，尤其是参与者能更加轻松地在闲暇时间做出回应（与通过电话管理的问卷相比）（Hewson et al.，1996）。对于完成时间允许的研究来说，这可以获得经过深思熟虑的更准确甚至更加配合的回应。互联网也提供接近同步和完全同步的通信。此外，电子邮件是前一类的例子，在线聊天系统、聊天室、多用户网络游戏（MUDs）、对象式的多用户网络游戏（MOOs）、更普遍的虚拟世界等（见前几章），则是后者的例子。不管是在同一实验室的相邻机器上，还是从地球另一端的机器进行访问，都能以近乎同步的方式使用电子邮件。这种方法令研究中对参与者的地理位置的

了解变得重要。传统的协作研究中涉及当地的参与者，时区差异问题并未出现。通过参与者所在时区能了解到参与者是在凌晨还是在午餐时间参与研究。因此，很难为从未见面的参与者的同步活动制定具体的合作时间表，但并非不可能，这仍然是需要研究人员解决的方法论问题（另见第 3 章关于在线访谈和焦点小组方法的讨论）。问题在于，本地执行的（几乎）同步任务中，通常不需要对参与者的潜在疲劳进行监控。但是网络调查研究涵盖极广的地理范围，因此必须对其进行监测。虽然视频会议和电话访谈也有同样的限制，但视频会议与网络调查研究一样先进（在许多情况下都是通过互联网来管理的），视频会议和电话访谈的参与者规模都超过了非同步的电子邮件交流能带来的潜在参与者规模。 178

在其他环境中不会出现的一系列方法论问题需要在互联网上解决，但这不一定是有问题的，而是取决于研究问题。已讨论过的问题是，研究人员和参与者用户账户的命名方式——是否匿名、是否区分性别等。可以预料到对一些研究问题的回应将部分取决于研究人员账户名体现的特点。另外要告知参与者他们的交流都将被记录下来（但在报告时匿名）。正如许多语言判断任务与了解一个人的用手习惯相关一样（Schutze，1996），当研究是通过互联网来管理并且涉及参与者迅速输出文本时（可能是在交流环境中，例如在线访谈），进行初步筛选以便平衡打字能力就变得很重要了——某些研究中的一些参与者是触摸式打字员，而另一些则不是。[①] 此外，根据远程反应时研究的安排方式，可能需要结合实验界面确定参与者的硬件设置（例如，在非标准键盘上的“Y”和“N”键的位置，与参与者的惯用手以及这些按键在研究中如何作为响应来解释有关）。

另外要控制的（或至少获得有关的问卷数据）一个类似因素是参与者能否从家中（或工作场所）自由访问电子邮件，以及从工作场所发出的邮件是否被监控。有时，确认参与者是在家中还是工作场所是很重要的（如第 5 章中讨论的伦理问题）。关键问题在于参与者的空闲和自由程度。然

① 在多媒体环境中，就像电话一样，可以通过使用语音通信来避免这种情况。然而，研究人员和参与者所拥有的设备水平却使其难以付诸实践。

而，适当的提问范围很重要，因为容易引起一些正在工作的受访者的反感而使他们怀疑研究本身是管理控制的形式。与此同时，在许多工作环境中，白天的娱乐是被鼓励的。无论如何，知道参与者所受的约束是有价值
179 的。在某些情况下，了解参与者支付电子邮件与互联网接入的费用，能够解释答复的简短性。同样，免费的网络接入也会鼓励参与者增加参与研究的时长，并非基于电子邮件但仍基于网络互动。因此，我们提倡在任何筛选参与者的前期研究中，都要将关于这些信息的问题包含在内。另外一个相关的问题是，为参与者提供退出研究的机会也很重要（详见第 5 章）。这里所涉及的方法论和伦理问题是，即使是部分参与也要保证匿名性，以及是否需要分析部分数据或完全删除。

最后，在某些研究中可能要考虑真实性问题。在网络互动中人们有能力伪装自己，从他们的“现实”互动中为他们的网络互动选取合适的角色。当然，在其他形式的社会交往中并不明显的攻击性行为可以在互联网交流中以各种方式体现出来（例如“喷子”）。在线交流风格的这些特点是当前研究的一个重要课题，任何希望将在线交流风格推广到一般交流风格的研究都必须对此予以考虑（Berzsenyi，1999；Herring，1996；Kiesler，Siegel，& McGuire，1984；Rossetti，1998）。

7.4 网络礼仪

招募参与者是与“网络礼仪”相关的研究阶段的一部分。这与新闻组和电子邮件列表特别相关，它们已经发展出了可接受的行为准则，其中一些很容易被网络调查研究人员无意间侵犯。其中一个基本规则是，发布（给任何一方）的信息都应该是相关的。这一点与许多研究的需求背道而驰，其中许多人明确不愿向专门讨论某一专题的小组或对某一特定主题研究的参与者发布参与邀请（当然，并不总是如此）。请注意，有一个可以随机选择的列表，就可以在任意互联网接入模式（一览表、新闻组等）下

随机选择目标位置（或根据讨论内容选择）。然而，正如第 4 章所指出的，需要记住并非所有的位置都能接触到相同数量（或类型）的潜在参与者。因此，如果通过对比不同讨论主题来权衡邀请，就不一定需要对总体规模进行平均。这可以通过监测相关地点的活动程度来控制。

邀请参加一项研究几乎总是与预期的主要讨论内容无关。在这种情况下，通常希望得到版主（在存在版主的情况下）对此类帖子的允许。180
在许多情况下通过直接联系版主，可以克服这个特定的约束。无论如何，不要被认为是牟取暴利的“垃圾邮件”。要特别注意的是，一些网络治安人员对“垃圾邮件”有着明确的句法定义。例如，休森和沃格尔（Hewson & Vogel，1994）发现，当他们的邀请在超过 20 个新闻组中发布时，无论这些小组之间是否存在语义上的联合关系，也不管广告是否出于纯科学的非商业动机，都是不被网络治安志愿者所接受的，并且可能会导致必须重新发布较少数量的帖子。因此，不要超过临界值这一点非常重要。[1] 而给每个参与者单独发送的建议看似可行，但这违反了“交叉发布”的网络礼仪：为了节省带宽，最好在每组中放置一份文本的副本而不是多份。参与者个体看到通知的次数是不同的（事实上，这是新闻组和邮件列表间的显著区别；对于邮件列表，即使交叉发布到多个列表中，也意味着多次订阅的个人将在每个设置中遇到广告，而交叉发布到新闻组的邀请只会在读者订阅的第一组中被读者看到）。在互联网发展的早期，带宽指的是网络和内存容量；如今，它主要适用于人们传输的数据量。

最后一点是，发送给邮件列表和新闻组的参与邀请应以纯文本格式制定，以便在任何新闻或邮件阅读器上阅读；特别要提出的是，邀请帖不应作为附件发布，也不应包含附件。PC 用户很容易将计算机病毒发送给其他用户，他们甚至没有意识到自己的计算机被感染了病毒。发送病毒会疏远许多参与者，如果他们专注于病毒本身，特别是由于研究人员和参与者

[1] 我们的经验是，理性讨论毫无用处。我们不发送连锁信，也不为牟利，这是完全不相干的；仅仅超过 20 个地址就造成了相当大的时间浪费。

之间的接触相当随机，研究人员可以很容易地发现在全球范围内流传的广告，并告诫避免阅读“虚假并仅仅包含一个病毒”的有关研究信息。[①]

当然，正如在第5章和本书其他地方中所讨论的，在邮件列表、新闻组、社会和职业网络，或其他在线社区网站上发帖，可能本身就是研
181 究的主题（Hofmann，2002；Vogel & Janssen，2009；Vogel & Mamani Sanchez，2012）。混淆因素的出现取决于在这些情况下如何处理伦理问题。如果我们的结论是，尽管数据对于任何有互联网接入的人都是可见的，但必须告知参与者，出于研究目的，正在监控论坛讨论内容，那么存在的风险是不能确定小组中的行为是否会因为被观察而发生变化。另一种选择是允许研究公之于众，作为任务报告，并告知被研究过的个人。一个让人感到更自在的[②]经验法则是，如果论坛上的交流仅限于一个小组内，那么必须要成为组员才能看到沟通记录，未经明确同意的监测是不道德的行为（注意并非所有的邮件列表都如此，即交流记录仅对成员可见；许多邮件服务器有公开交互的档案）。此外，即使数据是公开的，也有可能因伦理而被限制在数据抓取“机器人”上（详见下文）。

研究人员使用附件招募参与者很容易遭到排斥。避免这个问题的最好方法是避免使用附件，并坚持基于文本的消息传递方式。至少有两种侵扰性较低的替代方法可以用于招募参与者。一种是使用前文中提到的实验信息交换平台。在这种方法中，研究人员设计一个研究，将其放在一个有其他一些研究的地方。心理学教师往往会熟悉这些，他们会让学生参与到网上创建的研究中，因此参与者的循环流动或多或少是通过他们进行的。除教育界外，寻求参与此类活动的群体也会对此感兴趣，就像热衷于纵横填字游戏的人一样。然而，后者具有自我选择的特点，可能不适合依赖于大量人群样本的研究。学生人数也可能因某些原因而出现偏差。另一种可能性是利用免费的网页托管和互联网搜索引擎的机制。有些互联网公司通过获取网页的高点击率来谋生。他们的基本技巧是，把一个无害的网页（可

① 尽管第2章指出大多数病毒警告是假的，但这一点依然存在。与在全球传播的虚假病毒警告联系在一起的影响是无法估量的。

② 在许多伦理问题上很难预测在特定的场景中能感受到什么。

能包含与研究无关的内容）放在与研究无关的独立网站上，但在页面上附加大量的标签词。标签词的选择可以根据与目标参与者所在群体相关的主题兴趣进行调整。例如，在一项关于移民态度的研究中，可以将与主题相关的许多单词编码到链接页面中。因此，当随机的潜在参与者在互联网上搜索有关主题的信息时，链接页面以及与研究相关的链接将有更多机会显 182
示出来。

同样，可以使用完全随机的标签集加载 HTML 关键词字段，如果想获得尽可能广泛的参与者队伍，我们可以只使用非常频繁的搜索标签。这种方法能使潜在的参与者发现参与的可能性，可以吸引参与者而不至于让他们最喜欢的新闻组或邮箱被征求参与的帖子弄得乱七八糟。一项相关技术是在专门针对特定领域的聊天页面上放置相关研究的提示。聊天页面通常是动态 HTML 页面，接受来自用户的小文本并将其留给后续读者。与新闻组不同的是，这些帖子不会很快过期（一旦研究结束，这可能会产生一些问题，所以应谨慎采用最后一种招募参与者的方式）。事实上，在目前任何可供个人在互联网上同步或异步交流的论坛中，都有投放招募参与者参与研究的广告。每种方法的适用性取决于上面讨论的因素：通知的持久性、参与者队伍的适宜性及其规模。不同之处在于，从关注的问题来看，不同环境下的宣传可能比较复杂。

7.5　收集非侵扰性数据的方法

非侵扰性的研究方法也存在风险。在一项非侵扰性的研究里，研究人员可能希望从现有的数据库和其他结构化资源中提取和收集信息，或者是利用互联网作为一个开放的数据源，使用“蜘蛛”（spider）程序进行数据抓取，该程序穿越互联网链接，收集和索引这些链接所连接的数据。有必要使用这种蜘蛛程序以及针对特定网站的程序，并符合站点所有者申明的 robots. txt 指令。这些指令指出了站点上有哪些文件或目录，也许都是在人工监控下完全可见的。主机管理员允许像蜘蛛这样的程序自动处理互联网索引。试图以这种方式从互联网上抓取数据的研究人员面临着一项艰巨的任务，即从非结构化材料中筛选出结构化材料。被无价值的东西所困扰的风险是巨大的；同样，数据被多次复制并储存至不同位置会有被混淆的风险。因此，将这种研究方法限制在结构化资源中可能是最安全的。如果这不是一个明显有效的策略（搜索引擎的网页索引无法有效地将搜索限制在结构化数据源中），那么为了剔除无用数据，必须要有一个过滤垃圾邮件和应用其他类型的文本自动分类策略（如语言猜测）。在语料库语言学
183 领域，基加里夫和格雷芬斯泰特（Kilgarriff & Grefenstette，2003）注意到使用搜索引擎做的摘要统计作为数据源时存在许多风险。“击中”的摘要统计信息可能具有误导性，例如，网络上的镜像站点存在重复的内容。仅仅通过多个网站复制内容并不构成真正的独特用途，应该告知相对频率的计算方式。语言学家可能对自然语言中表达的相对频率感兴趣，同时，社会学家可能会有兴趣了解情感表达能在多大程度上共享，但镜像内容会扭曲这两类研究问题的数据（与此同时，其他人则认为在其他方面数据是稀缺的，而网络作为数据源具有优点；见 Keller，Lapata，& Ourioupina，2002）。显然，在依赖于网络作为语料库的语言学研究中，必须能够正确地过滤不相关的内容。这些问题也与其他学科有关（如行为经济学），在这些学科中，基于网络的概念（如“稀缺”）可能是市场情绪的象征（如对商品市场的态度）。

如上所述，一些基于互联网的数据收集形式是从公开可见的位置获取数据（通常以文本、图像或声音文件的形式）。目前这一种数据收集的形式呼唤有胜任能力的程序员，但与托管自己的实验服务器和利用其所有的数据记录设施，或根据自己的需要调整其开放源码所需的能力相比，所涉及的问题要少得多。事实上，任意数量的开源数据在网上都是能随时抓取的，并能根据自己的目的进行调整。一般的想法是用网址或网址列表来生成一个程序，以便对来自初始链接的可见链接进行某种搜索（通常是广度优先），读取链接中可用的内容。任何合理的此类系统都包含“冗余检查”，以避免通过链接周期进行无限循环。如上所述，这里出现了“网络

礼仪”元素，在这种情况下通常要检查以这种方式搜索的任何目录中是否存在 robots. txt 文件。惯例是将这样的文件用于向数据抓取程序发出信号，旨在通过“自动的”数据抓取程序进行审查。可供公众自由查看的目录可能不用于数据抓取。robot. txt 文件的内容用于指示数据是否公开。惯例是，robot. txt 文件应得到尊重，并且在没有指令的情况下该内容是可抓取的。另一个被使用的惯例是有时会显示出一个或多个“验证码”界面，其中会呈现以典型的扭曲字母和数字组合作为图像的文件，这样能使人们以一种密码的形式来阅读或者重新输入内容。每次访问都会随机生成图像，但由于程序不太可能读取图像而限制了机器人的（自动）访问。当然，这些程序可以使用光学字符识别来自动化阅读过程，这就是图像通常 184
被扭曲的原因。显然，在机器人辅助的网络数据收集中可能出现的问题包括最终数据集的不完整，因为所需的信息无法从伦理上进行收集。[①]

然而，这并不是非侵扰性数据抓取方法的风险程度。万维网的一个老大难问题是它没有真正的编辑器。虽然众包作为实现面向共识的数据验证的方法越来越受欢迎，而且其本质上包含了一种同行评审，但不一定包括专家验证或具备评审的完整性。此外，它并不特别注重冗余，相反，它似乎通过相当于内容“病毒式传播”的活动，来庆祝冗余。例如，如果在语言学研究中希望通过将文本中的 n-grams[②] 与互联网上可见的文本估计的大致语言分布进行比较，来考虑一些语言样本是否存在统计异常，那么研究必须要关注的事实是，通过互联网构建的语料库存在很大的内容重复风险，这仅仅是因为同一内容被重新发布了上千次。这种风险独立于从镜像站点（如维基百科，提供完整的资料来源副本）进行的不经意采样。虽然存在病毒复制内容的可能，至少重复发布内容的人都单独批准了该内容，但镜像内容不一样。因此，重复的内容是对开展语言变化等方面的研究以及许多其他研究的一个明确挑战。乍看之下，不仅仅是语言学上的研究问题似乎很容易解决，因为通过互联网可以看到数据的规模。在政治学中也

① 见斯尔沃和斯图尔特（Thelwall & Stuart，2006）对于抓取的伦理规范的一般性讨论。

② 这些 n-grams 是长度为 n 的标记序列（例如单词）；n-gram 是计算语言学的一个术语。

一样，评估公众情绪的尝试也可能会受到同样的影响，即结论被重复的内容所混淆，除非采取谨慎措施控制由机器人程序搜索内容的链接。此外，如果是为了获取民意但没有向人们提出具体问题，那么数据抓取最多能提供积极的意见表达（其本身可能是积极的，也可能是消极的），但是会使有意识的参与者无法获得直接的提问，从而难以表达意见。

7.6 黑客

在互联网上，很多人能积极寻找并参与研究。同时，也有相当多的人
185 在网上寻找途径来测试他们破解系统的技巧以及产生的影响。与网络调查研究有关的一些人会以参与者的名义出现，其中一些人对正在进行的研究兴趣不大，只是试图闯入网站。在网络上密码破解程序随处可见，新手黑客的典型做法是通过侵入账户来非法访问系统。这种做法给研究人员带来了不同程度的麻烦，但也有针对这种做法的标准保障措施。首先研究人员的主机系统向参与者账户提供系统权限，这种许可是为了支持受控环境中的协作活动、支持通过 ftp 上传文件或者其他原因。除了研究项目可能需要向参与者提供关于研究人员主机网络的账户外，还有一种情况是研究人员的项目以软件工具作为中介来托管用户的账户（例如纵向研究），这些参与者并没有用户特权。一般来说，黑客需要用户 ID 和密码才能获得访问权限。因此，使用一组不可预测的用户 ID 能在一定程度上保护自己（比如“我的实验一”“我的实验二”……）。然而，一旦潜在入侵者识别出该账户的实际用户 ID，就可以通过运行生成和测试密码的脚本来测试任意可能的密码（当然，许多系统管理员会对系统进行设置，使任何特定的用户账户在三次左右的失败尝试后被拒绝访问，并且系统日志通常会显示自动尝试的模式；然而，系统管理员通常有很多其他工作，这会妨碍对系统访问日志的日常检查）。

因此，确定一种生成密码的合理策略是非常重要的。系统管理员是最

佳的提示来源，但密码不应该是简单的单词或名称；它们应该是包含大小写字母以及数字字符的组合。[①] 通常可以以这种方式预防黑客侵入账户。但是，如果他们确实获得了访问权限，那么就必须进行识别确认并尽快关闭。同样，系统管理员有标准的监测方式——通常涉及监测访问日志以验证是否从已知的远程主机访问系统，并验证数据文件不会突然消失或在属性（比如大小）上发生根本变化。系统备份可以进行部分修复以免受黑客影响。此外，访问日志监测通常是在怀疑出现安全漏洞时进行的，而不是 *186*
系统性的监测，而且安全漏洞可能会在很长一段时期内难以被发现。

研究人员应该确保，无论是通过在线研究信息交换平台，还是在研究人员自己的托管网站上，与研究相关的所有材料以及从研究中获得的数据，都位于未经许可的外部读者所不能访问的地方。也就是说，通常通过特定网址来访问网页（如此类链接的列表：http://psych.hanover.edu/research/exponnet.html [2015 年 4 月访问]）；但是，除非适当地设置了权限，否则任何人都可以查看目录结构中较高级的文件。例如，虽然在 2012 年 1 月链接 http://darkwing.uoregon.edu/～prsnlty/surveySBO 是存在的，但是在 2014 年 9 月，世界上任何一个使用浏览器的人依然都可以通过检索与刚才提到的链接相关的网址（http://darkwing.uoregon.edu/～prsnlty/[2015 年 4 月访问]）找到图 7－1 中的内容。

在通过浏览器访问的情况下，可以通过在每个目录中放置一个 index.html 文件（以及控制文件和目录的权限）来避免这种影响。在这样设置后，其内容由客户端浏览器查看和处理，但是相关的目录结构、文件名、文件大小、更新日期等信息将无法查看处理。当然，这种保护级别的重要性完全取决于文件的预期安全性，如果不实施这些安全措施，那么这些文件可能会被显示出来。

在这个具体示例中，可用的文件并不是一项研究中的替代条件（如通常用于实验设计）。当然，在大多数涉及研究中的独立条件的情况下，研

① 报告这一点并不影响策略的有效性：密码破解程序必须检查大小写字母和数字的所有可能组合。典型的系统管理员会监视并防止长时间的重复的登录尝试。当然，偶尔也会有监控失误，研究人员应像注意在主站上的文件备份频率一样，注意主站上的非法登录监控设施。

187 究人员并不希望这些替代条件被参与者看见。因此，多站点连接技术（Reips，2002b）应该使用真正不同的网址进行谨慎部署，而不仅仅是固定网址前缀中的不同目录。此外，伦理方面的考虑也与此相关。在大多数情况下，研究人员不希望让新的参与者或其他人能随意查看之前参与者的数据（实验数据或参与者同意记录的任何个人数据）。目前尚未明确文件对随机黑客的可见性在多大程度上会导致数据丢失或研究中断，但需要注意（当然是保密的），大多数材料、目录结构以及文件命名方案都应该是不可见的。

名称	最后修改	大小描述
上级目录		—
ADSTUDY/	15-Jul-2009 08：51	—
SAUCIER/	17-May-2005 17：25	—
SBO/	23-Jul-2006 09：27	—
TODOWN/	25-Feb-2009 11：06	—
food/	21-Jun-2007 21：59	—
mcvs/	04-Nov-2007 15：25	—
surveySBO/	12-Feb-2007 00：57	—
wyoming/	12-Oct-2008 00：20	—

Apache /2. 0. 63 （Unix） Server at darkwing. uoregon. edu Port 80

图 7-1　/～prsnlty 的索引

与黑客行为相关的另一个主要问题是参与者的活动，他们热衷于提前发现研究内容，或者只是一心想破坏研究结果。具体做法包括多次参与并尝试检查其他条件。我们刚刚讨论了如何设置文件权限，以防止参与者有意进入其他实验条件的可能性。但是，如上所述，为不同条件下的目录或同一目录中不同条件下的文件提供语义上不相关的名称（以及最小的字母变体）也很重要。这样做的原因是，即使没有黑客心理，参与者也可以很容易地通过印刷错误或自由联想从提供的网址中进入一个条件不同的网址。同样，一个人可能会多次尝试参加一项研究（比如一项调查）。针对这种情况的保护是监测用户访问该研究的域名地址。当然，这并不是一种完全理想的方法，因为单个机器可以有多个用户，并且多个用户可以参与任何给定的研究。凯勒等人（Keller et al.，1998）的技术在这里可应用于确定参与者是否为冒充的。这些研究人员使用了要求参与者提供电子邮件地址的技术（这可以［但并不一定］包含他们连接到主机的域地址；例如，用户可以在一台计算机上拥有一个账户，但可以处理来自远程主机的所有电子邮件，例如通过雅虎账户）。在研究结束时，会向参与者发送一封致谢的电子邮件，如果邮件被退回，那么这个参与者就有可能是虚假的（无论出于什么原因，至少是输入了一个虚假的电子邮件地址）。该技术同样可以用于对多人参与的监测。但只有在参与者匿名性无法得到保证的情况下，这种做法才是可行的。当一个单一的域名地址在多个用户的日志文件中出现时，可以验证相同或不同的电子邮件地址是否与每次登录相关。当然，黑客可能拥有多个电子邮件地址，但黑客有足够数量的不同地址来破坏研究的可能性正在迅速减少。我们可以将在线拍卖行业所面临的问题作为非研究领域现实问题的例子：多布任斯基（Dobrzynski，2000）报告了互联网拍卖机构易贝（eBay）的监测实践，为防止有多个地址（或真正的卡特尔［cartels］）的个人出价购买自己的产品，卡特尔的算法是专有的，但人们可能会猜测，它涉及对竞价行为的 188
社会网络分析，以发现那些通常对彼此的出价做出反应并作为卖家而不经常赢得拍卖的人。这个监视过程中的一个难题是，用户可以有多个登录名，并且可以从多个主机进入系统。因此，易贝的监控程序并没有为有多个地址的个人提供一个有力的保障。如何保证单一参与网络调查研究仍然是值得研究的课题。

依赖于在不利条件下提供可靠性能保证的软件（无论是二手软件还是研究人员制作的交互式网页）是一个好主意。这里的一个重要问题是字处理软件包中的剪切和粘贴的标准使用。我们很容易忽略突出显示大量文本（并且很容易故意突出显示相同的内容）的情况，并通过单击键以某种形式转储到文本框中。参与研究的人可能会无意中这样做，或者黑客可能会尝试同样的方法，以便将恶意代码“注入”系统，在后台访问主机网络。这并不一定成问题；但是，如果粘贴的文本包含了各种控制代码（比如明确的 HTML 编码），那么许多系统的数据可能就会丢失。原因是底层数据库中的字段分隔符突然在一个字段中使用。结果是软件混淆了字段边界的位置，并且从此处开始出现数据的损坏。同样，如果已编码的网址包含在文本框或是一个在线通信任务中，会突然发现另一个参与者点击该网址后，浏览器被转入研究外的站点。[①] 防范这些问题的方法是预先使用非预期的输入对软件进行严格的测试（如空输入、垃圾输入、随机 HTML、大文件等）。一方面，这里的问题应该由为互联网实验提供软件工具的程序员解决（不管这些程序员和研究人员是否也打算使用该软件）；但另一方面，研究人员有责任确保系统在收到垃圾输入时确实按照预期的方式运行，验证所使用的系统是否按公告的方式工作。

网络调查研究使在线研究变得非常容易，并承担相应的责任，避免
189 在适当的测试和试点之前过早地进行。在具体情境下必须考虑按下“发送”按钮的结果，行动过快的结果可能是灾难性的。在网络调查研究中，对材料和程序进行研究前的测试与研究期间各种风险的降低有直接关系。

7.7 法律上的考量

与更传统的数据收集方法相比，网络调查研究方法会产生额外的法律风险。有些风险因素相似，即与参与者个人信息的数据保护相关的因素。根据与参与者有关的信息，研究人员可以很容易地成为数据监管保护法律条款中的数据管理员，没有使用互联网的研究人员也是如此。网络调查研究的一个新风险是互联网上的信息可见性，这可能会在无意中危及数据安全，就像偶尔会发现私人公司无意中将私人数据暴露在互联网上一样。然而，这并不是因为一个项目通过互联网运行而产生的风险，仅仅是因为研

① 在一些研究中，了解参与者是否参考了外部数据源很重要。此外，在新兴的互联网实验管理系统中，传输到外部主机而冻结服务器是一个常见的漏洞，会使服务器崩溃。这确实是一个非常普遍的错误，因此应该在使用一个系统时进行试验。

究人员拥有可通过互联网访问的数据。在线下进行研究的研究人员可以编制一个包含可识别个人数据的数据集，并将数据定位到可通过互联网以电子方式访问的地方。通过网络调查研究收集的数据在互联网上更有可能被其他人看到，或者像上面讨论的一些场景一样被直接定位，或者被黑客攻击定位。必须注意确保参与者数据处在安全“防火墙”的后面，并在未连接到互联网的计算机系统上。

其他风险似乎是网络调查研究方法特有的。例如，数据抓取的尝试可能会无意中获取研究人员未公开的个人数据，同时也可能收集到被有关法令禁止出示或保留的数据及其他非法资料（例如，“蜘蛛”程序可能会查找和下载儿童色情资料，以及，在许多司法管辖区，法规禁止下载或保留此类数据）。在某些情况下，这些数据可能由遵守良好网络礼仪的研究人员持有，这会使研究人员违反版权法或其他形式的知识产权法。在某种程度上，可以依靠研究人员无法控制的过滤器——有效的国家互联网审查政策或由网络服务提供商创建的过滤器。最近，网络服务提供商的责任已经在一些司法管辖区受到考验，例如，被认为是由其服务托管的诽谤性内容。责任似乎随着版主活动的增强而增加——提供商承担的编辑角色越多，承担诽谤性内容的责任就越大；仅仅是索引甚至缓存内容，搜索引擎似乎不会对诽谤负责。但是，法律中出现的有关互 190
联网的关键问题之一是任何情况下适用的管辖权。这是因为在此讨论的许多问题在不同的司法管辖区有不同的处理方式，但谁的管辖区——参与者、研究人员或实际数据（随着服务越来越多地转向“云计算”，它可以出现在任何地方）——重要，这一点还没有定论。这是一个流动的空间，因为立法和司法检验都在促进互联网法律的发展（见 Edwards & Waelde，2009；Reed，2004）。

不能忽视这些复杂多变的问题。回到设备的概念，例如，许多通过互联网来管理的调查系统都涉及基于云的系统。即使是“自行开发”的系统，研究人员也可以在以下两种情况中做出选择：一种是在研究人员控制的位于防火墙后的特定真实计算机上操作，另一种是在受云服务提供商（如亚马逊）控制的主机上以“云实例”的形式提供的虚拟机上进行操作，特别是不在研究人员控制的防火墙之后。广受欢迎且功能强大的 Qualtrics 就提供基于云的产品。这里的问题在于，存储在“云端”的数据不在由研究人员实际保护的设备中。这对数据保护立法的规定有影响，要求数据控制者提供数据完整性和数据安全性的保证。如果个人可在数据集中被识别出来并且该数据包含敏感的个人信息[①]，那么即使云服务提供商符合国际标准（如 ISO/IEC 27001），使用公共云计算设施来存储该数据，也可能不符合研究人员的制度性政策要求。[②] 当然，可以使用云系统并遵守相关的数据保护法，但必须解决与研究密切相关的具体问题以保证个人数据不被泄露。而且，并不是每项研究都需要个人数据，研究人员应该抵制收集更多个人数据的诱惑。然而，尽管在某些研究项目的背景下保留个人数据可能会有很好的动机，并因此被明确收集，但这不是在网络调查研究中收集与个人相关的数据的唯一方式。

浏览器缓存使得网站能够跟踪有关用户偏好和行为的大量信息，这被
191 认为包含个人数据，因此属于数据保护范围。数据保护的差异很大（例如，在欧洲内部和欧洲与美国之间）。一些网站的构建不允许进行浏览器缓存，除非用户允许将浏览器缓存储存在其计算机上（个人在网上进行旅游预订时，浏览器缓存需要在进入相关预订网站时被允许，否则无法进行浏览器缓存）。然而，原则上这些浏览器缓存可以产生大量的信息，尤其是对于互联网服务公司而言，它们拥有流行的搜索引擎和视频娱乐等，所以大部分在线活动可以通过它们进行。用户可以享受高度个性化的体验，但是会失去一些隐私。[③] 我们在第 6 章中提到了浏览器缓存的使用，并指出主要用于检测参与者是否参与了多次的网络调查研究活动。我们的建议是尽量避免进行浏览器缓存。

---

① 目前，在都柏林圣三一大学的《云计算政策和指南》中，这些数据可能被视为“机密”和“关键”，即“与个人身心健康有关的……生物识别数据”。请参阅 http://www.tcd.ie/about/policies/cloud-policy.php（2015 年 2 月访问）。

② 参见 http://www.iso.org/iso/home/standards/management-standards/iso27001.htm（2015 年 2 月访问）。

③ 参见安格温和麦金蒂（Angwin & McGinty，2010）在《华尔街日报》上发表的文章《他们所知道的：网站将个人信息提供给新的跟踪行业》，见 http://online.wsj.com/news/articles/SB10001424052748703977004575393173432219064（2014 年 5 月访问）。

根据研究的性质，参与者可能有其他的方式可以在通过网络调查研究获取的数据集中进行识别。除了简单地提供个人信息之外，对某些问题组合的回答可能会造成受访者独特的可识别性。研究人员有责任在开发研究工具和寻求研究的伦理许可方面注意到这些可能性。网络调查研究特有的一个方面是，研究以外的个人可能通过事故（例如记忆棒丢失）或系统黑客攻击发现数据集。因此，强烈建议研究人员在所有情况下都对未被明确批准用于开放数据储存库的数据文件进行加密和密码保护（如果数据要存储在云端，将数据上传到云端之前对数据加密，而不是仅依赖于云存储提供商提供的数据加密设施，这符合研究人员的利益）。

7.8 结语

在本章中，我们考察了在互联网上进行研究时可能出现的六类主要问题。第一类问题与进行此类研究的**设备**有关。我们指出，所需的设备越复杂，潜在参与者的队伍就越小，对于非专业编程人员来说，构建研究的难度就越大。我们还为互联网上现有的一系列研究提供了建议，这些研究目前正在积极收集数据并提供各种可能的范例。我们讨论了目前或即将提供给有兴趣在互联网上展示研究成果但对成为专业程序员不感 192
兴趣的研究人员的各种设备设施，希望为有意使用互联网的研究人员提供指导。我们概述了互联网特有的**方法论**问题以及其他领域常见但由于网络调查研究而加剧（或改善）的方法论问题。其中首要的问题是，在进行网络调查研究之前要谨慎小心，在互联网提供的前所未有的接触参与者的速度面前保持冷静。此外，我们提出了在不违反**网络礼仪**的前提下吸引参与者的建议。从互联网中收集数据进行初步分析的替代方法（**抓取**）也会在避免交互式研究问题时产生风险。各种研究都可能受到**黑客**的入侵。**数据保护**带来了伦理和法律上的诉讼风险；因此数据保护是网络调查研究的一个主要考虑因素。这些风险只能得到缓解（我们已经提出了建议）而无法消除。我们就如何避免吸引顽固的参与者和黑客的问题提供了建议，希望了解网络调查研究风险和风险缓解策略的研究人员遵循欧洲科学与技术合作行动 IS1004（European COST Action IS1004），即 WebDataNet[①] 中研究人员的共同成果（Steinmetz et al.，2012；Steinmetz et al.，2014）。

① http://www.webdatanet.eu（2014 年 4 月访问）。

后　记

最后的反思

为了反映本书第一版出版后该领域十年间的发展和变化，我们在第二版中做了大量的修改和补充。鉴于目前网络调查研究方法的涵盖范围，任何研究人员都难以跟上所有的发展和应用。因此，本书不可避免地偏向于笔者的专业和研究领域；不过，我们也选择了一些自己研究领域之外的范例和图表。在过去的十年间最显著的发展是从网上档案、已发布文档和行为痕迹中获取数据的非侵扰性方法得到了广泛应用，这得益于新兴的 Web 2.0 技术和服务，以及互联网在人们日常生活中的渗透。正如在本版新增的第 5 章中所讨论的，这些方法引发了关于网络调查研究中可接受的伦理尺度的激烈争论，特别是对于线上公共空间与私人空间的区分。第 5 章的核心原则是，对出现的问题没有统一的明确答案，而是需要在每一个特定研究的背景下，考虑到一系列相关因素后再做出伦理抉择。此外，需要灵活的网络调查研究伦理准则，以便能够适应不断变化的网络环境和技术。自第一版出版以来，侵扰性方法也得到了发展。最值得注意的是，基于万维网的调查方法数量已经大大增加，有效的软件解决方案变得更加容易获取，这使没有丰富编程技能的研究人员能够轻松实现对成熟、可靠、复杂的系统的操控及使用，而无须拥有较高的编程技能（如第6章中所讨论的那样）。

194 我们仍然强调，网络调查研究有令人信服的优势，其中之一就是随时可以接触到大量且多样化的潜在参与者。在本版中，我们提供了丰富的图表和示例，借以展示网络调查研究的优势，比如易于获得巨大的样本量、拥有极高的时间和费用上的性价比，以及能够接触到以往难以接触的人群（如专家）。与线下方法相比，高性价比的网络调查研究能有效帮助资源相对有限的小型机构开展研究。本书的另一重点是，现已通过多个领域和不同方法论取向证明了网络调查研究能够生成有效可靠并值得信赖的数据，与线下方法生成的数据质量相当。本版中的图表说明了这一点，特别是在“有效性研究”中，与传统的线下方法相比，这些研究更能直接测试网络调查研究方法的完整性。现有研究表明，网络调查研究样本有时能够达到和线下“黄金标准”概率样本相当的通用性水平。但是，在网络调查研究中获得概率样本仍然存在一些明显的局限性。

那么网络调查研究的未来会是怎样的呢？毫无疑问，网络调查研究方法正在蓬勃发展，本书中讨论的各种说明性范例也证明了这一点。随着技术、解决方案、战略以及新发现的不断出现，我们预测：随着互联网对个人日常生活的不断渗透，网络调查研究人员将能够接触到更广泛而多样的潜在研究参与者队伍。许多国家很可能在不久的将来达到互联网接入的饱和水平，同时国际覆盖范围仍将继续扩大；例如，“一个孩子一台笔记本电脑”的倡议旨在让世界上最贫穷国家的儿童获得上网机会（见 http：//one.laptop.org/[2015年4月访问]）。由于技术的不断发展，通过在线活动跟踪和互动来观察和监测个人的机会将会增加，这将促进非侵扰性网络调查研究方法的进一步发展和创新。人们连接和使用互联网的方式发生变化，使得越来越多的人会通过移动端接入互联网，这将为一系列侵扰性和非侵扰性的网络调查研究方法的创新（如同步在场研究）以及多媒体和地理位置信息（以及数据）的记录（以及传输）提供机会（见第3章）。不断扩大的“物联网”也将为在网络调查研究中收集数据提供更多机会，主要是以非侵扰性方式。这可能为获取巨大规模的“大数据”集提供足够空间。网络调查研究的伦理原则和指导方针将越来越成熟并将得到广泛的应用，将有更多与学科相关的专业机构以及更多的资助机构和研究伦理委员会/机构审查委员会发布这些原则和指导方针。然而，随着新 195
的网络调查研究技术和机遇的出现，新的伦理挑战和困境也可能出现。在侵扰性研究中，技术的发展将提高方法使用的可能性，因为这些应用程序的可靠性和质量得到了提高，这些方法更接近于线下近端交互，例如使用音频和视频进行访谈。此外，技术的发展将促进更复杂的实验和其他交互方法的发展，例如需要高精度计时的反应时实验。当然，正如我们在本书第一版中所讨论的那样，网络调查研究发展的途径是让研究人员通过施行程序找出问题并寻求解决方案。我们希望在第二版中更新的指导方针和讨论将有助于鼓励对此感兴趣的读者参与这些研究，从而推动网络调查研究方法的持续发展。

参考文献

AbuAlRub, R. F. (2006). Replication and examination of research data on job stress and coworker social support with Internet and traditional samples. *Journal of Nursing Scholarship, 38*(2), 200–204.

Acquisti, A., & Gross, R. (2006). Imagined communities: Awareness, information sharing and privacy on the Facebook. In G. Danezis & P. Golle (Eds.), *Privacy enhancing technologies. Lecture notes in computer science*, Vol. 4258 (pp. 36–58). Heidelberg: Springer.

Adler, C. L., & Zarchin, Y. R. (2002). The 'Virtual Focus Group': Using the Internet to reach pregnant women on home bed rest. *Journal of Obstetric, Gynecologic, & Neonatal Nursing, 31*(4), 418–427.

Ahmad, K., Cheng, D., & Almas, Y. (2006). Multilingual sentiment analysis of financial news streams. In *Proceedings of the 1st International Conference on Grid in Finance*, Palermo. http://pos.sissa.it/archive/conferences/026/001/GRID2006_001.pdf (Accessed October 2014).

Ahmed, A. M., & Hammarstedt, M. (2008). Discrimination in the rental housing market: A field experiment on the Internet. *Journal of Urban Economics, 64*(2), 362–372.

Aho, A. L., Paavilainen, E., & Kaunonen, M. (2012). Mothers' experiences of peer support via an internet discussion forum after the death of a child. *Scandinavian Journal of Caring Sciences, 26,* 417–426.

Al-Sa'Di, R. A., & Haman, J. M. (2005). 'Synchronous online chat' English: Computer-mediated communication. *World Englishes, 24*(4), 409–424.

Alvarez, R. M., Sherman, R. P., & VanBeselaere, C. (2003). Subject acquisition for web-based surveys. *Political Analysis, 11*(1), 23–43.

Anderson, G., Kaldo-Sandstrom, V., Strom, L., & Stromgren, T. (2003). Internet administration of the Hospital Anxiety and Depression Scale in a sample of tinnitus patients. *Journal of Psychosomatic Research, 55*(3), 259–262.

Andrews, D., Nonnecke, B., & Preece, J. (2003). Conducting research on the internet: Online survey design, development and implementation. *International Journal of Human–Computer Interaction, 16*(2), 185–210.

Appel, M. C., & Mullen, T. (2000). Pedagogical considerations for web-based tandem language exchange. *Computers and Education, 34*(3–4), 291–308.

Arnett, J. (2008). The neglected 95%: Why American psychology needs to become less American. *American Psychologist, 63*(7), 602–614.

Bagnoli, A. (2009). Beyond the standard interview: The use of graphic elicitation and arts-based methods. *Qualitative Research, 9*(5), 547–570.

Bainbridge, W. S. (2007). The scientific research potential of virtual worlds. *Science, 317*(5837), 472–476.

Balch, C. V. (2010). *Internet survey methodology*. Cambridge: Cambridge Scholars Publishing.

Baltar, F., & Brunet, I. (2012). Social research 2.0: Virtual snowball sampling method using Facebook. *Internet Research, 22*(1), 57–74.

Barak, A., & Miron, O. (2005). Writing characteristics of suicidal people on the Internet: A psychological investigation of emerging social environments. *Suicide and Life-threatening Behavior, 35*(5), 507–524.

Barbeite, F. G., & Weiss, E. M. (2004). Computer self-efficacy and anxiety scales for an Internet sample: Testing measurement equivalence of existing measures and development of new scales. *Computers in Human Behavior, 20*(1), 1–5.

Barchard, K. A., & Williams, J. (2008). Practical advice for conducting ethical online experiments and questionnaires for United States psychologists. *Behavior Research Methods, 40* (4), 1111–1128.

Bargh, J. A., McKenna, K. Y. A., & Fitzsimons, G. M. (2002). Can you see the real me? Activation and expression of the 'True Self' on the Internet. *Journal of Social Issues, 58*(1), 33–48.

Barratt, M. J. (2012). The efficacy of interviewing young drug users through online chat. *Drug and Alcohol Review, 31*(4), 566–572.

Batinic, B. (1997). How to make an Internet based survey. In W. Bandilla & F. Faulbaum (Eds.), *SoftStat'97: Advances in Statistical Software 6* (pp. 125–132). Stuttgart: Lucius and Lucius.

Batinic, B., Reips, U.-D., & Bosnjak, M. (2002). *Online social sciences*. Seattle: Hogrefe and Huber.

Baym, N. (2000). *Tune in, log on: Soaps, fandom, and online community*. Thousand Oaks, CA: Sage.

Becker, B., & Mark, G. (2002). Social conventions in computer mediated communication: A comparison of three online shared virtual environments. In R. Schroeder (Ed.), *The social life of avatars* (pp. 19–39). London: Springer: London. http://dx.doi.org/10.1007/978-1-4471-0277-9_2 (accessed October 2014).

Berker, T. (2002). World Wide Web use at a German university – Computers, sex, and imported names. Results of a logfile analysis. In B. Batinic, U.-D. Reips, & M. Bosnjak (Eds.), *Online social sciences* (pp. 364–381). Seattle: Hogrefe & Huber.

Berzsenyi, C. A. (1999). Chat theory: Renovating rhetorical education in electronic composition classrooms. In *The Penn State Conference on Rhetoric and Composition Rhetorical Education in America*, 4–7 July 1999. web.archive.org/web/20011225233631/http://www.wb.psu.edu/faculty/berzsenyi/cbpres.html

Best, S. J., Krueger, B., Hubbard, C., & Smith, A. (2001). An assessment of the generalizability of Internet surveys. *Social Science Computer Review, 19*, 131–145.

Bigelsen, J., & Schupak, C. (2011). Compulsive fantasy: Proposed evidence of an under-reported syndrome through a systematic study of 90 self-identified non-normative fantasizers. *Consciousness and Cognition, 20*, 1634–1648.

Birnbaum, M. H. (1999). Testing critical properties of decision-making on the Internet. *Psychological Science, 10*(5), 399–407.

Birnbaum, M. H. (Ed.) (2000). *Psychological experiments on the Internet.* San Diego, CA: Academic Press.

Birnbaum, M. H. (2001). A web-based program of research and decision making. In U.-D. Reips & M. Bosnjak (Eds.), *Dimensions of Internet science.* Lengerich: Pabst.

Birnbaum, M. H. (2004). Human research and data collection via the Internet. *Annual Review of Psychology, 55,* 803–832.

Björk, P., & Kauppinen-Räisänen, H. (2012). A netnographic examination of travellers' online discussions of risks. *Tourism Management Perspectives, 2,* 65–71.

Bogaert, A. F. (1996). Volunteer bias in human sexuality research: Evidence for both sexuality and personality differences in males. *Archives of Sexual Behavior, 25*(2), 125–140.

Bordia, P. (1996). Studying verbal interaction on the Internet: The case of rumour transmission research. *Behavior Research Methods, Instruments, & Computers, 28,* 149–151.

Bowen, A., Williams, M., & Horvath, K. (2004). Using the Internet to recruit rural MSM for HIV risk assessment: Sampling issues. *AIDS and Behavior, 8*(3), 311–319.

Bowker, N., & Tuffin, K. (2004). Using the online medium for discursive research about people with disabilities. *Social Science Computer Review, 22*(2), 228–241.

Bowling, A. (2005). Mode of questionnaire administration can have serious effects on data quality. *Journal of Public Health, 27*(3), 281–291.

BPS (2007). Report of the working party on conducting research on the Internet: Guidelines for ethical practice in psychological research online. *British Psychological Society.* REP62/06.2007.

BPS (2011). Code of human research ethics. *British Psychological Society.* INF.180/04.2011. http://www.bps.org.uk/sites/default/files/documents/code_of_human_research_ethics.pdf (accessed April 2015).

BPS (2013). Report of the working party on conducting research on the Internet: Ethics guidelines for internet-mediated research. *British Psychological Society.* INF206/1.2013. http://www.bps.org.uk/system/files/Public%20files/inf206-guidelines-for-internet-mediated-research.pdf (accessed April 2015).

Bradley, N. (1999). Sampling from Internet discussion groups. https://web.archive.org/web/20080325075336/http://users.wmin.ac.uk/~bradlen/papers/sam05.html (accessed August 2015).

Brady, E., & Guerin, S. (2010) 'Not the romantic, all happy, coochy coo experience': A qualitative analysis of interactions on an Irish parenting web site. *Family Relations, 59,* 14–27.

Brenner, V. (2002). Generalizability issues in Internet-based survey research. In B. Batinic, U.-D. Reips, & M. Bosnjak, *Online social sciences.* Seattle: Hogrefe and Huber.

Brock, R. L., Barry, R. A., Lawrence, E., Dey, J., & Rolffs, J. (2012). Internet administration of paper-and-pencil questionnaires used in couple research: Assessing psychometric equivalence. *Assessment, 19*(2), 226–242.

Brotsky, S. R., & Giles, D. (2007). Inside the 'pro-ana' community: A covert online participant observation. *Eating Disorders, 15*(2), 93–109.

Browndyke, J. N., Santa Maria, M. P., Pinkston, J., & Gouvier, W. (1998). A survey of general head injury and prevention knowledge between professionals and non-professionals. Presented at *The 17th Annual National Academy of Neuropsychology National Conference.* http://www.neuropsychologycentral.com/vita/posters/nan97_MHI_misconceptions_poster_handout.pdf (accessed November 2012).

Brownlow, C., & O'Dell, L. (2002). Ethical issues for qualitative research in on-line communities. *Disability & Society, 17*(6), 685–694.

Bryman, A. (2012). *Social research methods* (4th ed.). Oxford: Oxford University Press.

Buchanan, E. (2002). Internet research ethics and institutional review board policy: New challenges, new opportunities. *Advances in Library Organization and Management, 19*, 85–100.

Buchanan, T., & Reips, U.-D. (2001). Technological biases in online research: Personality and demographic correlates of Macintosh and JavaScript use. Poster presented at *Psychology and the Internet: A European Perspective*. Farnborough, 8 November 2001.

Buchanan, T., & Smith, J. L. (1999a). Using the Internet for psychological research: Personality testing on the World-Wide Web. *British Journal of Psychology, 90*, 125–144.

Buchanan, T., & Smith, J. L. (1999b). Research on the Internet: Validation of a World-Wide Web mediated personality scale. *Behavior Research Methods, Instruments, & Computers, 31*(4), 565–571.

Buckley, M. (2004). Cross-disciplinary research into improving Internet-based research methodology applied to the interpretation of natural language. Masters in Computational Linguistics, Trinity College Dublin.

Buckley, M., & Vogel, C. (2003). Improving Internet based research methods: A Web laboratory. In P. Isaias & N. Karmakar (Eds.), *Proceedings of the IADIS International Conference WWW/Internet 2003* (pp. 467–476).

Buckley, P., & Clark, D. (2009). *The rough guide to the Internet*. London: Dorling Kindersley.

Caro, F. G., Ho, T., McFadden, D., Gottlieb, A. S., Yee, C., Chan, T., & Winter, J. (2012). Using the Internet to administer more realistic vignette experiments. *Social Science Computer Review, 30*(2), 184–201.

Carter-Pokras, O., McClellan, L., & Zambrana, E. (2006). Surveying free and low-cost survey software. *Journal of the National Medical Association, 98*(6), 881–886.

Chang, L., & Krosnick, J. A. (2009). National surveys via RDD telephone interviewing versus the Internet: Comparing sample representativeness and response quality. *Public Opinion Quarterly, 73*(4), 641–678.

Chen, P., & Hinton, S. M. (1999). Realtime interviewing using the World Wide Web. *Sociological Research Online, 4*(3). http://eprints.unimelb.edu.au/archive/00000210/01/realtime.pdf.

Cho, H., & LaRose, R. (1999). Privacy issues in Internet surveys. *Social Science Computer Review, 17*(4), 421–434.

Clarke, J., & van Amerom, G. (2008). A comparison of blogs by depressed men and women. *Issues in Mental Health Nursing, 29*(3), 243–264.

Coomber, R. (1997a). Using the Internet for survey research. *Sociological Research Online, 2(2)*. http://www.socresonline.org.uk/2/2/coomber.htm (accessed October 2014).

Coomber, R. (1997b). Dangerous drug adulteration – An international survey of drug dealers using the Internet and World Wide Web (www). *International Journal of Drug Policy, 8*(2), 71–81.

Corley, M., & Scheepers, C. (2002). Syntactic priming in English sentence production: Categorical and latency evidence from an Internet-based study. *Psychonomic Bulletin Review, 9*(1), 126–131.

Couper, M. P. (2000). Web surveys: A review of issues and approaches. *Public Opinion Quarterly, 64*(4), 464–494.

Couper, M. P. (2005). Technology trends in survey data collection. *Social Science Computer Review, 23*(4), 486–501.

Couper, M. P. (2008). *Designing effective web surveys*. New York: Cambridge University Press.

Couper, M. P., Tourangeau, R., Conrad, F. G., & Crawford, S. (2004). What they see is what we get: Response options for web surveys. *Social Science Computer Review, 24*(2), 227–245.

Coye, R. W. (1985). Characteristics of participants and non-participants in experimental research. *Psychological Reports, 56*(1), 19–25.

Crawford, S. (2002). Evaluation of web survey data collection systems. *Field Methods, 14*(3), 307–321.

Cullen, D. (2011). Facebook concerns: Ireland, Germany and USA investigate. *Data Protection Law & Policy, 8*(11), 14–16.

Dahlen, M. (1998). Controlling the uncontrollable: Toward the perfect web sample. Paper presented at the *ESOMAR Worldwide Internet Seminar and Exhibition*. 28–30 January 1998, Paris.

Davidson, J. (2006). Probability (random) sampling. In V. Jupp (Ed.), *The Sage dictionary of social research methods*. London: Sage.

Davis, M., Bolding, G., Hart, G., Sherr, L., & Elford, J. (2004). Reflecting on the experience of interviewing online: Perspectives from the Internet and HIV study in London. *AIDS CARE, 16*(8), 944–952.

Davis, R. N. (1999). Web-based administration of a personality questionnaire: Comparison with traditional methods. *Behavior Research Methods, Instruments and Computers, 31*(4), 572–577.

de Pedraza, P., Tijdens, K., de Bustillo, R., & Steinmetz, S. (2010). A Spanish continuous volunteer web survey: Sample bias, weighting and efficiency. *Revista Espanola de Investigaciones Sociologicas, 33*(131), 109–130.

Dillman, D. A. (1991). The design and administration of e-mail surveys. *Annual Review of Sociology, 17*, 225–249.

Dillman, D. A. (2007). *Mail and Internet surveys: The tailored design method – 2007 update with new Internet, visual, and mixed-mode guide*. Hoboken, NJ: Wiley.

Dillman, D. A., & Bowker, D. K. (2001). The web questionnaire challenge to survey methodologists. In U.-D. Reips and M. Bosnjak (Eds.), *Dimensions of Internet science*. Lengerich: Pabst.

Dillman, D. A., Smyth, J. D., & Christian, L. M. (2009). *Internet, mail, and mixed-mode surveys: The tailored design method*. Hoboken, NJ: Wiley.

DiNucci, D. (1999). Fragmented future. *Print, 53*(4), 32. http://darcyd.com/fragmented_future.pdf (accessed October 2014).

Dobrzynski, J. H. (2000). Cyberauctions try to stop shill bidding: Ebay watches for players who form rings to artificially raise prices. *International Herald Tribune*, 3–4 June, 11.

Dollinger, S. J., & Frederick, T. (1993). Volunteer bias and the five-factor model. *Journal of Psychology, 127*(1), 29–36.

Dommeyer, C. J., & Moriarty, E. (1999). Comparing two forms of an email survey: Embedded vs. attached. *Journal of the Market Research Society, 42*(1), 39–50.

Double, R. (1985). The case against the case against belief. *Mind*, 375, 420–430.

Dutton, W. H., & Blank, G. (2011). Next generation users: The Internet in Britain: Oxford Internet Survey 2011 Report. University of Oxford. http://oxis.oii.ox.ac.uk/reports (accessed October 2014).

Dutton, W. H., Blank, G., & Groselj, D. (2013). *Cultures of the Internet: The Internet in Britain*. Oxford Internet Survey 2013 Report. University of Oxford. http://oxis.oii.ox.ac.uk/reports (accessed October 2014).

Edgington, E. S. (1966). Statistical inference and nonrandom samples. *Psychological Bulletin, 66*(6), 485–487.

Edwards, L., & Waelde, C. (Eds.) (2009). *Law and the Internet* (3rd ed.). Oxford: Hart.

Eichstaedt, J. (2002). Measuring differences in preactivation on the Internet: The content category superiority effect. *Experimental Psychology, 49*(4), 283–291.

Epstein, J., Klinkenberg, W. D., Wiley, L., & McKinley, L. (2001). Insuring sample equivalence across Internet and paper-and-pencil assessments. *Computers in Human Behavior, 17*, 339–346.

Fielding, N., Lee, R. M., & Blank, G. (Eds.) (2008). *The Sage handbook of online research methods*. London: Sage.

Fielding, N., & Macintyre, M. (2006). Access grid nodes in field research. *Sociological Research Online, 11*(2). http://www.socresonline.org.uk/11/2/fielding.html (accessed April 2104).

Fouladi, R. T., McCarthy, C. J., & Moller, N. (2002). Paper-and-pencil or online? Evaluating mode effects on measures of emotional functioning and attachment. *Assessment, 9*(2), 204–215.

Fox, J., Murray, C., & Warm, A. (2003). Conducting research using web-based questionnaires: Practical, methodological, and ethical considerations. *Social Research Methodology, 6*(2), 167–180.

Fox, N., Ward, K., & O'Rourke, A. (2005). Pro-anorexia, weight-loss drugs and the internet: An 'anti-recovery' explanatory model of anorexia. *Sociology of Health & Illness, 27*(7), 944–971.

Fox, R., Crask, M. R., & Kim, J. (1988). Mail survey response rates: A meta-analysis of selected techniques for inducing response. *Public Opinion Quarterly, 52*(4), 467–491.

Frankel, M. S., & Siang, S. (1999). Ethical and legal aspects of human subjects research in cyberspace: A report of a workshop. *American Association for the Advancement of Science*. https://nationalethicscenter.org/resources/187/download/ethical_legal.pdf (accessed April 2015).

Frick, A., Bächtiger, M.-T., & Reips, U.-D. (2001). Financial incentives, personal information and dropout in online studies. In U.-D. Reips & M. Bosnjak (Eds.), *Dimensions of Internet science*. Lengerich: Pabst.

Fricker, R. D. Jr. (2008). Sampling methods for web and email surveys. In N. Fielding, R. M. Lee, & G. Blank (Eds.), *The Sage handbook of online research methods*. London: Sage.

Frohlich, D. O., & Zmyslinski-Seelig, A. (2012). The presence of social support messages on YouTube videos about inflammatory bowel disease and ostomies. *Health Communication, 27*(5), 421–428.

Fuchs, M. (2009). Gender-of-interviewer effects in a video-enhanced web survey. *Social Psychology, 40*(1), 37–42.

Fullwood, C., Sheehan, N., & Nicholls, W. (2009). Blog function revisited: A content analysis of MySpace blogs. *CyberPsychology & Behavior, 12*(6), 685–689.

Gaiser, T. (1997). Conducting online focus groups: A methodological discussion. *Social Science Computer Review, 15*(2), 135–144.

Gaiser, T. (2008). Online focus groups. In N. Fielding, R.M. Lee, & G. Blank (Eds.), *The Sage handbook of online research methods*. London: Sage.

Givaty, G., van Vaan, H. A. H. C., Christou, C., & Bulthoff, H. H. (1998). Tele-experiments – Experiments on spatial cognition using VRML-based multimedia. In S.N. Spencer (Ed.), *Proceedings of the Annual Symposium on the Virtual Reality Modeling Language, VRML, January 1998. New York, United States: ACM*. (pp. 101–105).

Gjoka, M., Kurant, M., Butts, C. T., & Markopoulou, A. (2010). Walking in Facebook: A case study of unbiased sampling of OSNs. In *INFOCOM, 2010 Proceedings. IEEE* (pp. 1–9).

Gordon, A. (2002). SurveyMonkey.com – Web-based survey and evaluation system. *Internet and Higher Education, 5,* 83–87.

Göritz, A. S. (2007). Using online panels in psychological research. In A. Joinson, K. McKenna, U. Reips, & T. Postmes (Eds.), *Oxford handbook of internet psychology*. Oxford: Oxford University Press.

Göritz, A. S., & Birnbaum, M. H. (2005). Generic HTML form processor: A versatile PHP script to save Web-collected data into a MySQL database. *Behavior Research Methods, Instruments & Computers, 37*(4), 703–710.

Göritz, A. S., & Schumacher, J. (2000). The WWW as a research medium: An illustrative survey on paranormal belief. *Perceptual & Motor Skills, 90*, 1195–1206.

Göritz, A. S., Reinhold, N., & Batinic, B. (2002). Online panels. In B., Batinic, U.-D., Reips, and M. Bosnjak, (Eds.), *Online social sciences* (pp. 27–47). Seattle: Hogrefe and Huber.

Gosling, S. D., & Johnson, J. A. (Eds.) (2010). *Advanced methods for conducting online behavioral research*. New York: American Psychological Association.

Gosling, S. D., Vazire, S., Srivastava, S., & John, O. P. (2004). Should we trust web-based studies? A comparative analysis of six preconceptions about Internet questionnaires. *American Psychologist, 59*(2), 93–104.

Gosling, S.D., Sandy, C.J., John, O.P., & Potter, J. (2010). Wired but not WEIRD: The promise of the Internet in reaching more diverse samples. *Behavioral and Brain Sciences, 33*, 94–95.

Goyder, J. C. (1982). Further evidence on factors affecting response rates to mailed questionnaires. *American Sociological Review, 47*(4), 550–553.

Graham, Y. (2006). Services for experimentation in the human sciences: An online experimentation tool. Master's thesis, Computational Linguistics Group, Trinity College Dublin.

Grandcolas, U., Rettie, R., & Marusenko, K. (2003). Web survey bias: Sample or mode effect? *Journal of Marketing Management, 19*(5), 541–561.

Groves, R. M., Fowler, F. J. Jr., Couper, M. P., Lepkowski, J. M., Singer, E., & Tourangeau, R. (2013). *Survey methodology*. Hoboken, NJ: Wiley.

Guennouni, M. (2000). Extension of a web-based environment for cognitive science experiments. Department of Computer Science, Trinity College Dublin. Final Project Dissertation.

GVU (1997). Graphics Visualisation and Usability Center 7th WWW user survey. https://web.archive.org/web/20140407021851/http://www.cc.gatech.edu/gvu/user_surveys/survey-1997-04/ (accessed August 2015). Georgia Tech Research Corporation, Atlanta, GA.

GVU (1998). Graphics Visualisation and Usability Center 10th WWW user survey. www.cc.gatech.edu/gvu/user_surveys/survey-1998-10/ (accessed November 2012). Georgia Tech Research Corporation, Atlanta, GA.

Halavais, A. (2006). Scholarly blogging: Moving toward the visible college. In A. Bruns & J. Jacobs (Eds.), *Uses of blogs*. New York: Peter Lang.

Hanna, P. (2012). Using internet technologies (such as Skype) as a research medium: A research note. *Qualitative Research, 12*(2), 239–242.

Healey, P. (1995). Communication as a special case of misunderstanding: Semantic coordination in dialogue. PhD thesis. Centre for Cognitive Science, University of Edinburgh.

Healey, P. G. T., Vogel, C., & Eshghi, A. (2007). Group dialects in an online community. In R. Artstein & L. Vieu (Eds.), *Decalog 2007: Proceedings of the 11th Workshop on the Semantics and Pragmatics of Dialogue*. Trento, Italy, 30 May–1 June 2007. (pp. 141–147).

Heberlein, T. A., & Baumgartner, R. (1978). Factors affecting response rates to mailed questionnaires: A quantitative analysis of the published literature. *American Sociological Review, 43*(4), 447–462.

Heeren, T., Edwards, E. M., Dennis, J. M., Rodkin, S., Hingson, R. W., & Rosenbloom, D. L. (2008). A comparison of results from an alcohol survey of a prerecruited Internet panel and the National Epidemiologic Survey on alcohol and related conditions. *Alcoholism: Clinical and Experimental Research, 32*(2), 222–229.

Heinz, B., Gu, L., Inuzuka, A., & Zender, R. (2002). Under the rainbow flag: Webbing global gay identities. *International Journal of Sexuality and Gender Studies, 7*(2–3), 107–124.

Henrich, J., Heine, S. J., & Norenzayan, A. (2010). The weirdest people in the world? *Behavioral and Brain Sciences, 33,* 61–135.

Herrero, J., & Meneses, J. (2006). Short web-based versions of the perceived stress (PSS) and Center for Epidemiological Studies-Depression (CESD) Scales: A comparison to pencil and paper responses among Internet users. *Computers in Human Behavior, 22,* 830–846.

Herring, S. (1996). Posting in a different voice: Gender and ethics in computer-mediated communication. In C. Ess, (Ed.), *Philosophical perspectives in computer mediated communication.* Albany, NY: State University of New York Press.

Herring, S. C. (2010). Web content analysis: Expanding the paradigm. In J. Hunsiger, L. Klastrup, & M. Allen (Eds.), *The international handbook of internet research.* Dordrecht: Springer.

Herring, S. C., Johnson, D. A., & DiBenedetto, T. (1998). Participation in electronic discourse in a 'feminist' field. In J. Coates (Ed.), *Language and gender: A reader.* Oxford: Blackwell.

Herring, S. C., Scheidt, L. A., Bonus, S., & Wright, E. (2005). Weblogs as a bridging genre. *Information, Technology & People, 18*(2), 142–171.

Hesse-Biber, S., & Griffin, A. J. (2013). Internet-mediated technologies and mixed methods research: Problems and prospects. *Journal of Mixed Methods Research, 7*(1), 43–61.

Hessler, R. M., Downing, J., Beltz, C., Pelliccio, A., Powell, M., & Vale, W. (2003). Qualitative research on adolescent risk using email: A methodological assessment. *Qualitative Sociology, 26*(1), 111–124.

Hewson, C. (2003). Conducting psychological research on the Internet. *The Psychologist, 16*(6), 290–292.

Hewson, C. (2007). Gathering data on the Internet: Qualitative approaches and possibilities for mixed methods research. In A. Joinson, K. McKenna, U. Reips, & T. Postmes (Eds.), *Oxford handbook of internet psychology.* Oxford: Oxford University Press.

Hewson, C. (2008). Internet-mediated research as an emergent method and its potential role in facilitating mixed methods research. In S. N. Hesse-Biber & P. Leavy (Eds.), *Handbook of emergent methods.* New York: Guilford Press.

Hewson, C. (2012a). Can online course-based assessment methods be fair and equitable? Relationships between students' preferences and performance within online and offline assessments. *Journal of Computer Assisted Learning, 28*(5), 488–498.

Hewson, C. (2012b). Recommendations for implementing online surveys and simple experiments in social and behavioural research: A review and evaluation of existing online survey software packages. Poster presented at the *General Online Research Conference,* March 2012, Mannheim, Germany. http://conftool.gor.de/conftool12/index.php?page=browseSessions&presentations=show

Hewson, C. (2014a). Qualitative approaches in Internet research: Opportunities, issues, possibilities. In P. Leavy (Ed.), *The Oxford handbook of qualitative research methods* (Oxford library of psychology series). New York: Oxford University Press.

Hewson, C. (2014b). Conducting research on the Internet: Updates in a Web 2.0 era. *The Psychologist, 27*, 946–951.

Hewson, C. (2015). Ethics issues in digital methods research. In C. Hine & H. Snee (Eds.), *Digital methods as mainstream methodology: Inspirational digital/social research.* Basingstoke: Palgrave.

Hewson, C., & Charlton, J. P. (2005). Measuring health beliefs on the Internet: A comparison of paper and Internet administrations of the Multidimensional Health Locus of Control Scale. *Behavior Research Methods, Instruments & Computers, 37*(4), 691–702.

Hewson, C., & Laurent, D. (2008). Research design and tools for Internet research. In N. Fielding, R.M. Lee, & G. Blank (Eds.), *The Sage handbook of online research methods.* London: Sage.

Hewson, C., Charlton, J., & Brosnan, M. (2007). Comparing online and offline administration of multiple choice question assessments to psychology undergraduates: Do assessment modality or computer attitudes influence performance? *Psychology Learning and Teaching, 6*(1), 37–46.

Hewson, C. M. (1994). Empirical evidence regarding the folk psychological concept of belief. In *Proceedings of the Sixteenth Annual Conference of the Cognitive Science Society*, Atlanta, GA. (pp. 403–408).

Hewson, C. M., & Vogel, C. M. (1994). Psychological evidence for assumptions of path-based inheritance reasoning. In *Proceedings of the Sixteenth Annual Conference of the Cognitive Science Society*, Atlanta, GA. (pp. 409–414).

Hewson, C. M., Laurent, D., & Vogel, C. M. (1996). Proper methodologies for psychological and sociological studies conducted via the internet. *Behavior Research Methods, Instruments, & Computers, 32,* 186–191.

Hewson, C. M., Yule, P., Laurent, D., & Vogel, C. M. (2003). *Internet research methods: A guide for the social and behavioural sciences*. London: Sage.

Hine, C. (2000). *Virtual ethnography.* London: Sage.

Hine, C. (2008). Virtual ethnography: Modes, varieties, affordances. In N. Fielding, R. Lee, & G. Blank (Eds.), *The handbook of online research methods.* London: Sage.

Hirshfield, S., Chiasson, M. A., Wagmiller, R. L., Remien, R. H., Humberstone, M., Scheinmann, R., & Grov, C. (2010). Sexual dysfunction in an internet sample of US men who have sex with men. *Journal of Sexual Medicine, 7,* 3104–3114.

Hofmann, J. (2002). 'Let a Thousand Proposals Bloom' – Mailing lists as research sources. In B. Batinic, U.-D. Reips, & M. Bosnjak (Eds.), *Online social sciences* (pp. 309–331). Seattle: Hogrefe & Huber.

Hogan, B. (2008). Analysing social networks via the internet. In N. Fielding, R. Lee, & G. Blank (Eds.), *The handbook of online research methods*. London: Sage.

Horton, J. J., Rand, D. G., & Zeckhause, R. J. (2011). The online laboratory: Conducting experiments in a real labor market. *Experimental Economics, 14,* 399–425.

Horvath, K. J., Iantaffi, A., Grey, J. A., & Waiter, B. (2012). Hackers: Militants or merry pranksters? A content analysis of defaced web pages. *Health Communication, 27*(5), 457–466.

Hou, H.-T., Chang, K. E., & Sung, Y. T. (2010). What kinds of knowledge do teachers share on blogs? A quantitative content analysis of teachers' knowledge sharing on blogs. *British Journal of Educational Technology, 41*, 963–967.

Hudson, J. M., & Bruckman, A. (2004). Go away: Participant objections to being studied and the ethics of chatroom research. *Information Society, 20*(2), 127–139.

Huffaker, D. A., & Calvert, S. L. (2005). Gender, identity, and language use in teenage blogs. *Journal of Computer-Mediated Communication, 10*(2).

Im, E.-O., & Chee, W. (2004). Issues in an Internet survey among midlife Asian women. *Health Care for Women International, 25*(2), 150–164.

James, N., & Busher, H. (2006). Credibility, authenticity and voice: Dilemmas in online interviewing. *Qualitative Research, 6*(3), 403–420.

Jankowski, N.W., & van Selm, M. (2005). Epilogue: Methodological concerns and innovations in internet research. In C. Hine (Ed.), *Virtual methods: Issues in social research on the Internet.* Oxford: Berg.

Janssen, J., & Vogel, C. (2008). Politics makes the Swedish :-) and the Italians :-(. *Workshop on Sentiment Analysis: Emotion, Metaphor, Ontology & Terminology*. The 6th Language Resources and Evaluation Conference LREC 2008 (pp. 53–61).

Janta, H., Lugosi, P., & Brown, L. (2012). Coping with loneliness: A netnographic study of doctoral students. *Journal of Further and Higher Education, 38*(4), 553–571.

Jensen, C., Potts, C., & Jensen, C. (2005). Privacy practices of Internet users: Self-reports versus observed behavior. *International Journal of Human-Computer Studies, 63(*1–2), 203–227.

Joinson, A., & Paine, C. B. (2007). Self-disclosure, privacy and the Internet. In A. Joinson, K. McKenna, U. Reips, & T. Postmes (Eds.), *Oxford handbook of internet psychology*. Oxford: Oxford University Press.

Joinson, A., McKenna, K., Postmes, T., & Reips, U.-D. (2007). *The Oxford handbook of internet psychology*. Oxford: Oxford University Press.

Joinson, A. N. (1999). Social desirability, anonymity and Internet-based questionnaires. *Behavior Research Methods, Instruments & Computers, 31,* 433–438.

Joinson, A. N. (2001). Knowing me, knowing you: Reciprocal self-disclosure in Internet-based surveys. *Cyberpsychology and Behavior, 4*(5), 587–591.

Joinson, A. N. (2005). Internet behaviour and the design of virtual methods. In C. Hine (Ed.), *Virtual methods: Issues in social research on the Internet.* Oxford: Berg.

Jones, P., Bunce, G., Evans, J., Gibbs, H., & Hein, J. R. (2008). Exploring space and place with walking interviews. *Journal of Research Practice, 4*(2), Article-D2.

Jowett, A., Peel, E., & Shaw, R. (2011). Online interviewing in psychology: Reflections on the process. *Qualitative Research in Psychology, 8,* 354–369.

Kaczmirek, L. (2008). Internet survey software tools. In N. Fielding, R. Lee, & G. Blank (Eds.), *The handbook of online research methods*. London: Sage.

Kalton, G., & Schuman, H. (1982). The effect of the question on survey responses: A review. *Journal of the Royal Statistical Society, 145*(1), 42–73.

Kanuk, L., & Berenson, C. (1975). Mail surveys and response rates: A literature review. *Journal of Marketing Research, 12,* 440–453.

Kaye, B. K., & Johnson, T. J. (1999). Research methodology: Taming the cyber frontier. *Social Science Computer Review, 17*(3), 323–337.

Keller, F., Corley, M., Corley, S., Konieczny, L., & Todirascu, A. (1998). Webexp: A Java toolbox for web-based psychological experiments. Technical Report HCRC/TR-99, University of Edinburgh.

Keller, F., Lapata, M., & Ourioupina, O. (2002). Using the web to overcome data sparseness. *Proceedings of the Conference on Empirical Methods in Natural Language Processing (EMNLP),* Association for Computational Linguistics, Philadelphia, July 2002 (pp. 230–237).

Keller, F., Gunasekharan, S., Mayo, N., & Corley, M. (2009). Timing accuracy of web experiments: A case study using the WebExp software package. *Behavior Research Methods, 41*(1), 1–12.

Keller, H. E., & Lee, S. (2003). Ethical issues surrounding human participants research using the Internet. *Ethics and Behavior, 13*(3), 211–219.

Kendall, L. (2002). *Hanging out in the virtual pub: Masculinities and relationships online*. Los Angeles: University of California Press.

Kenny, A. J. (2005). Interaction in cyberspace: An online focus group. *Journal of Advanced Nursing, 49*(4), 414–422.

Kenny, S. (1998). A generic automatic experiment creation and presentation tool. Department of Computer Science, Trinity College Dublin. Final Project.

Kiesler, S., & Sproull, L. (1986). Response effects in the electronic survey. *Public Opinion Quarterly, 50,* 402–413.

Kiesler, S., Siegel, J., & McGuire, T. W. (1984). Social psychological aspects of computer-mediated communication. *American Psychologist, 39*(10), 1123–1134.

Kilgarriff, A., & Grefenstette, G. (2003). Introduction to the special issue on the web as a corpus. *Computational Linguistics, 29*(3), 333–347.

King, S. A. (1996). Researching internet communities: Proposed ethical guidelines for the reporting of results. *Information Society, 12*(2), 119–128.

Knoll, M. A., Uther, M., & Costall, A. (2011). Using the Internet for speech research: An evaluative study examining affect in speech. *Behaviour & Information Technology, 30*(6), 845–851.

Kosinski, M., Bayliss, M. S., Bjorner, J. B., Ware, J. E. Jr., Garber, W. H., Batenhorst, A., Cady, R., Dahlöf, C. G. H., Dowson, A., & Tepper, S. (2003). A six-item short-form survey for measuring headache impact: The HIT-6™. *Quality of Life Research, 12*(8), 963–974.

Kozinets, R. V. (2002). The field behind the screen: Using netnography for marketing research in online communities. *Journal of Marketing Research, 39*(1), 61–72.

Krantz, J. H., & Williams, J. E. (2010). Using graphics, photographs, and dynamic media. In S.D. Gosling & J.A. Johnson (Eds.), *Advanced methods for conducting online behavioral research*. New York: American Psychological Association.

Krantz, J. H., Ballard, J., & Scher, J. (1997). Comparing the results of laboratory and World-Wide Web samples of the determinants of female attractiveness. *Behavior Research Methods, Instruments, & Computers, 29*, 264–269.

Kraut, R., Olson, J., Banaji, M., Bruckman, A., Cohen, J., & Cooper, M. (2004). Psychological research online: Report of Board of Scientific Affairs' Advisory Group on the Conduct of Research on the Internet. *American Psychologist, 59*(4), 1–13.

Laugwitz, B. (2001). A web experiment on colour harmony principles applied to computer user interface design. In U.-D. Reips and M. Bosnjak (Eds.), *Dimensions of Internet science*. Lengerich: Pabst.

Lee, R. M., Fielding, N., & Blank, G. (2008). The Internet as a research medium: An editorial introduction. In N. Fielding, R. M. Lee, & G. Blank (Eds.), *The Sage handbook of online research methods*. London: Sage.

Lenzner, T., Kaczmirek, L., & Lenzner, A. (2010). Cognitive burden of survey questions and response times: A psycholinguistic experiment. *Applied Cognitive Psychology, 24*(7), 1003–1020.

Lipinski, T. (2008). Emerging legal issues in the collection and dissemination of Internet-sourced research data: Part I, basic tort law issues and negligence. *International Journal of Internet Research Ethics, 1*(1).

Liu, B. (2010). *Web data mining: Exploring hyperlinks, contents and usage data*. Berlin: Springer.

Locey, M. L., Safin, V., & Rachlin, H. (2013). Social discounting and the prisoner's dilemma game. *Journal of the Experimental Analysis of Behavior, 99*(1), 85–97.

Lockett, A., & Blackman, I. (2004). Conducting market research using the Internet: The case of Xenon Laboratories. *Journal of Business & Industrial Marketing, 19*(3), 178–187.

Madge, C., & O'Connor, H. (2002). On-line with e-mums: Exploring the Internet as a medium for research. *Area, 34*(1), 92–102.

Maher, P. (ed.) (2011). Tom Waits on Tom Waits: Interviews and Encounters. Chicago, IL USA: Chicago Review Press.

Malhotra, N., & Krosnick, J. A. (2007). The effect of survey mode and sampling on inferences about political attitudes and behavior: Comparing the 2000 and 2004 ANES to Internet surveys with non-probability samples. *Political Analysis, 15*(3), 286–323.

Marcus, B., & Schütz, A. (2005). Who are the people reluctant to participate in research? Personality correlates of four different types of nonresponse as inferred from self- and observer ratings. *Journal of Personality, 73*(4), 959–984.

Marcus, M. A., Westra, H. A., Eastwood, J. D., & Barnes, K. L. (2012). What are young adults saying about mental health? An analysis of internet blogs. *Journal of Medical Internet Research, 14*(1). http://www.ncbi.nlm.nih.gov/pmc/articles/PMC3374526 (accessed October 2014).

Markham, A. (1998). *Life online: Researching real experience in virtual space*. Walnut Creek, CA: AltaMira.

Markham, A., & Buchanan, E. (2012). Ethical decision-making and internet research. Recommendations from the AoIR ethics working committee (version 2). http://www.aoir.org/reports/ethics2.pdf (accessed April 2015).

Martin, C. L. (1994). The impact of topic interest on mail survey response behaviour. *Journal of the Market Research Society, 36*(4), 327–337.

Martin, S. P., & Robinson, J. P. (2007). The income digital divide: Trends and predictions for levels of Internet use. *Social Problems, 54*(1), 1–22.

Mathy, R. M., Schillace, M., Coleman, S. M., & Berquist, B. E. (2002). Methodological rigor with Internet samples: New ways to reach underrepresented populations. *Cyberpsychology & Behavior, 5*(3), 253–266.

McCreanor, T., Lyons, A., Griffin, C., Goodwin, I., Moewaka Barnes, H., & Hutton, F. (2013). Youth drinking cultures, social networking and alcohol marketing: Implications for public health. *Critical Public Health, 23*(1), 110–120.

McDermott, E., & Roen, K. (2012). Youth on the virtual edge. *Qualitative Health Research, 22*(4), 560–570.

McGowan, C. (1999). Extension of a web based environment for cognitive science experiments, with testing for metaphor. Department of Computer Science, Trinity College Dublin. Final Project Dissertation.

McGraw, K., & Tew, M. (1997). Psychology experiments on the Internet: Use of shockwave technology. https://web.archive.org/web/20040215223811/http://home.olemiss.edu/~pymcgraw/fipse.htm (accessed September 2015).

McGraw, K. O., Tew, M. D., & Williams, J. E. (2000). The integrity of web-delivered experiments: Can you trust the data? *Psychological Science, 11*(6), 502–506.

McNemar, Q. (1946). Opinion-attitude methodology. *Psychological Bulletin, 43*, 289–374.

Mehta, R., & Sivadas, E. (1995). Comparing response rates and response content in mail versus electronic mail surveys. *Journal of the Market Research Society, 37*(4), 428–439.

Meyerson, P., & Tryon, W. W. (2003). Validating Internet research: A test of the psychometric equivalence of Internet and in-person samples. *Behavior Research Methods, Instruments, & Computers,* 35(4), 614–620.

Michalek, E. E., & Szabo, A. (1998). Guidelines for Internet research: An update. *European Psychologist, 3*(1), 70–75.

Miller, P. G., Johnston, J., Dunn, M., Fry, C. L., & Degenhardt, L. (2010). Comparing probability and non-probability sampling methods in ecstasy research: Implications for the Internet as a research tool. *Substance Use & Misuse, 45*, 437–450.

Mook, D. G. (1983). In defense of external invalidity. *American Psychologist, 38*, 379–387.

Moreno, M. A., Jelenchick, L. A., Egan, K. G., Cox, E., Young, H., Gannon, K. E., & Becker, T. (2011). Feeling bad on Facebook: Depression disclosures by college students on a social networking site. *Depression and Anxiety, 28*(6), 447–455.

Morokoff, P. J. (1986). Volunteer bias in the psychophysiological study of female sexuality. *Journal of Sexuality Research, 22*, 35–51.

Murphy, P. R., Daley, J., & Dalenberg, D. R. (1991). Exploring the effects of postcard prenotification on industrial firms' response to mail surveys. *Journal of the Market Research Society, 33*(4), 335–345.

Murray, C. D., & Sixsmith, J. (1998). E-mail: A qualitative research medium for interviewing? *International Journal of Social Research Methodology: Theory & Practice, 1*(2), 103–121.

Musch, J., & Reips, U.-D. (2000). A brief history of web experimenting. In M. H. Birnbaum (Ed.), *Psychological experiments on the Internet.* San Diego, CA: Academic Press.

Nosek, B. A., Banaji, M. R., & Greenwald, A. G. (2002). E-research: Ethics, security, design and control in psychological research on the Internet. *Journal of Social Issues, 58*(1), 161–176.

Nückles, M., & Bromme, R. (2002). Internet expert's planning of explanations for laypersons: A web experimental approach in the Internet domain. *Experimental Psychology, 49*(4), 292–304.

O'Brien, C., & Vogel, C. (2003). Spam filters: Bayes vs. chi-Squared; letters vs. words. In M. Alesky et al. (Eds.), *Proceedings of the International Symposium on Information and Communication Technologies* (pp. 298–303). Trinity College Dublin 2003.

O'Connor, H., & Madge, C. (2001). Cyber-mothers: Online synchronous interviewing using conferencing software. *Sociological Research Online, 5*(4). http://www.socresonline.org.uk/5/4/o'connor.html

O'Connor, H., Madge, C., Shaw, R., & Wellens, J. (2008). Internet-based interviewing. In N. Fielding, R.M. Lee, & G. Blank (Eds.), *The Sage handbook of online research methods.* London: Sage.

Ó Dochartaigh, N. (2012). *Internet research skills* (3rd ed.). London: Sage.

O'Floinn, M., & Ormerod, D. (2011). Social networking sites, RIPA and criminal investigations. *Criminal Law Review, 10*, 766–789.

O'Reilly, T. (2005). What is Web 2.0? http://oreilly.com/web2/archive/what-is-web-20.html (accessed October 2014).

Orgad, S. (2006). The cultural dimensions of online communication: A study of breast cancer patients' internet spaces. *New Media & Society, 8*(6), 877–899.

Panyametheekul, S., & Herring, S. C. (2003). Gender and turn allocation in a Thai chat room. *Journal of Computer Mediated Communication, 9*(1).

Paolacci, G., Chandler, J., & Ipeirotis, P. G. (2010). Running experiments on Amazon Mechanical Turk. *Judgment and Decision Making, 5*(5), 411–419.

Papacharissi, Z. (2009). The virtual geographies of social networks: A comparative analysis of Facebook, LinkedIn and ASmallWorld. *New Media & Society, 11*(1–2), 199–220.

Pealer, L., & Weiler, R. M. (2003). Guidelines for designing a web-delivered college health risk behavior survey: Lessons learned from the University of Florida Health Behavior Survey. *Health Promotion Practice, 4*(2), 171–179.

Penkoff, D. W., Colman, R. W., & Katzman, S. L. (1996). From paper-and-pencil to screen-and-keyboard: Toward a methodology for survey research on the Internet. Paper presented at *The Annual Conference of the International Communication Association*, May, Chicago.

Pettit, F. A. (1999). Exploring the use of the World Wide Web as a psychology data collection tool. *Computers in Human Behavior, 15*(1), 67–71.

Pincott, G., & Branthwaite, A. (2000). Nothing new under the sun? *International Journal of Market Research, 42*(2), 137–155.

Pitkow, J. E., & Recker, M. M. (1994). Results from the first World Wide Web user survey. www.cc.gatech.edu/gvu/user_surveys/survey-01-1994/survey-paper.html (accessed April 2015).

Pohl, F., Bender, M., & Lachmann, G. (2002). Hindsight bias around the world. *Experimental Psychology, 49*(4), 270–282.

Rademacher, J. D. M., & Lippke, S. (2007). Dynamic online surveys and experiments with the free open-source software dynQuest. *Behavior Research Methods, 39*(3), 415–426.

Rageh, A., Melewar, T. C., & Woodside, A. (2013). Using netnography research method to reveal the underlying dimensions of the customer/tourist experience. *Qualitative Market Research: An International Journal, 16*(2), 126–149.

Reece, M., Rosenberger, J. G., Schick, V., Herbenick, D., Dodge, B., & Novak, D. S. (2010). Characteristics of vibrator use by gay and bisexually identified men in the United States. *Journal of Sexual Medicine, 7,* 3467–3476.

Reed, C. (2004). *Internet law* (2nd ed.). Law in Context. Cambridge: Cambridge University Press.

Reimers, S., & Stewart, N. (2007). Adobe Flash as a medium for online experimentation: A test of reaction time measurement capabilities. *Behavior Research Methods, 39*(3), 365–370.

Reips, U.-D. (2000). The web experiment method: Advantages, disadvantages, and solutions. In M. H. Birnbaum (Ed.), *Psychological experiments on the Internet.* San Diego, CA: Academic Press.

Reips, U.-D. (2001). The Web Experimental Psychology Lab: Five years of data collection on the Internet. *Behavior Research Methods, Instruments, and Computers, 33*(2), 201–211.

Reips, U.-D. (2002a). Theory and techniques of conducting web experiments. In B. Batinic, U.-D. Reips, & Michael Bosnjak (Eds.), *Online social sciences* (pp. 229–250). Seattle: Hogrefe & Huber.

Reips, U.-D. (2002b). Standards for Internet-based experimenting. *Experimental Psychology, 49*(4), 243–256.

Reips, U.-D. (2007). The methodology of internet-based experiments. In A. Joinson, K. McKenna, U. Reips, & T. Postmes (Eds.), *Oxford handbook of internet psychology*. Oxford: Oxford University Press.

Reips, U.-D. (2010). Designing and formatting Internet-based research. In S.D. Gosling & J.A. Johnson (Eds.), *Advanced methods for conducting online behavioral research.* New York: American Psychological Association.

Reips, U.-D., & Buffardi, L. E. (2012). Studying migrants with the help of the Internet: Methods from psychology. *Journal of Ethnic and Migration Studies, 38*(9), 1405–1424.

Reips, U.-D., & Krantz, J. H. (2010). Conducting true experiments on the web. In S. D. Gosling & J. A. Johnson (Eds.), *Advanced methods for conducting online behavioral research.* New York: American Psychological Association.

Reips, U.-D., & Lengler, R. (2005). The web experiment list: A web service for the recruitment of participants and archiving of Internet-based experiments. *Behavior Research Methods, 37*(2), 287–292.

Reips, U.-D., & Musch, J. (2002). Special issue: Internet-based psychological experimenting. *Experimental Psychology, 49*(4), 241–242.

Reips, U.-D., & Neuhaus, C. (2002). WEXTOR: A web-based tool for generating and visualising experimental designs and procedures. *Behavior Research Methods Instruments & Computers, 34*(2), 234–240.

Reips, U.-D., & Steiger, S. (2004). Scientific LogAnalyzer: A web-based tool for analyses of server log files in psychological research. *Behavior Research Methods, Instruments & Computers, 36*(2) 304–311.

Riva, G., Teruzzi, T., & Anolli, L. (2003). The use of the Internet in psychological research: Comparison of online and offline questionnaires. *Cyberpsychology & Behavior, 6*(1), 73–80.

Rodino, M. (1997). Breaking out of binaries: Reconceptualizing gender and its relationship to language. *Journal of Computer-Mediated Communication, 3*(3). http://jcmc.indiana.edu/vol3/issue3/rodino.html (accessed January 2013).

Rollman, J. B., Krug, K., & Parente, F. (2000). The chat room phenomenon: Reciprocal communication in cyberspace. *CyberPsychology and Behavior, 3*(2), 161–166.

Ross, T. L., Castronova, E., & Wagner, G. G. (2012). Empirical research methods in virtual worlds. In C. N. Silva (Ed.), *Online research methods in urban and planning studies*. Hershey, PA: IGI Global.

Rossetti, P. (1998). Gender differences in e-mail communication. *The Internet TESL Journal*, 4(7). http://iteslj.org/Articles/RossettiGenderDif.html

Ruppertsberg, A. I., Givaty, G., Van Veen, H. A. H. C., & Bulthoff, H. (2001). Games as research tools for visual perception over the Internet. In U.-D. Reips & M. Bosnjak (Eds.), *Dimensions of Internet science*. Lengerich: Pabst.

Rushton, K. (2012). 'Facebook's share of UK social networking declines'. *Telegraph*. http://www.telegraph.co.uk/technology/facebook/9008525/Facebooks-share-of-UK-social-networking-declines.html (accessed January 2012).

Salmons, J. E. (2011). *Cases in online interview research*. London: Sage.

Sanders, T. (2005). Researching the online sex community. In C. Hine (Ed.), *Virtual methods: Issues in social research on the Internet*. Oxford: Berg.

Schneider, S. J., Kerwin, J., Frechtling, J., & Vivari, B. A. (2002). Characteristics of the discussion in online and face-to-face focus groups. *Social Science Computer Review, 20*(1), 31–42.

Schroeder, R., & Bailenson, J. (2008). Research uses of multi-user virtual environments. In N. Fielding, R. Lee, & G. Blank (Eds.), *The handbook of online research methods*. London: Sage.

Schulte-Mecklenbeck, M., & Neun, M. (2005). WebDiP: A tool for information search experiments on the World-Wide Web. *Behavior Research Methods, 37*(2), 293–300.

Schütz, A., & Machilek, F. (2003). Who owns a personal home page? A discussion of sampling problems and a strategy based on a search engine. *Swiss Journal of Psychology, 62*(2), 121–129.

Schutze, C. (1996). *The empirical base of linguistics: Grammaticality judgements and linguistic methodology*. Chicago: University of Chicago Press.

Schwarz, S., & Reips, U.-D. (2001). CGI versus JavaScript: A web experiment on the reversed hindsight bias. In U.-D. Reips & M. Bosnjak (Eds.), *Dimensions of Internet science*. Lengerich: Pabst.

Senior, C., & Smith, M. (1999). The Internet – A possible research tool. *The Psychologist, 12*(9), 442–445.

Senior, C., Phillips, M. L., Barnes, J., & David, A. S. (1999a). An investigation into the perception of dominance from schematic faces: A study using the World-Wide Web. *Behavior Research Methods, Instruments, and Computers, 31,* 341–346.

Senior, C., Barnes, J., Jenkins, R., Landau, S., Phillips, M. L., & David, A. S. (1999b). Attribution of social dominance and maleness to schematic faces. *Social Behaviour and Personality, 27*(4), 331–338.

Sheehan, K. B., & McMillan, S. J. (1999). Response variation in e-mail surveys: An exploration. *Journal of Advertising Research, 39*(4), 45–54.

Siah, C. Y. (2005). All that glitters is not gold: Examining the perils and obstacles in collecting data on the Internet. *International Negotiation, 10,* 115–130.

Slater, M., Sadagic, A., Usoh, M., & Schroeder, R. (2000). Small-group behavior in a virtual and real environment: A comparative study. *Presence: Teleoperators & Virtual Environments, 9*(1), 37–51.

Smart, R. (1966). Subject selection bias in psychological research. *Canadian Psychologist, 7,* 115–121.

Smith, C. B. (1997). Casting the Net: Surveying an Internet population. *Journal of Computer Mediated Communication, 3*(1).

Smith, M. A., & Leigh, B. (1997). Virtual subjects: Using the Internet as an alternative source of subjects and research environment. *Behavior Research Methods, Instruments, & Computers, 29*(4), 496–505.

Srivastava, S., John, O. P., Gosling, S. D., & Potter, J. (2003). Development of personality in early and middle adulthood: Set like plaster or persistent change? *Journal of Personality and Social Psychology, 84,* 1041–1053.

Stanton, J. M. (1998). An empirical assessment of data collection using the Internet. *Personnel Psychology, 51*(3), 709–725.

Steinmetz, S., Kaczmirek, L., de Pedraza, P., Reips, U.-D., Tijdens, K., Lozar Manfreda, K., Rowland, L., Serrano, F., Vidakovic, M., Vogel, C., Belchior, A., Berzelak, J., Biffignandi, S., Birgegard, A., Cachia, E., Callegaro, M., J Camilleri, P., Marco Campagnolo, G., Cantijoch, M., Cheikhrouhou, N., Constantin, D., Dar, R., David, S., de Leeuw, E., Doron, G., Fernandez-Macias, E., Ole Finnemann, N., Foulonneau, M., Fornara, N., Fuchs, M., Funke, F., Gibson, R., Grceva, S., Haraldsen, G., Jonsdottir, G., Kahanec, M., Kissau, K., Kolsrud, K., Lenzner, T., Lesnard, L., Margetts, H., Markov, Y., Milas, G., Mlacic, B., Mihaela Moga, L., Neculita, M., Irina Popescu, A., Ronkainen, S., Scherpenzeel, A., Selkala, A., Kalgraff Skjak, K., Slavec, A., Ernst Staehli, M., Thorsdottir, F., Toninelli, D., Vatrapu, R., Vehovar, V., Villacampa Gonzalez, A. & Winer, B., (2012) WebDataNet: A network on web-based data collection, methodological challenges, solutions and implementation. *International Journal of Internet Science, 7*(1): 79–89.

Steinmetz, S., Slavec, A., Tijdens, K., Reips, U.-D., de Pedraza, P., Popescu, A., Belchior, A., Birgegard, A., Bianchi, A., Ayalon, A., Selkala, A., Villacampa, A., Winer, B., Mlacic, B., Vogel, C., Gravem, D., Gayo Avello, D., Constantin, D., Toninelli, D., Troitino, D., Horvath, D., De Leeuw, E., Oren, E., Fernandez-Macias, E., Thorsdottir, F., Ortega, F., Frederik Funke,, Marco Campagnolo, G., Milas, G., Grünwald, C., Jonsdottir, G., Haraldsen, G., Doron, G., Margetts, H., Miklousic, I., Andreadis, I., Berzelak, J., Angelovska, J., Schrittwieser, K., Kissau, K., Lozar Manfreda, K., Kolsrud, K., Kalgraff Skjak, K., Tsagarakis, K., Kaczmirek, L., Lesnard, L., Mihaela Moga, L., Lopes Teixeira, L., Plate, M., Kozak, M., Fuchs, M., Callegaro, M., Cantijoch, M., Kahanec, M., Stopa, M., Ernst Staehli, M., Neculita, M., Ivanovic, M., Foulonneau, M., Cheikhrouhou, N., Fornàra, N., Ole Finnemann, N., Zajc, N., Nyirå, N., Louca, P., Osse, P., Mavrikiou, P., Gibson, R., Vatrapu, R., Dar, R., Pinter, R., Martinez Torres, R., Douhou, S., Biffignandi, S., Grceva, S., David, S., Ronkainen, S., Csordas, T., Lenzner, T., Vesteinsdottir, V., Vehovar, V. &, Markov, Y. (2014) WEBDATANET: Innovation and Quality in Web-Based Data Collection, *International Journal of Internet Science, 9*(1): 64–71.

Stephenson, L. B., & Crete, J. (2010). Studying political behavior: A comparison of Internet and telephone surveys. *International Journal of Public Opinion Research, 23*(1), 24–55.

Stewart, K., & Williams, M. (2005). Researching online populations: The use of online focus groups for social research. *Qualitative Research, 5(4),* 395–416.

Stich, S. (1983). *From folk psychology to cognitive science: The case against belief.* Cambridge, MA: Bradford Books, MIT Press.

Stones, A., & Perry, D. (1997). Survey questionnaire data on panic attacks gathered using the World-Wide Web. *Depression and Anxiety, 6,* 86–87.

Strassberg, D. S., & Holty, S. (2003). An experimental study of women's Internet personal ads. *Archives of Sexual Behavior, 32*(3), 253–260.

Strassberg, D. S., & Kristi, L. (1995). Volunteer bias in sexuality research. *Archives of Sexual Behaviour, 24*(4), 369–382.

Strickland, O. L., Moloney, M. F., Dietrich, A. S., Myerburg, J. D., Cotsonis, G. A., & Johnson, R. (2003). Measurement issues related to data collection on the World Wide Web. *Advances in Nursing Science, 26*(4), 246–256.

Subrahmanyam, K., Greenfield, P. M., & Tynes, B. (2004). Constructing sexuality and identity in an online teen chat room. *Journal of Applied Developmental Psychology, 25*(6), 651–666.

Sudman, S. (1980). Reducing response error in surveys. *The Statistician, 29*(4), 237–273.

Sue, V. M., & Ritter, L. A. (2012). *Conducting online surveys.* Thousand Oaks, CA: Sage.

Swoboda, W. J., Muhlberger, N., Weitkunat, R., & Schneeweib, S. (1997). Internet surveys by direct mailing. *Social Science Computer Review, 15,* 242–255.

Szabo, A., & Frenkl, M. D. (1996). Consideration of research on the Internet: Guidelines and implications for human movement studies. *Clinical Kinesiology, 50*(3), 58–65.

Szabo, A., Frenkl, R., & Caputo, A. (1996). Deprivation feelings, anxiety, and commitments in various forms of physical activity: A cross-sectional study on the Internet. *Psychologia, 39,* 223–230.

Tackett-Gibson, M. (2008). Constructions of risk and harm in online discussions of ketamine use. *Addiction Research & Theory, 16*(3), 245–257.

Taylor, S., & Lynn, P. (1998). The effect of a preliminary notification letter on response to a postal survey of young people. *Journal of the Market Research Society, 40*(2), 165–178.

Temple, E. C., & Brown, R. F. (2011). A comparison of Internet-based participant recruitment methods: Engaging the hidden population of cannabis users in research. *Journal of Research Practice, 7*(2), 1–20.

Thelwall, M., & Stuart, D. (2006). Web crawling ethics revisited: Cost, privacy, and denial of service. *Journal of the American Society for Information Science and Technology, 57*(13), 1771–1779.

Thelwall, M., Sud, P., & Vis, F. (2012). Commenting on YouTube videos: From Guatemalan rock to el big bang. *Journal of the American Society for Information Science and Technology, 63*(3), 616–629.

Thoreau, E. (2006). Ouch! An examination of the self-representation of disabled people on the Internet. *Journal of Computer-Mediated Communication, 11*(2), 442–468.

Thurlow, C., Lengel, L., & Tomic, A. (2004). *Computer mediated communication: Social interaction and the Internet.* London: Sage.

Timothy, B. (2000). Using a web-based tool for conducting cognitive science experiments. Department of Computer Science, Trinity College Dublin. Final Project Dissertation.

Tobin, J., & Vogel, C. (2009). A user-extensible and adaptable parser architecture. *Knowledge-Based Systems, 22*(7), 516–522.

Tonkin, E., Pfeiffer, H. D., & Tourte, G. (2012). Twitter, information sharing and the London riots? *Bulletin of the American Society for Information Science and Technology, 38*(2), 49–57.

Tourangeau, R. (2004). Survey research and societal change. *Annual Review of Psychology, 55,* 775–801.

Tourangeau, R., Couper, M. P., & Conrad, F. (2007). Color, labels, and interpretive heuristics for response scales. *Public Opinion Quarterly, 71*(1), 91–112.

Tse, A. C. B., Tse, K. C., Yin, C. H., Ting, C. B., Yi, K. W., Yee, K. P., & Hong, W. C. (1995). Comparing two methods of sending out questionnaires: Email versus mail. *Journal of the Market Research Society, 37*(4).

Tuten, T. L. (2010). Conducting online surveys. In S. D. Gosling & J. A. Johnson (Eds.), *Advanced methods for conducting online behavioral research.* New York: American Psychological Association.

Valliant, R., & Dever, J. (2011). Estimating propensity adjustments for volunteer web surveys. *Sociological Methods and Research, 40,* 105–137.

Vehovar, V., & Manfreda, K. L. (2008). Overview: Online surveys. In N. Fielding, R. M. Lee, & G. Blank (Eds.), *The Sage handbook of online research methods.* London: Sage.

Vicente, P., & Reips, E. (2010). Using questionnaire design to fight nonresponse bias in web surveys. *Social Science Computer Review, 28*(2), 251–267.

Vogel, C., & Janssen, J. (2009). Emoticonsciousness. In A. Esposito, A. Hussain, M. Marinaro, & R Martone (Eds.), *Multimodal signals: Cognitive and algorithmic issues. Lecture notes in computer science,* Vol. 5398 (pp. 271–287). Heidelberg: Springer.

Vogel, C. & Mamani Sanchez, L. (2012) Epistemic signals and emoticons affect kudos, in 2012 IEEE 3rd International Conference on Cognitive Infocommunications (CogInfoCom), pp.517–522, 2–5 Dec. 2012. http://dx.doi.org/10.1109/CogInfoCom.2012.6422036.

Wakeford, N., & Cohen, K. (2008). Fieldnotes in public: Using blogs for research. In N. Fielding, R. M. Lee, & G. Blank (Eds.), *The Sage handbook of online research methods.* London: Sage.

Waksberg, J. (1978). Sampling methods for random digit dialing. *Journal of the American Statistical Association, 73*(361), 40–46.

Wallston, K. A., & Wallston, B. S. (1981). Health locus of control scales. In H. M. Lefcourt (Ed.), *Research with the locus of control construct: Vol. 1. Assessment methods* (pp. 189–243). New York: Academic Press.

Ward, K. J. (1999). The cyber-ethnographic (re)construction of two feminist online communities. *Sociological Research Online, 4*(1). http://www.socresonline.org.uk/4/1/ward.html (accessed October 2014).

Weigold, A., Weigold, I. K., & Russell, E. J. (2013). Examination of the equivalence of self-report survey-based paper-and-pencil and internet data collection methods. *Psychological Methods, 18*(1), 53.

Welker, M. (2001). Email surveys: Non-response figures reflected. In U.-D. Reips and M. Bosnjak (Eds.), *Dimensions of Internet science.* Lengerich: Pabst.

Wesler, H. T., Smith, M., Fisher, D., & Gleave, E. (2008). Distilling digital traces: Computational social science approaches to studying the internet. In N. Fielding, R. Lee, & G. Blank (Eds.), *The handbook of online research methods.* London: Sage.

White, T. (2010). *Hadoop: The definitive guide* (2nd ed.). Beijing: O'Reilly.

Williams, M. (2003). Virtually criminal: Deviance and harm within online environments. PhD thesis. University of Wales Cardiff.

Williams, M. (2007). Avatar watching: Participant observation in graphical online environments. *Qualitative Research, 7*(1), 5–24.

Wilson, R. E., Gosling, S. D., & Graham, L. T. (2012). A review of Facebook research in the social sciences. *Perspectives on Psychological Science, 7*(3), 203–220.

Witmer, D. F., Colman, R. W., & Katzman, S. L. (1999). From paper-and-pencil to screen-and-keyboard. In S. Jones (Ed.), *Doing Internet Research*. London. Sage.
Yammarino, F. J., Skinner, S., & Childers, T. L. (1991). Understanding mail survey response behaviour. *Public Opinion Quarterly, 55*(4), 613–639.
Yan, T., Conrad, F. G., Tourangeau, R., & Couper, M. P. (2011). Should I stay or should I go: The effects of progress feedback, promised task duration, and length of questionnaire on completing web surveys. *International Journal of Public Opinion Research, 23*(2), 131–147.
Yeager, D. S., Krosnick, J. A., Chang, L., Javitz, H. S., Levendusky, M. S., Simpser, A. & Wang, R. (2011). Comparing the accuracy of RDD telephone surveys and Internet surveys conducted with probability and non-probability samples. *Public Opinion Quarterly, 75*(4), 709–747.
Yoo, J. H., & Kim, J. (2012). Obesity in the new media: A content analysis of obesity videos on YouTube. *Health Communication, 27*(1), 86–97.
Zakon, R. H. (2015). Hobbes' Internet timeline v.11. http://www.zakon.org/robert/internet/timeline (accessed April 2015).
Zhao, S., Grasmuck, S., & Martin, J. (2008). Identity construction on Facebook: Digital empowerment in anchored relationships. *Computers in Human Behavior, 24*(5), 1816–1836.
Zimmer, M. (2010). But the data is already public: On the ethics of research in Facebook. *Ethics & Information Technology, 12*(4), 313–325.

索 引

（条目后的页码指原书页码，见本书边码）

译后记

学术翻译是一件吃力不讨好的工作，付出和收益就如同高校中的教学。“能读原著最好别看翻译”已渐成共识，并且翻译的门槛也越来越低，甚至还会被认为是人工智能就能完成的工作。

可是，大约两年前，我收到翻译邀请时，看到本书的主题，仍然欣喜地主动投入这项工作。这一方面是因为当下研究人员基本是通过网络来获取研究资料的（中国的网民数量日益庞大），更重要的另一方面原因是，在网络社会崛起的时代，国内在网络调查研究方法的运用和研究上却严重滞后。此书内容正是我需要阅读学习的，何不通过翻译工作来认真学习，同时还可以向国内不愿读英文的读者推介？这是一件双赢的事情。本书的内容通俗易懂，操作性也较强，对于希望进行网络调查研究的研究人员及学生来说，是非常值得阅读参考的。

从接受任务到完成任务，却是一件痛苦的事。原初希望和妻子分工合作来完成。但由于妻子忙于家务，最终决定由我一个人来承担翻译任务。其间，搁置，捡起，又搁置，又捡起，并幸得中国人民大学出版社编辑盛杰的适时温馨提醒，才最终完成了初稿。

在翻译过程中，难免碰到一词多义的问题，这需要结合国内调查研究方法的语境来理解，因此我想在这里做一个简要说明。本书中最重要的一个词——Internet Research Methods（IRM），按照字面意思来翻译的话，似乎译为“网络研究方法”在形式上更为接近，但这容易让人产生误解，因为“网络研究”中的“网络”有的时候可能被理解为社会网络，也可能被认为包括质性网络研究，这就与本书的内容不符。最后决定翻译为“网络调查研究”，并以设问式的标题——“如何进行网络调查”作为中文书名。也就是说，译稿中的网络调查研究是从广义上来理解的，也即通过互联网来进行的研究，或者以互联网为媒介的研究（Internet-mediated research，IMR）。因此，在书中需要注意将网络调查研究（IRM）与专门的网络调查法（Internet-mediated survey）区别开来，后者只是前者的研究类型之一；而在对网络调查法的介绍中，又需要区别出 web-based survey 或 web survey（译为基于万维网的调查或万维网调查），既不要将其完全等同于网络调查法，更不能理解为广义上的网络调查研究（IRM）。

本书的翻译，得到了我指导的中南大学 2015 级社会学本科生和硕士生刘炜琦、梁溢馨、唐泽文的协助，他们对初稿文字进行了核对校读。对于他们不太理解的地方，我又重新进行了校译。还要特别感谢南京大学社会学院的范可教授，我曾就其中的一个单词的意义请教他并得到高质量的回答。中国人民大学出版社编辑郦益对译稿进行了严谨认真的加工，更是对其中比较重要的翻译问题提出了修改意见，比如前面提到的对 IRM、Internet-mediated survey 与 web-based survey 的区分。在此对他们表示感谢。当然，文责由我个人承担。

为了尊重原著，对于原著中原来可以有效访问但现在很可能无法访问的链接，我们在翻译过程中仍然予以保留。若读者有心，一般情况下可以重新搜索查找到更新的网址。

翻译是一个追求完美的无穷过程。囿于我个人时间精力与才识的有限，译稿中一定还存在不妥或不完美之处，敬请读者批评指正。

董海军

2019 年 10 月 5 日

Internet Research Methods, Second Edition by Claire Hewson, Carl Vogel, Dianna Laurent

English language edition published by SAGE Publications of London, Thousand Oaks, New Delhi and Singapore,

图书在版编目（CIP）数据

如何进行网络调查：第二版/（　）克莱尔·休森（Claire Hewson），（　）卡尔·沃格尔（Carl Vogel），（　）戴安娜·劳伦特（Dianna Laurent）著；董海军译．--北京：中国人民大学出版社，2021.8
（社会科学研究方法系列丛书）
ISBN 978-7-300-29630-2

Ⅰ．①如…　Ⅱ．①克…　②卡…　③戴…　④董…　Ⅲ．①计算机网络-应用-社会调查-调查研究　Ⅳ．①C915－39

中国版本图书馆 CIP 数据核字（2021）第 137540 号

社会科学研究方法系列丛书
如何进行网络调查（第二版）
克莱尔·休森（Claire Hewson）
卡尔·沃格尔（Carl Vogel）　著
戴安娜·劳伦特（Dianna Laurent）
董海军　译
Ruhe Jinxing Wangluo Diaocha

出版发行	中国人民大学出版社		
社　　址	北京中关村大街 31 号	**邮政编码**	100080
电　　话	010－62511242（总编室）		010－62511770（质管部）
	010－82501766（邮购部）		010－62514148（门市部）
	010－62515195（发行公司）		010－62515275（盗版举报）
网　　址	http://www.crup.com.cn		
经　　销	新华书店		
印　　刷	北京宏伟双华印刷有限公司		
规　　格	170 mm×240 mm　16 开本	**版　　次**	2021 年 8 月第 1 版
印　　张	16.25 插页 1	**印　　次**	2022 年 4 月第 2 次印刷
字　　数	233 000	**定　　价**	59.00 元